BUR

Danielle C. Lapp

L'arte di ricordare

Esercizi facili per rinforzare la memoria a tutte le età

traduzione di PIER PAOLO GAZZANIGA

Biblioteca Universale Rizzoli

ISBN 88-17-13776-6

Titolo originale dell'opera:
DON'T FORGET!
Easy Exercises for a Better Memory at Any Age

prima edizione: giugno 1990

In memoria di John Lapp,
che riempì la mia vita di felici ricordi

Presentazione dell'edizione italiana

L'uso di tecniche per migliorare e aiutare la memoria ha origine, in occidente, nell'antichità classica. L'arte della memoria e la mnemotecnica nascono, secondo la tradizione, con Simonide di Ceo a cavallo fra il VI e il V secolo a.C., e si sviluppano attraverso i secoli fino al tardo Rinascimento. La loro pratica si esaurisce con la diffusione su larga scala della stampa e dei mezzi di scrittura che offrono comode alternative allo sforzo di ricordare. Di esso sono rimaste tracce nella scuola con l'abitudine di far apprendere a memoria testi classici e poesie. Abitudine spesso contestata perché la semplice ripetizione mnemonica senza la motivazione di apprendere è di scarsa utilità.

È pertanto sorprendente veder riapparire, attraverso la rielaborazione della psicologia sperimentale americana, quelle tecniche mnemoniche che l'introduzione dei computer, con la loro infinita capacità di memoria e la loro velocità di recupero delle informazioni, sembravano aver relegato fra le curiosità culturali. Ne è un esempio la tecnica dei "loci" che insegna ad associare nella mente le informazioni da ricordare a un percorso attraverso luoghi famigliari, stanze o edifici. Questa tecnica, che veniva usata dagli oratori greci e romani cui mancavano i foglietti degli appunti e le diapositive, viene riproposta per aiutare a ricordare le banali incombenze della vita quotidiana, come andare in banca, alla posta, al supermarket.

Perché questa ricomparsa, perché questo interesse per la memoria cui negli ultimi anni sono dedicate numerosissime ricerche sperimentali, convegni scientifici e perfino mostre? Perché la società invecchia ed è ben noto che gli anziani hanno più difficoltà ad apprendere e a ricordare e dimenticano più facilmente dei giovani. Giovenale (Satira X) dice "di ogni male fisico (dell'età) il peggiore è la demenza". La scrittura e i computer non servono a ricordare dove sono state messe le chiavi dell'automobile o il nome della persona che abbiamo incontrato ieri. La vita quotidiana viene resa difficile dalla perdita della memoria e il senso di inadeguatezza che ne deriva crea ansia e infelicità. A ciò si aggiunge che scoprire le basi biologiche dell'apprendimento e della memoria è la maggiore delle sfide che le neuroscienze possano affrontare; è l'ultima espressione del socratico "conosci te stesso".

La riduzione delle capacità cognitive, delle quali la memoria è lo strumento principale, si osserva, nell'ambito dei comportamenti semplici permessi dal ridotto sviluppo cerebrale, anche negli animali vecchi, scimmie, ratti, tenuti in laboratorio. Nell'habitat naturale l'animale vecchio che non ricorda o non apprende rimane senza cibo o diventa facile preda. La riduzione delle capacità cognitive è quindi un evento naturale come la riduzione della forza fisica.

Demenza senile, difetto della memoria associato all'età, dimenticanza benigna sono le parole che definiscono le forme, di diversa gravità, nelle quali si manifestano i deficit cognitivi nell'anziano. La prima forma è di carattere decisamente patologico, nelle altre il decadimento naturale può essere peggiorato da malattie intercorrenti. Tuttavia anche queste due forme descrivono situazioni già ai limiti della patologia. In realtà l'entità media della perdita di capacità cognitive nel corso dell'invecchiamento fisiologico, tenuto conto delle differenze individuali nel processo di invecchiamento, dei fattori culturali e ambientali e delle diverse forme nelle quali la memoria si articola, deve essere ancora quantificata con una certa precisione. Si tratta di uno studio in corso, in diversi paesi, che fornirà l'inventario delle capacità cognitive dell'uomo medio alle diverse età e permetterà di identificare meglio i casi patologici.

L'allenamento ed esercizi adeguati permettono di rallentare la perdita di forza fisica e nuovi comportamenti, dettati dall'esperienza e intelligenza, di compensarne le conseguenze. Lo stesso è possibile fare nei riguardi della perdita delle capacità cognitive. Il libro di Danielle Lapp fornisce, con intelligenza e cultura, gli strumenti per aiutare a mantenere e migliorare la memoria, ad ogni età, come dice l'autrice. Infatti se, citando Cicerone, "sapere è ricordare", non solo l'anziano ma anche il giovane che studia e l'adulto nel pieno della sua attività intellettuale e produttiva dovrebbero desiderare di sviluppare il più possibile le loro capacità cognitive.

Il mettere sullo stesso piano forza fisica e intelletto e presumere che sia l'uno che l'altro possano essere "tenuti in allenamento" può sembrare una visione troppo semplicistica e organicistica. L'autrice ci ricorda, nel suo breve capitolo su come funziona la memoria, che il cervello ha bisogno di zucchero per funzionare. Di zucchero ha bisogno anche il muscolo per accumulare l'energia che ne permette la contrazione. Questa analogia fra il funzionamento della mente e del corpo non svilisce certo i frutti dell'attività intellettuale siano essi la Divina Commedia o l'equazione di Einstein.

Il libro della Lapp presenta una serie di esercizi e di procedimenti, esposti in maniera molto scorrevole, per sviluppare ed esercitare la memoria. La formazione culturale europea dell'autrice, unita al pragmatismo della psicologia sperimentale americana, permette di evitare completamente la noia che la lettura di una serie di esercizi potrebbe ingenerare. Le pagine sono alleggerite da piacevoli e colte citazioni volte a trasferire al lettore l'ottimismo di cui il libro è pervaso e in alcuni casi gli esercizi includono belle poesie da leggere e apprendere.

La lettura del libro è agevole ma non basterà certo, da sola, a produrre quei risultati che l'autrice promette. Per ottenerli occorrerà l'impegno e la volontà del lettore che dovrà dedicare il suo tempo e la sua attenzione all'esecuzione degli esercizi. D'altro canto, come l'autrice ribadisce, necessità o interesse, motivazione, attenzione e concentrazione sono i prerequisiti dell'apprendimento e della memorizzazione.

Può sembrare paradossale che l'introduzione a un libro di esercizi per la memoria sia scritta da un farmacologo. Dal farmacologo ci si aspetta l'indicazione di uno specifico farmaco che ripristini o migliori la memoria, non l'elogio delle mnemotecniche e della psicologia sperimentale. Al farmacologo si può rinfacciare che sono numerosi i farmaci che inducono amnesia, ma pochi quelli utili per la memoria e la loro efficacia nell'uomo è ancora limitata. Nell'uomo, abbiamo detto, perché spesso le nuove sostanze introdotte in terapia negli ultimi anni ripristinano brillantemente la "memoria" negli animali vecchi, facilitano i processi cognitivi negli animali adulti. Perché nel campo della memoria vi è questa discrepanza fra i risultati preclinici e quelli clinici, cui non siamo abituati in altri campi della farmacologia? Infatti un ipotensivo riduce la pressione sia nel ratto che nell'uomo iperteso e un analgesico toglie il dolore all'uomo e agli animali. Forse per la straordinaria complessità del cervello umano rispetto a quello degli animali? Forse perché ci si aspetta che i farmaci allontanino la demenza e riportino l'intelletto e non ci accontentiamo dei limitati vantaggi che essi possono offrire nelle forme meno gravi di deficit cognitivo. Tuttavia i farmaci della memoria sono strumenti di ricerca molto utili. Sia che inducano amnesia o che facilitino la memoria, essi permettono di studiare le basi neurochimiche dei processi cognitivi e di ottenere quelle conoscenze senza le quali non arriveremo mai a terapie risolutive in questo campo. Nel frattempo gli esercizi per la memoria ci possono aiutare e nulla vieta che essi siano integrati dall'assunzione di farmaci che è stato dimostrato, a livello preclinico, facilitano la trasmissione nervosa. Forse ci accorgeremo che gli esercizi per la memoria riescono meglio. D'altra parte l'apprendimento per associazione, che è sfruttato in molti degli esercizi del libro, trova una giustificazione elettrofisiologica e neurochimica nel potenziamento della trasmissione sinaptica da stimoli interattivi o, per usare il linguaggio degli addetti ai lavori, nel potenziamento a lungo termine associativo.

Molti si mantengono in buona forma fisica facendo jogging e un bel paesaggio rende certamente questa attività più piacevole. Il libro "L'arte di ricordare" offre una specie di jogging della mente su un facile percorso e in un piacevole paesaggio intellettuale.

Prof. Giancarlo Pepeu
Ordinario di Farmacologia
Università di Firenze

Presentazione

Questo libro di Danielle Lapp nasce dalla sua lunga esperienza di insegnamento delle tecniche di rafforzamento della memoria a persone di ogni tipo. Le tecniche qui descritte sono fondate sulle indagini scientifiche svolte dall'autrice unitamente ai membri del Dipartimento di Psichiatria e Scienze comportamentali della Stanford University.

L'interesse che il lettore vorrà riservare alle idee di Danielle Lapp sarà ampiamente ripagato da un miglioramento della capacità di concentrazione e di memorizzazione. Spero che i lettori condividano l'entusiasmo dell'autrice per questo argomento, si divertano a svolgere gli esercizi e facciano rapidi passi avanti nel potenziamento della loro memoria.

Jerome A. Yesavage
Professore associato di
Psichiatria e Scienze comportamentali
Stanford University Medical School

Prefazione

"Il desiderio di apprendere è diffuso e generico, la volontà di apprendere è concentrata e specifica. Desiderio di apprendere significa ripetere una cosa più e più volte nella speranza che succeda qualcosa. Volontà di apprendere significa approfondire e analizzare.......Quindi volontà di apprendere significa ricerca intelligente e personale delle condizioni necessarie per migliorarsi, insieme a una intelligente e tenace concentrazione".

Professor James L. Mursell
Columbia University

Avrete forse a volte desiderato di avere una memoria migliore ma, non sapendo come fare per realizzare tale desiderio, avrete rinunciato pensando che non ci fosse niente da fare. In effetti, tutto quello che serve a soddisfare questa esigenza è una certa dose di curiosità e la volontà di provare un metodo specifico che si sia dimostrato valido. Questo libro è il risultato di dieci anni di esperienza passati a insegnare a persone di più di 55 anni come educare la loro memoria. Che voi rientriate in questo gruppo di età o che siate più giovani, ne potrete ugualmente trarre vantaggio per la sua facilità di lettura. Il libro segue la traccia dei meccanismi naturali con cui la memoria opera, dalle percezioni e dalle emozioni all'attenzione selettiva, fino al pensiero analitico organizzato; trae lo spunto dai risultati delle ricerche più recenti e mostra in maniera semplice come applicarli nella vita quotidiana. Se talvolta vi siete chiesti che cosa fare, in pratica, per migliorare la memoria, apprezzerete i suggerimenti che vi verranno dati alla fine di ogni capitolo.

L'opera è strutturata intorno ai seguenti quesiti fondamentali:

1. Come funziona il meccanismo della memoria.
2. Come si può migliorare l'attenzione.
3. Come spiegare in una forma semplice e pratica le tecniche per educare la memoria (tecniche mnemoniche).

Nella Parte I "Come facilitare la concentrazione" apprenderete come funziona la memoria, che cosa può impedire la sua normale funzione e con quanta facilità si possano superare questi ostacoli.

Nella Parte II "Come migliorare la concentrazione" diventerete più osservatori e più selettivi e vi metterete nelle condizioni di effettuare una buona *registrazione* di ciò che desiderate ricordare.

Nella Parte III "Come migliorare l'organizzazione" imparerete a facilitare il *richiamo*, che è il problema principale a qualsiasi età ma soprattutto con l'avanzare degli anni.

Terminata la fase dell'addestramento alla concentrazione, vi accorgerete che la vostra memoria sarà già migliorata per il solo fatto che registrerete in maniera più consapevole ciò che vi interessa ricordare. Vi renderete conto che la maggior parte dei problemi di memoria non sono problemi di *ritenzione*, bensì di *attenzione*. Dopo questo addestramento iniziale, che comprende esercizi e applicazioni pratiche, sarete in grado di servirvi di sistemi specifici (tecniche mnemoniche) perché avrete già acquisito una certa familiarità con i metodi che ne rappresentano il fondamento. Ho evitato di presentare informazioni aride e astratte perché lo scopo di questo libro è quello di *educare* la memoria. Il paragrafo "Sintesi rapida", che conclude ogni capitolo, ha lo scopo di riassumere in modo conciso quanto precedentemente esposto. Al termine della lettura avrete sviluppato abitudini e assimilato tecniche che saranno di valido aiuto alla vostra memoria. Non vi sono dubbi che educare la memoria sia realmente efficace, più facile di quanto generalmente non si pensi e direi anche piacevole.

Scopo di questo libro è mostrare come rafforzare il controllo della memoria. Vi lascerete alle spalle la sensazione di impotenza che potrebbe avervi fatto perdere la fiducia in voi stessi. Imparerete ad associare meglio le vostre risorse emozionali e intellettuali; integrando consapevolmente tutte le vostre facoltà — la consapevolezza dei sensi, l'immaginazione e la capacità di organizzazione selettiva — sarete in grado di registrare ricordi personali estremamente precisi.

Avrete allora la grande soddisfazione di sapere che sarete in grado di ricordare ciò che deciderete di ricordare.

E infiné, ogniqualvolta avrete dimenticato qualche cosa, saprete il perché e sarete più facilmente disposti ad accettare le imperfezioni della memoria umana. Forse non otterrete quella memoria prodigiosa che è nei vostri sogni, ma migliorerete certamente la vostra al di là di ogni più rosea aspettativa.

Ringraziamenti

Questo libro non sarebbe stato scritto senza il sostegno morale del dr. Jerome Yesavage. È lui che mi ha dato l'opportunità di sperimentare tante nuove idee e mi ha incoraggiato a esporle in questo volume: grazie al suo aiuto ho completato il manoscritto prima di quanto mi aspettassi. Anche la nostra segretaria, Emily Gere, merita la mia gratitudine per la pazienza e la disponibilità con le quali ha confortato i miei approcci all'uso del computer, oltre a essersi rivelata un dizionario vivente della lingua americana.

Un particolare ringraziamento va a coloro che mi hanno elargito suggerimenti e nuove idee, specialmente al dr. Jim Westphal per quanto riguarda la sezione relativa agli atteggiamenti mentali. Purtroppo non potrò ricordare tutti coloro che mi hanno permesso di portare a termine quest'opera, ma devo almeno ricordare Marie Louise Frealle e Paul Watzlawick; la mia cara amica Linda West Eckhart che mi ha trasmesso, durante il mio lavoro, un po' del suo incorreggibile ottimismo; Ken Stuart che ha creduto in questo manoscritto fin dal momento in cui gliel'ho consegnato e Lisa Frost che lo ha curato con tanta affettuosa sollecitudine e competenza.

Vorrei ringraziare il traduttore, il professor Pier Paolo Gazzaniga, che ha avuto il difficile compito di interpretare parole nuove nel contesto dell'educazione della memoria, riuscendo anche a mantenere le metafore da me usate come strumenti pedagogici.

E infine desidero ringraziare, per la sua generosa disponibilità di tempo e di conoscenze, la mia cara amica Dina Viggiano che mi ha aiutato a rivedere il manoscritto italiano.

Introduzione

Come usare questo libro

Potrete servirvi di questo libro per migliorare la vostra memoria ma anche come fonte di idee pratiche per aiutare qualcun altro che abbia problemi del genere. Dovrete scegliere il ritmo di lettura più adatto alle vostre necessità, definire i vostri obiettivi e adoperarvi per raggiungerli, dedicandovi un tempo sufficiente per mettere in pratica ciò che via via avrete appreso. Supponiamo, ad esempio, che vogliate migliorare specificamente la memoria dei nomi: prima leggete tutto il libro, ma concentratevi poi sul capitolo relativo e valutate i vostri progressi in questo campo. Trattandosi di un manuale pratico, scoprirete da soli come applicare alla vostra vita i principi generali che vi sono esposti. Del resto, il semplice fatto di leggere questo libro vi gioverà, perché il metodo in esso esposto sottintende la comprensione della natura dei processi mnesici e l'acquisizione di abitudini che favoriscono la memoria.

Se però desiderate acquisire una pratica più approfondita e ottenere risultati ancora migliori, alla fine di ogni capitolo troverete alcuni esercizi che vi permetteranno di consolidare ciò che avrete appreso dalla lettura e di trasferirlo alle vostre attività quotidiane. Ne vedrete ben presto i benefici e oltre a tutto vi sarete forse divertiti con il contenuto di questi esercizi. Ogni tanto durante la giornata pensate a come applicare ciò che avete appreso; solo imparando a essere più rilassati, più osservatori, più positivi e più selettivi, riuscirete a migliorare la vostra memoria.

Per ottenere il massimo risultato, vi consiglio le seguenti tre tappe:

1. Prima di tutto *leggete il capitolo* e riassumetene il contenuto servendovi della Sintesi rapida.

2. *Svolgete gli esercizi* che fanno seguito al testo e sono diretti a:

   — *esercitare la mente* ad applicare i metodi che facilitano la memorizzazione. Vi insegneranno a svolgere le operazioni mentali riconosciute efficaci e vi guideranno in modo che possiate poi proseguire da soli;
   — *fornire esempi* di come si possano applicare questi metodi nella vita quotidiana;
   — *facilitare la generalizzazione* dei principi che sono alla base di queste tecniche dimostrandone l'applicabilità ad altri campi.

3. *Tenete un diario* che vi aiuterà a seguire i vostri progressi e ad applicare alla vostra attività quotidiana la pratica acquisita con gli esercizi, che è poi il vostro vero obiettivo. Scrivete solo quello che riguarda la "memoria", cioè i vostri tentativi di applicare le tecniche apprese e i risultati conseguiti. Tenere una traccia scritta dei vostri progressi potrà essere molto gratificante.

Comprate un quaderno e usatene un lato per gli esercizi e l'altro per il diario; tenetelo vicino al libro e cercate di trovare il tempo di applicarvi un po' tutti i giorni. Perseverate e non rinunciate prima di aver dato il massimo. In principio vi prenderà del tempo: nessuno si è mai liberato in un giorno di abitudini dannose e nessuno ha mai acquisito nuove capacità senza un addestramento adeguato. La memoria è una capacità che deve essere messa alla prova tutti i giorni, ma si tratta di un compito piacevole, che ben presto troverete gratificante. Se siete veramente intenzionati a migliorare la memoria, con l'aiuto di questo libro vi riuscirete certamente.

Saggiate la vostra memoria

Prima di procedere nella lettura, è bene che vi sottoponiate a un test preliminare: è un'occasione unica per ottenere da soli una stima della vostra memoria. Conoscerete il vostro livello di partenza e sarete in grado di valutare i progressi confrontando la vostra prima prova con le successive (registrate le risposte). Rilassatevi e concentratevi; sarà più facile di quanto crediate. Per male che vada, sarete meglio motivati a dare la giusta importanza a questo tipo di addestramento della memoria.

Munitevi di un foglio di carta, di una penna e, per alcuni test, di un timer e assicuratevi che per un po' nessuno vi disturbi. Poiché l'ultimo test non si può fare da soli, o lo saltate o vi fate aiutare da un amico. In questa autovalutazione rispondete a una domanda per volta non leggete più avanti, perché i test sono studiati per essere affrontati uno dopo l'altro.

Identificate i vostri problemi di memoria

Il questionario che segue vi aiuterà a identificare i settori nei quali gravitano i vostri problemi di memoria. Alla fine del libro, quando avrete completato l'addestramento, risponderete allo stesso questionario: probabilmente le risposte non saranno più le stesse e questa valutazione positiva dei vostri progressi sarà oltremodo gratificante. Come vi sembra la vostra memoria in ciascuno dei seguenti settori?

	Eccellente	Media	Scarsa
a. Memoria in generale	1 2 3	4 5 6	7
b. Nomi e visi	1 2 3	4 5 6	7
c. Appuntamenti	1 2 3	4 5 6	7
d. Dove si mettono le cose, per esempio le chiavi	1 2 3	4 5 6	7
e. Parole	1 2 3	4 5 6	7
f. Quello che si è letto	1 2 3	4 5 6	7
g. Che cosa si stava facendo prima di essere interrotti	1 2 3	4 5 6	7
h. Che cosa ci dice la gente	1 2 3	4 5 6	7
i. I luoghi dove si è stati	1 2 3	4 5 6	7
l. Indicazioni e istruzioni	1 2 3	4 5 6	7

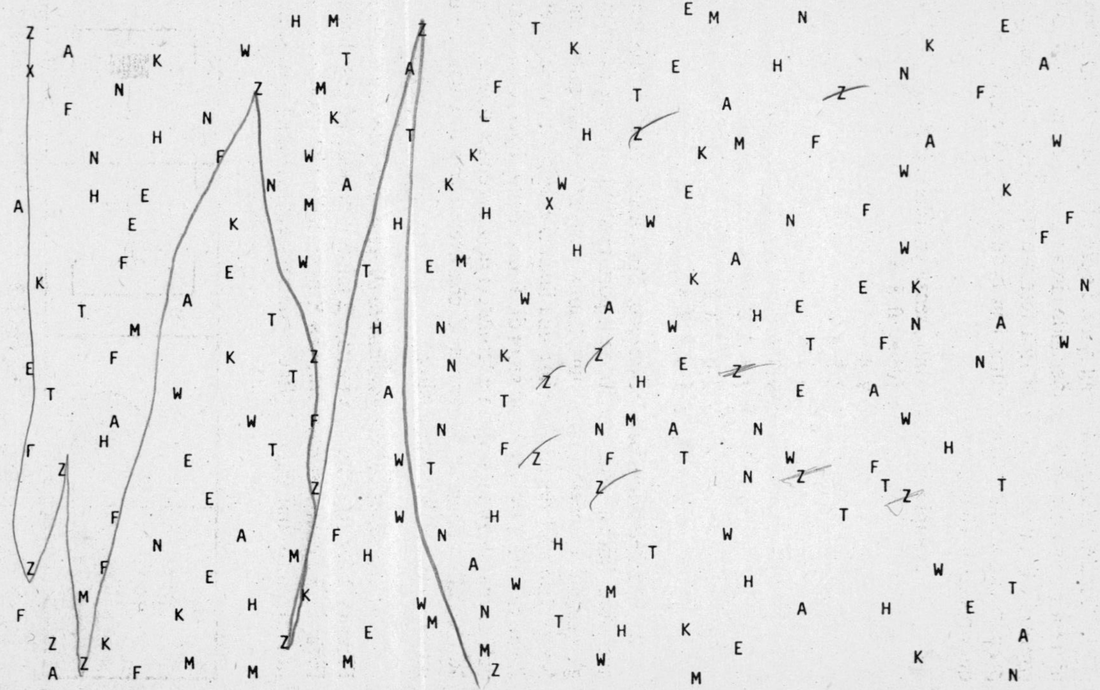

Figura I-1

Test della memoria e dell'umore

1. *Test dell'attenzione: digit span*. Leggete le seguenti successioni di numeri, una per volta, impiegando circa un secondo per ciascuna, coprendo le altre. Dopo ogni riga fermatevi, sollevate lo sguardo, pronunciate ad alta voce i numeri in ordine inverso e scriveteli in questo stesso ordine.

esempio 6 8 0 → dite, senza guardare, 0 8 6
scrivete 0 8 6
1 9 8
3 2 8 4
5 6 1 9
1 9 3 6 7
8 2 5 7 4
9 7 6 2 3 8
5 1 8 3 9 4

2. *Test dell'attenzione: scansione*. Per questo esercizio bisogna avere una buona vista: perciò, se li portate abitualmente, mettetevi gli occhiali e sedetevi sotto una buona sorgente di illuminazione. Nella Figura I.1 dovete tracciare una linea che unisca tutte le lettere Z che riuscite a trovare in 30 secondi. Prendete un timer, cominciate dall'angolo in alto a sinistra e fermatevi non appena sono trascorsi i 30 secondi. Contate il numero di Z che avete trovato. Guardate di nuovo e cercate di trovarne altre.

3. *Memoria visiva: riconoscimento di figure astratte*. Guardate la Figura I.2 per 30 secondi. Aspettate 2 minuti, dopodiché guardate la Figura I.3 e contrassegnate con una X ogni figura che riconoscete. A questo punto confrontate le figure contrassegnate con gli originali.

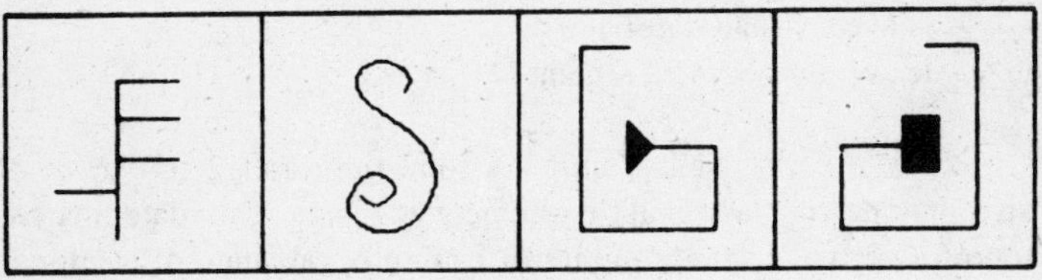

Figura I-2

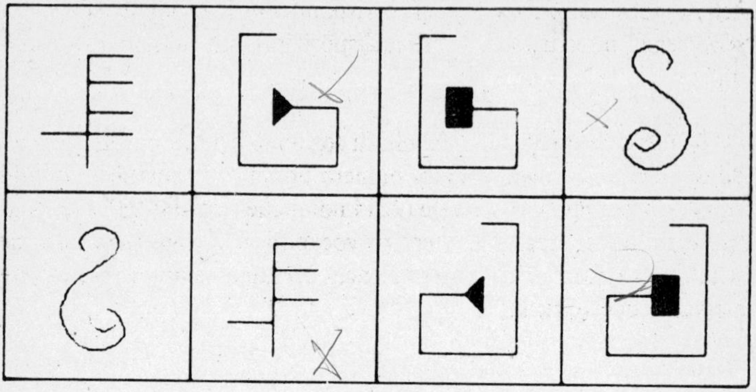

Figura I-3

4. *Memoria visiva: immaginazione.* Guardate le lettere seguenti per 30 secondi, cercando di memorizzarle nell'ordine in cui sono disposte.

O R D
K N S
L C A

Copritele.

1. Scrivete le lettere esattamente come le avete viste.
2. Coprite quello che avete scritto e cercate di dire quali lettere erano disposte lungo le diagonali.
3. Come avete fatto a ricordarle?
   — le avete visualizzate?
   — le avete analizzate? E come?

5. *Visi e nomi.* Nella Figura I.4 sono riportate 12 fotografie di visi, ognuna contrassegnata da nome e cognome. Guardate una fotografia per volta, per la durata di 1 minuto, cercando di memorizzare viso e nome. Ovviamente bisogna coprire tutte le figure eccetto

quella che si sta guardando. Quando avete finito, voltate pagina e nella Figura I.5 scrivete i nomi corrispondenti. Procedete per l'intera serie senza interruzione, avete a disposizione un massimo di 6 minuti.

6. *Liste.* Studiate per 3 minuti la seguente lista di parole, cercando di memorizzarne il maggior numero possibile. Aspettate 2 minuti e poi, senza guardare, scrivete tutti i nomi che ricordate. Per un controllo futuro scrivete il numero di vocaboli che avete ricordato. Se siete riusciti a ricordare l'intero elenco, cercate di stabilire come siete arrivati a questo risultato.

1. Casa	6. Vagone	11. Lampada	16. Poliziotto
2. Carabina	7. Telefono	12. Treno	17. Cravatta
3. Scoiattolo	8. Cane	13. Tovaglia	18. Edera
4. Gomito	9. Camicia	14. Ape	19. Alluce
5. Barzelletta	10. Pomodoro	15. Bue	20. Ponte

7. *Ritenzione della lettura.* Leggete attentamente il seguente brano cercando di memorizzarne il più possibile. Quando avete finito scrivete sul vostro quaderno tutto ciò che ricordate e poi confrontate il vostro scritto con l'originale, riga per riga, senza saltarne nessuna.

FOLLOW-UP. Il giorno dopo scrivete un'altra volta quello che ricordate del brano e confrontatelo con lo scritto del giorno prima. Riprovate dopo una settimana.

Verso la fine della Seconda guerra mondiale Hitler chiese ai pochi sociologi rimasti in Germania di scoprire perché la gente prendesse decisioni rovinose. Quando gli fu riferito che la causa principale era la fatica mentale, egli chiese loro di redigere un elenco dei segni della fatica mentale. Dopodiché ordinò che ogni funzionario che mostrasse segni di fatica mentale venisse immediatamente mandato in ferie. Sfortunatamente per il mondo, quest'ordine non lo applicò a se stesso.

B. F. Skinner

1. Angelo Sala

2. Emma Martelli

5. Silvana Righi

6. Domenico Romano

9. Pietro Rossi

10. Lucia Zanetti

Figura I-4

3. Sergio
Benedetti

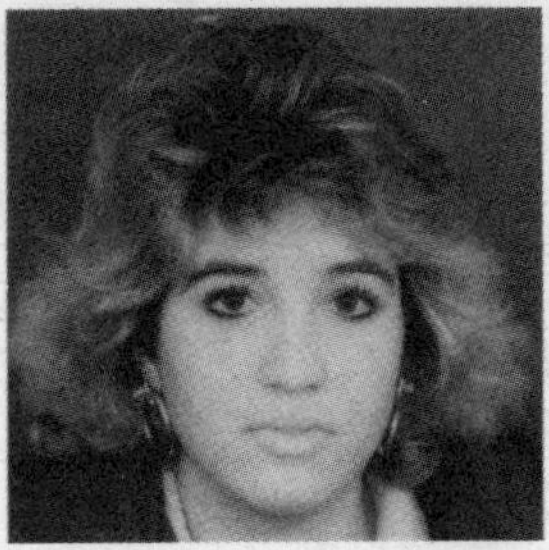

4. Caterina
Franchi

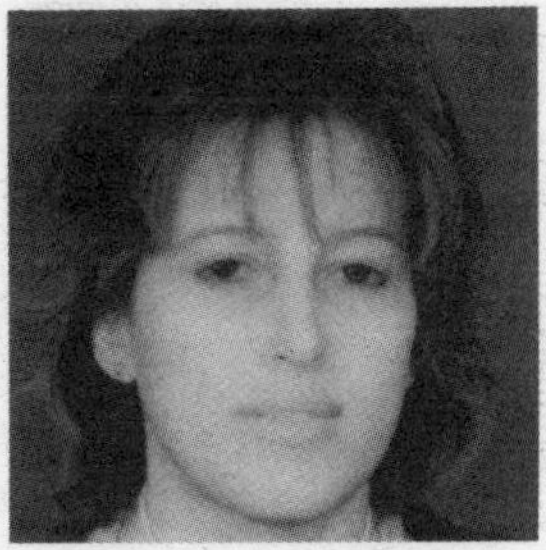

7. Giuliana
Ferrari

8. Mario
Mancini

11. Salvatore
Greco

12. Francesca
Costa

Figura I-4 (cont.)

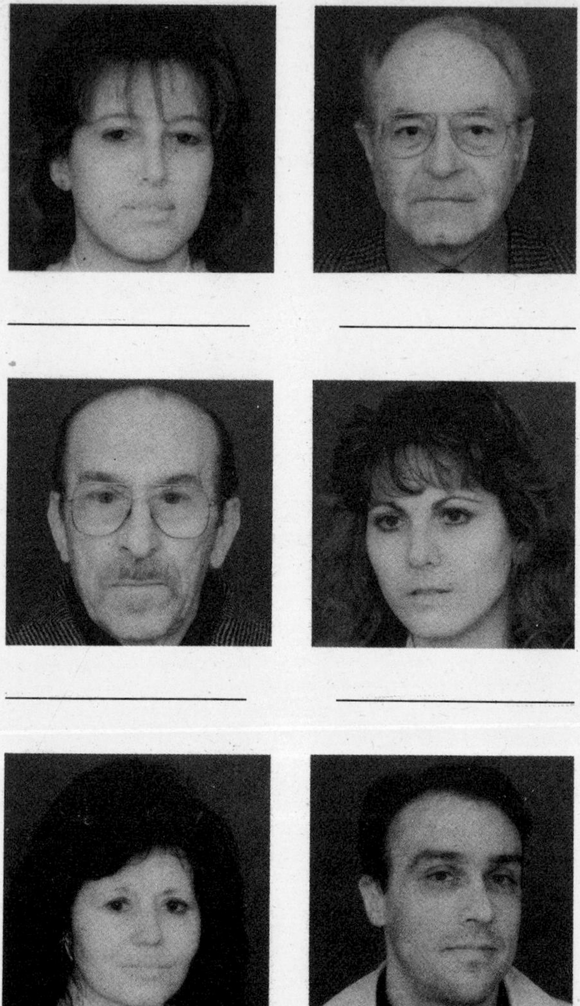

Figura I-5

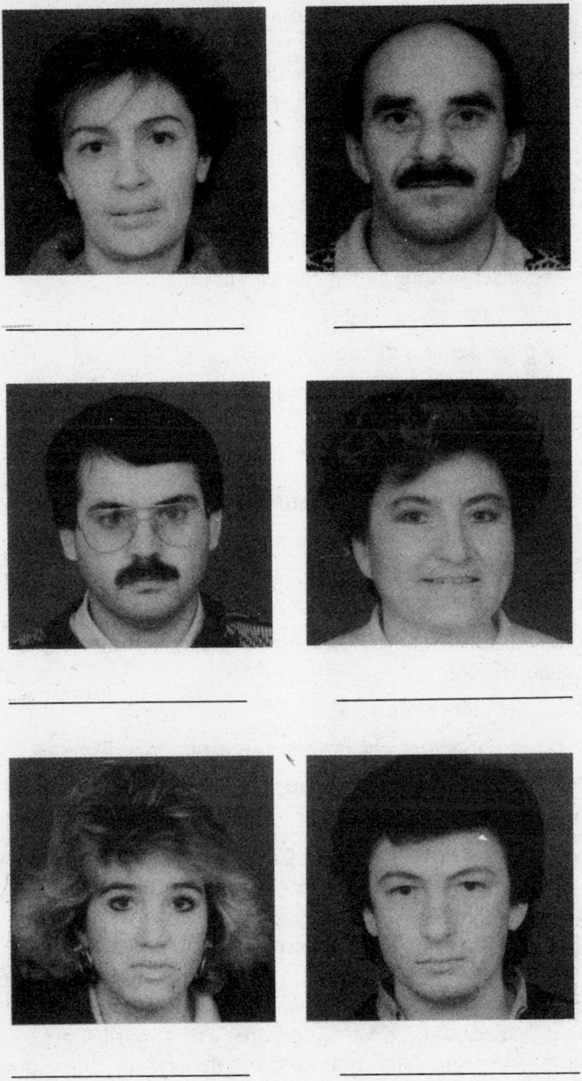

Figura I-5 (cont.)

8. *Valutazione dell'umore.* Umore e memoria sono strettamente correlati. Rispondete sì o no alle seguenti domande, cercando di essere spontanei e passando subito alla domanda successiva. Scegliete la risposta a seconda di come vi siete sentiti nel corso dell'ultima settimana:

1. Siete sostanzialmente soddisfatti della vita?
2. Avete trascurato le vostre attività e i vostri interessi?
3. Avete la sensazione che la vita sia vuota?
4. Vi sentite spesso annoiato?
5. Siete quasi sempre di buon umore?
6. Avete paura che stia per succedervi qualcosa di brutto?
7. Vi sentite spesso felici?
8. Vi sentite spesso inutili?
9. Preferite stare in casa piuttosto che uscire e fare cose nuove?
10. Vi sembra di avere più problemi di memoria della maggior parte della gente?
11. Ritenete che sia meraviglioso vivere oggi?
12. Avete la sensazione che la vostra situazione attuale sia piuttosto insoddisfacente?
13. Vi sentite pieni di energia?
14. Avete la sensazione che la vostra situazione sia disperata?
15. Pensate che la maggior parte della gente stia meglio di voi?

9. *Test della memoria visiva.* Chiedete a un amico di sottoporvi al seguente test. Ditegli di leggere prima con attenzione in modo da capire bene in che cosa consiste la prova.

Lo scopo è di ricordare un certo numero di oggetti visti per un breve periodo di tempo. Lasciate la stanza e chiedete al vostro amico di prendere 15 differenti oggetti di uso comune (per esempio, una bottiglia, una scatola, un vaso, un libro) e di disporli sparpagliati su un tavolo. Rientrate nella stanza e guardate ognuno di questi oggetti per 5 secondi. Quindi fateli coprire con una tovaglia e rispondete alle seguenti domande. Il vostro amico scriverà le risposte.

— Quali oggetti ci sono sul tavolo: nominatene il maggior numero possibile.
— Quanti sono in tutto?
— Descrivete ogni oggetto. Di che colore è? Di che cosa è fatto?
— In che punto del tavolo si trovava?

Conclusione

Com'è andata? Se non siete troppo soddisfatti dei vostri risultati, non perdete la speranza: già solo sottoponendovi a questi test avete imparato qualcosa sulla memoria: attenzione, immaginazione, organizzazione e tono dell'umore hanno un'importanza fondamentale; perché e come lo vedrete in un prossimo capitolo. E ora vediamo il punteggio che avete conseguito: può darsi che abbiate fatto meglio di quanto non pensiate.

Come misurare il punteggio dei vostri test

I valori medi seguenti sono ricavati dai risultati delle persone che iniziano i nostri corsi di rieducazione della memoria.

1. *Digit span:*
   5 risposte corrette è la media
   6 risposte corrette è un risultato molto buono.
2. *Scansione:*
   10 Z identificate è la media
   da 11 a 14 è un risultato buono
   15 o più è un risultato ottimo.
3. *Riconoscimento di figure astratte:*
   la media è 3 in un test a 4 figure.
4. *Immaginazione:*
   la media è da 4 a 5 nella posizione corretta.
5. *Visi e nomi:*
   la media è 6 attribuzioni corrette su 12
   7-8 è un risultato buono, più di 8 ottimo.

6. *Liste:*

la media è 12 su 20

13-14 è un risultato buono, più di 14 ottimo.

7. *Ritenzione della lettura:*

Il punteggio è attribuito contando il numero di frasi ricordate correttamente; ognuno dei seguenti concetti ricordato correttamente vale un punto:

1. Verso la fine della Seconda guerra mondiale
2. Hitler chiese ai pochi sociologi rimasti in Germania
3. di scoprire perché la gente prendesse decisioni rovinose.
4. Quando gli fu riferito che la causa principale era la fatica mentale,
5. egli chiese loro di redigere un elenco dei segni della fatica mentale.
6. Dopodiché ordinò
7. che ogni funzionario che mostrasse segni di fatica mentale
8. venisse immediatamente mandato in ferie.
9. Sfortunatamente per il mondo, questo ordine non lo applicò a se stesso.
10. (B.F. Skinner)

7 frasi riportate correttamente sono la media

8 è un risultato buono

più di 8 è un risultato ottimo.

Se la prova viene ripetuta il giorno dopo, 4 frasi riportate correttamente sono la media; 5 e 6 è un risultato buono; più di 6 è un risultato ottimo.

8. *Valutazione dell'umore*: le risposte seguenti valgono un punto:

1. no	6. sì	11. no
2. sì	7. no	12. sì
3. sì	8. sì	13. no
4. sì	9. sì	14. sì
5. no	10. sì	15. sì

Un punteggio di più di 5 punti può indicare una depressione e dovrebbe essere portato all'attenzione del vostro medico.

9. *Memoria visiva*:
   la media è 6 oggetti su 10
   7 è un risultato buono, 8 ottimo.

Qual è il significato dei risultati del vostro test?

Lo scopo fondamentale di questi test era di mettere in evidenza i vostri punti di forza e quelli di debolezza. Può darsi che non abbiate ottenuto un punteggio ottimo in tutti i test (se lo avete ottenuto, prestate subito questo libro a un amico che ne abbia più bisogno di voi) e probabilmente si sono evidenziati alcuni vostri punti deboli. Uno dei temi principali di questo libro è la differenza tra memoria (ritenzione) e attenzione. L'esame dei vostri risultati potrebbe indicare che il vostro punto debole è l'attenzione e questo vi dovrà incoraggiare a dedicare più tempo possibile agli esercizi di attenzione e di concentrazione. Viceversa il vostro problema potrebbe essere la memoria in senso stretto, allora dovrete dedicare una particolare attenzione ai capitoli che trattano delle tecniche mnemoniche specifiche. Via via che procederete nella lettura, troverete test ed esercizi per i differenti tipi di memoria che vi permetteranno di misurare i progressi fatti. Alla fine del libro potrete sottoporvi di nuovo a questi test iniziali e confrontare i risultati.

PARTE PRIMA

COME FACILITARE LA CONCENTRAZIONE

CAPITOLO 1

CENNI SULLA MEMORIA

"Se non siete motivati, non acquisirete le conoscenze essenziali per riuscire"

Bill Chase
Università di Pittsburgh

Quando diciamo di non riuscire a ricordare i nomi, i luoghi dove siamo stati, le cose che dobbiamo fare, ci dobbiamo chiedere se abbiamo realmente cercato di ricordare queste cose. Può darsi che non avessimo una reale necessità di ricordarle o che non abbiamo fatto lo sforzo necessario. Inconsciamente selezioniamo le cose importanti da immagazzinare nella memoria e scartiamo il resto; di solito cioè lavoriamo in "automatico" e non facciamo niente coscientemente per assicurarci che ciò che stiamo facendo lasci una traccia nella nostra memoria. Sorprendentemente, per la maggior parte del tempo tutto in noi funziona senza alcuna cooperazione cosciente da parte nostra. I problemi di memoria sorgono quando la mancata ritenzione o il mancato richiamo di un'informazione è causa di difficoltà nella vita quotidiana.

Se, per una ragione o per l'altra, non riuscite a effettuare le operazioni mentali necessarie per registrare ciò che volete ricordare, non disperate. Dovete solo arrivare a capire ciò che avviene, senza che voi lo sappiate, quando ricordate e quando dimenticate. Allora potrete passare dall'"automatico" al "manuale" e adoperarvi attivamente a fissare le tracce della memoria invece di aspettare che ciò avvenga spontaneamente. Prendendo coscienza della vostra passività, sarà più facile correggere la tendenza a dimenticare. Potrete così imparare a essere selettivi e più abili a concentrarvi specificamente su ciò che è veramente importante per un particolare compito. Diventerete anche più aperti all'osservazione e all'uso di associazioni per afferrare un maggior numero di dettagli.

Per accrescere il controllo della memoria dovete imparare a registrare meglio ciò che poi vorrete rammentare. Per facilitare il richiamo dovete fare appello a tutto ciò che avete a disposizione: i sensi, le facoltà intellettive (soprattutto la capacità di organizzazione) e l'immaginazione. Così facendo migliorerete l'attenzione, che è sovente la causa prima dei deficit della memoria.

Lo scopo di questo libro è di insegnarvi a fare coscientemente quello che la vostra mente non fa inconsciamente. Gli esercizi vi aiuteranno ad autovalutarvi e a scoprire quello che fate correttamente e quello che fate male.

È solo quando qualche cosa non procede in modo soddisfacente che ne indaghiamo i meccanismi. La memoria non è una macchina misteriosa, innata che funziona indipendentemente dalla volontà e dal controllo. Se così fosse, la maggior parte delle persone dovrebbe disperare, perché una memoria eccezionale è cosa estremamente rara. La memoria è invece un meccanismo che dobbiamo capire per ricavarne il massimo rendimento. Da bambini nessuno ci ha insegnato come memorizzare o come funziona la memoria; così ci siamo arrangiati per tentativi ed errori, dove pochi individui istintivamente fanno meglio degli altri. Il metodo che in genere ci hanno insegnato a scuola è la ripetizione, ma ci sono molti altri metodi che danno risultati anche migliori nel memorizzare le cose più disparate, siano esse nomi o appuntamenti o altre informazioni utili.

Prima di tutto, rendiamoci conto delle condizioni in cui opera la memoria. Qualche breve considerazione sulla natura dell'uomo ci metterà sulla strada: ciò che spinge una persona a fare qualcosa è un insieme di sollecitazioni o di gratificazioni, perché qualunque cosa si faccia richiede uno sforzo. Ci troviamo continuamente nella necessità di adattarci all'ambiente ma siamo disposti a modificare il nostro comportamento soltanto se ne vale la pena, se cioè ne ricaviamo un vantaggio personale. In questo caso tutto va liscio: apprendiamo e ricordiamo senza risentire dello sforzo necessario, il compito ci appare facile e gradevole, come avviene nel gioco degli scacchi o delle carte. Orbene, la memoria segue lo stesso meccanismo.

Alla base di tutto c'è una *necessità* o un *interesse*. Nessuno dimentica di mangiare o di andare a lavorare: i vantaggi sono ovvi e ben superiori agli inconvenienti. La necessità o l'interesse sono le basi della *motivazione* a prestare *attenzione* e a *concentrarsi* su ciò che si vuole ricordare. La *concentrazione* è un'attenzione prolungata e senza di essa non vi può essere una registrazione sicura di tracce mnesiche. L'efficienza della concentrazione gioca un ruolo fondamentale, ma egualmente importante è ciò che la mente fa in questo stato ideale di concentrazione. L'*organizzazione* è l'ultimo requisito per una memoria efficiente.

Il meccanismo della memoria può essere considerato come una sequenza di queste relazioni fondamentali:

NECESSITÀ
o
INTERESSE → MOTIVAZIONE → ATTENZIONE → CONCENTRAZIONE → ORGANIZZAZIONE

Noi dimentichiamo ogniqualvolta questa catena è interrotta. Quando ci si presenta qualcosa di nuovo che in quel momento ci sembra più importante, questo monopolizza la nostra attenzione e il resto passa in secondo piano. Poi, quando le circostanze della vita ce lo ripresentano, allora ce ne ricordiamo. Il fatto di dimenticare è una parte essenziale del meccanismo della memoria. Per concentrarci su ciò che stiamo facendo è necessario dimenticare momentaneamente molte cose. Può essere triste pensare che abbiamo dimenticato la maggior parte di quello che abbiamo imparato a scuola, ma non abbiamo certo dimenticato le conoscenze che utilizziamo nella vita di tutti i giorni, ad esempio leggere e contare. Inoltre, se doveste tornare a scuola per intraprendere una nuova carriera, vi sarebbe facile richiamare molte delle nozioni fondamentali dimenticate e apprenderne di nuove, perché trovereste nella banca della vostra memoria un quadro di riferimento; non dovreste, insomma, ricominciare da principio, il che è tanto più difficile quanto più si diventa vecchi. Forse questa è una delle ragioni più valide per impartire una buona istruzione: è un investimento nella *memoria di riconoscimento*, un tipo di memoria che non viene facilmente alterato dall'età o dalle circostanze. D'altra parte, se si considera quanto può essere labile l'apprendimento, non si può mai essere certi che l'informazione sia stata correttamente registrata per una ritenzione a lungo termine. Capita spesso di non ricordare nozioni imparate a memoria e mai utilizzate: le tracce della memoria possono non essere state sufficientemente nitide o essersi cancellate nel caso di informazioni di nessun interesse.

Che succede quando dimentichiamo? Guardando la catena della memoria, si vede che ci sono tre potenziali cause di interruzione: la mancanza di necessità, di interesse o di motivazione; la mancanza di attenzione o di concentrazione; la mancanza di organizzazione. Ognuno di questi fattori, o una loro combinazione, può essere responsabile di un deficit di memoria. Questo spiega perché l'*ansia* e la *depressione* sono spesso le cause dei problemi di memoria: quando siamo depressi perdiamo interesse e motivazione, cosa che rende difficile o impossibile tenere desta l'attenzione; quando siamo ansiosi, la nostra attenzione è prigioniera dell'ansia e non riusciamo a prestare attenzione a nient'altro. E così, senza concentrazione, non possiamo sperare di organizzare i pensieri ai fini di un efficiente richiamo.

La prima preoccupazione deve essere quella di stabilire quali maglie sono alterate nella catena della memoria. Siccome siete abbastanza motivati da affrontare la lettura di questo libro, il vostro problema è probabilmente di attenzione o di ritenzione. In senso stretto, l'unico vero problema di memoria è un deficit di ritenzione: sebbene un individuo sia motivato, presti attenzione e cerchi di ricordare, può tuttavia dimenticare perché i ricordi non sono stati registrati e immagazzinati in modo appropriato ai fini di un pronto richiamo. L'informazione è entrata nell'archivio della memoria, ma è difficile recuperarla. Chiunque abbia problemi di ritenzione può trarre vantaggio da una migliore tecnica di organizzazione. Peraltro, la maggior parte dei problemi di memoria deriva da un difetto di attenzione: se nulla è stato prima registrato, è evidente che non c'è nulla da richiamare alla mente. Come si può essere certi di avere effettivamente memorizzato qualcosa? Esserne assolutamente certi non si può, ma ce ne possiamo fare un'idea abbastanza vicina alla realtà analizzando le circostanze in cui abbiamo cercato di registrare l'informazione. Per comprendere i vostri deficit di memoria dovete innanzitutto sapere come l'ambiente e le emozioni influenzano la vostra capacità di imprimere una buona traccia mnesica. Dovete aspettarvi vuoti di memoria quando gli stati emozionali prendono il sopravvento e quando la situazione non vi consente di mantenere a lungo l'attenzione. E questo avviene

— quando avete fretta
— quando siete ansiosi
— quando siete sotto stress o sotto pressione
— quando siete distratti
— quando vi interrompono
— quando vi sono interferenze o digressioni
— quando il vostro stato emotivo è orientato verso l'euforia o verso la depressione
— quando siete assorbiti da altri pensieri
— quando avvertite stanchezza o sonnolenza (per effetto di farmaci)
— quando la vostra resistenza è depressa (a causa di malattie)
— quando siete in ambienti familiari
— quando fate gesti automatici
— quando le abitudini prendono il sopravvento
— quando il messaggio da ricordare non ha per voi alcun senso.

Credere che la memoria possa funzionare bene in queste circostanze significa credere ai miracoli: non ci contate. E non è il caso di accusare voi o la vostra memoria quando non avete la possibilità di controllare l'attenzione o quando non avete il tempo per organizzare e processare l'informazione in entrata. Qualche volta non si può fare a meno di essere ansiosi, distratti o assillati: in questi casi non aspettatevi molto da voi stessi se non potete modificare le circostanze, se cioè non potete concedervi una pausa, rilassarvi e concentrarvi. E certamente in alcuni casi questo è impossibile, ad esempio quando ci si affanna per non perdere il treno.

Che si sia giovani, meno giovani o anziani, a volte si ricorda e a volte si dimentica. Talvolta esprimiamo la nostra frustrazione con espressioni che usiamo quasi come mezzi per fustigarci: vi suggerirei invece di modificare il vostro vocabolario a seconda della situazione. Invece di dire: "ho dimenticato", provate a dire "in questo momento non mi viene in mente", "non ci ho fatto attenzione", "non ho sentito", "non l'ho fissato nella memoria" o "non mi sembrava una cosa che valesse la pena di ricordare". Solo variando il vostro vocabolario vi renderete conto delle diverse situazioni che possono essere all'origine della dimenticanza. Vi libererete così di questi sentimenti di colpa e smetterete di accusare la memoria ad ogni occasione. Ad esempio dovete sentirvi soddisfatti se vi capita di ricordare qualche cosa proprio al momento opportuno, come quando vi accorgete che il soprabito è rimasto dentro la macchina appena avete chiuso la portiera. Il riflesso di chiudere la portiera è stato così rapido che non vi ha lasciato il tempo di fermarvi a pensare: ricordarvi del soprabito pochi secondi più tardi era il massimo che poteva capitarvi in quelle circostanze. Paradossalmente, spesso diciamo "ho dimenticato" nel momento stesso in cui ci ricordiamo di una cosa. Siamo così poco pazienti con la memoria che non le concediamo nessuna opportunità. Bisognerebbe piuttosto felicitarci con noi stessi e dire: "Che fortuna, me ne sono ricordato, anche se con qualche secondo di ritardo". Riserviamo la parola "dimenticare" per episodi importanti con conseguenze più gravi. Insomma, quanto più saprete sulle funzioni della memoria, tanto più indulgenti sarete con voi stessi. Con l'aiuto di questo libro, imparerete a migliorare il controllo della memoria registrando consapevolmente le informazioni da ritenere. La capacità di richiamare le informazioni aumenterà molto grazie alle tecniche di organizzazione di cui presto sarete padroni.

Come registrare l'informazione

Immaginate di voler registrare un messaggio o una canzone. Prima di tutto dovete assicurarvi che il registratore funzioni: il vostro medico sarà in grado di scoprire eventuali alterazioni biologiche, fortunatamente rare, che potrebbero essere alla base di un grave deficit della memoria. In secondo luogo dovete tenere sotto controllo tutte le sorgenti di interferenza, che potrebbero compromettere la vostra registrazione e renderne difficile la decodificazione: dovete cioè eliminare tutti i pensieri che non sono connessi con ciò che volete ricordare. La *concentrazione* è la chiave per accedere alla memorizzazione: dovete concentrare l'attenzione su quello che volete registrare e dedicare a questa operazione il tempo e la fatica necessari. Sviluppando una “memoria fotografica” otterrete una *immagine* chiara, cioè una rappresentazione concreta di ciò che volete immagazzinare nell’archivio della memoria. Per formare questa immagine dovrete usare al massimo tutte le capacità di percezione sensoriale: troppo spesso ci capita di vedere senza guardare, provare qualche sensazione senza esserne consapevoli, udire distrattamente senza ascoltare. Attivando l’attenzione, vi accerterete che tutti i canali, sensoriali e intellettivi, siano aperti e attivi. La costruzione di un’immagine è un’operazione che implica ad un tempo immaginazione e attività intellettiva; associando immagine e messaggio, migliorerete la qualità della registrazione mnesica: così l’*associazione* diventa la terza parola chiave.

Come richiamare l’informazione

Quanto più chiara è la registrazione, tanto più facile sarà il richiamo: è quindi importante spendere un po’ di tempo e di fatica per le tre parole chiave, concentrazione, immaginazione, associazione.
Quando non ricordate una cosa in un dato momento ma vi viene in mente in un momento successivo, è perché qualche fattore esterno ha innescato un’associazione che ha fatto riaffiorare il ricordo. Quando vedete, udite, gustate, odorate o toccate qualcosa e questo vi fa venire in mente qualcos’altro (un luogo, una persona o una sensazione), avete risposto a uno stimolo. Questo meccanismo stimolo-risposta suggerisce il richiamo senza alcuno sforzo volontario: un’impressione ne evoca un’altra in una successione a catena. Potrete allora migliorare il controllo dei meccanismi di richiamo definendo volontariamente lo stimolo evocatore e rinforzandone l’effetto con tecniche specifiche. Se, ad esempio, dimenticate spesso a casa l’ombrello, provate a fare così: sapete che, uscendo di casa, vedete la porta d’ingresso; ebbene, pensate alla “porta d’ingresso” e formatevene un’immagine visiva con l’ombrello aperto proprio davanti. Soffermatevi qualche secondo su questa associazione di immagini. Tutte le volte che vedrete la porta di casa, vi balzerà davanti agli occhi anche l’ombrello, facendovelo venire in mente. Per ogni associazione di immagini che creerete, dovrete definire uno stimolo che non possiate fare a meno di vedere: esso fungerà da evocatore visivo. Il segreto del successo sta nello spendere almeno 10 secondi a visualizzare i due oggetti insieme in una singola immagine.

La formazione e l'associazione di immagini sono di grande aiuto nel processo di richiamo, che è la parte più difficile del processo mnesico. In primo luogo garantiscono una registrazione solida nella memoria a lungo termine; in secondo luogo agiscono come suggerimenti per evocare il richiamo. Col passare degli anni, la capacità di richiamare le informazioni diminuisce. Le tecniche che verranno descritte in questo libro vi faciliteranno il processo di registrazione e quello di richiamo, qualunque cosa vogliate ricordare. È stato chiaramente dimostrato che di solito non è tanto il sistema di immagazzinamento nella memoria che fa difetto, quanto il sistema di richiamo. Il richiamo libero è di scarsa efficacia, mentre quello stimolato organizzato è molto efficiente; è per questo motivo che la fissazione di opportuni suggerimenti nel momento della registrazione garantisce un richiamo efficace. Imparare a fissare buoni punti di repere è la vera arte della memoria.

Queste tecniche sono tutte fondate sul principio secondo il quale la memoria è una capacità e non un dono della natura. Del resto, anche gli artisti più dotati devono esercitarsi, perché il loro talento naturale è solo una potenzialità, tutt'al più un promettente avvio. Come dice il vecchio detto, "la pratica rende perfetti" o almeno ci avvicina all'idea che abbiamo della perfezione.

CAPITOLO 2

COME FUNZIONA LA MEMORIA

"È molto più quello che abbiamo dimenticato di quello che ricordiamo"

Thomas Fuller (1732)

Il Dizionario della lingua italiana Zingarelli definisce la memoria come "una funzione generale della mente, consistente nel far rinascere l'esperienza passata, attraverso le quattro fasi di memorizzazione, ritenzione, richiamo e riconoscimento". Come ogni processo mentale, anche questo è molto complesso. Quando ricordiamo qualcosa, mettiamo da parte altri ricordi, che almeno momentaneamente vengono dimenticati. E siccome dimentichiamo molto di più di quanto ricordiamo, ciò che conta è la selezione e la qualità dei ricordi. Generalmente non ci lamentiamo se ricordiamo soltanto ciò che abbiamo effettivamente bisogno di ricordare e in effetti dovremmo essere contenti di dimenticare tante cose. Molte persone dotate di una memoria straordinaria non sono per questo più felici e vorrebbero poter dimenticare. Nella normale funzione mnesica infatti c'è un equilibrio naturale. Secondo il paradosso di Alexander Chase, "la memoria è quella cosa che serve a dimenticare". Scoprirete presto perché. Per comprendere come ricordiamo, dobbiamo riferirci a molti svariati modelli che descrivono la memoria da differenti punti di vista. Questi modelli sono complementari e insieme contribuiscono alla nostra comprensione della funzione mnesica.

Modelli fisiologici

Modelli anatomici

La sede anatomica della memoria è piuttosto diffusa nel cervello, anche se la maggior parte della funzione mnesica è concentrata nell'ippocampo, che fa parte dei due lobi temporali. Se è danneggiato uno solo di questi lobi, la memoria può essere conservata, ma se entrambi i lobi temporali sono distrutti, anche la capacità di ricordare lo è.

Modelli neurochimici

Nell'ippocampo il neurotrasmettitore prevalente è l'acetilcolina. I neurotrasmettitori sono sostanze che trasferiscono l'informazione da una cellula nervosa all'altra. Se c'è una deplezione di acetilcolina, la memoria è alterata: è un po' come restare senza benzina. Si è tentato di somministrare colina nella speranza di ripristinare il contenuto di acetilcolina (e quindi la memoria), ma i risultati di questi trattamenti sono incerti e nel migliore dei casi di modesta entità. Una seconda importante variazione neurochimica è il rallentamento del metabolismo cerebrale che si verifica con l'età. Il metabolismo cerebrale è fondato prevalentemente sull'ossidazione dei glicidi per la produzione di energia, una parte della quale è destinata alla sintesi di acetilcolina.

Modelli elettrofisiologici

Recentemente sono state trovate correlazioni tra l'attività mentale e le onde cerebrali misurabili con l'elettroencefalografia (EEG). Quando il metabolismo globale dell'organismo rallenta, come nell'invecchiamento, anche le onde cerebrali rallentano, parallelamente al grado di compromissione mentale. Questo rallentamento varia da un soggetto all'altro, con differenze individuali più marcate tra gli anziani che tra i giovani.

Modelli psicologici

Processazione dell'informazione (stimolo-risposta)

Il modello della processazione dell'informazione è un particolare modello stimolo-risposta in cui lo stimolo, cioè l'input, è rappresentato da materiale sensoriale. Questo materiale viene registrato e immagazzinato nella memoria; successivamente un secondo stimolo, o suggerimento, evoca la risposta della memoria di richiamo, cioè l'output. In altre parole, ogni impressione che perviene al cervello passa attraverso i sensi: noi vediamo, udiamo, gustiamo, odoriamo o sentiamo con un meccanismo riflesso. Siamo costantemente sottoposti a stimoli esterni, ma in genere questo è un processo di registrazione inconscio. Divenendone consapevoli e rinforzando quegli stimoli selezionati coscientemente che siamo sicuri di incontrare quando vogliamo ricordare, possiamo aumentare le possibilità di un richiamo più efficace. In altri termini, il modello stimolo-risposta funziona così: il cervello percepisce uno stimolo che viene registrato nel centro della memoria; un secondo stimolo o suggerimento evoca il richiamo del ricordo registrato.

Profondità di processazione o elaborazione

Quanto più un'informazione è elaborata in modo approfondito, tanto meglio viene registrata e tanto più facile ne sarà il richiamo. Un pensiero a lungo elaborato si fisserà nella memoria meglio di un'idea fugace e superficiale. Un'idea nuova, non ancora inserita in uno schema di pensiero, deve essere elaborata, perché, non essendo ancora connessa con un contesto, è fragile ed esposta alla cancellazione. Stabilire connessioni mentali e organizzare il materiale è fondamentale per una processazione approfondita. La ripetizione è il metodo usato comunemente per assicurarsi che l'informazione sia in memoria, ma questo metodo meccanico è superficiale ed efficace solo a breve termine, a meno che non sia integrato da processi intellettivi più complessi che lascino nella mente tracce più elaborate e profonde. Questo spiega perché i bambini dimenticano così rapidamente le cose che ripetono a pappagallo senza farsene un'idea chiara e senza correlarle a fatti della loro vita. Per elaborare un'informazione ai fini di una ritenzione a lungo termine sono essenziali operazioni mentali quali osservare, porsi dei quesiti, approfondire il significato dell'informazione, stabilire correlazioni e confronti. Le osservazioni emotive e culturali sono necessarie, come vedrete durante l'addestramento all'osservazione.

Inoltre si è visto che anche il tono dell'umore influenza la profondità della processazione. Noi tendiamo a ricordare quello che abbiamo memorizzato in un certo stato d'animo quando ci ritroviamo in quello stesso stato. I ricordi dei tempi lontani comportano spesso emozioni intense; avvenimenti che ci colpiscono profondamente quando succedono lasciano una traccia più profonda che non gli eventi neutri. D'altra parte ognuno colora gli stimoli neutri con la propria affettività e nel proprio contesto culturale. Come dice Amleto, "non c'è nulla che sia buono o cattivo, è il nostro pensiero che lo rende tale". Interpretiamo continuamente il mondo che ci circonda e lo registriamo nella memoria dopo averlo fatto passare attraverso il filtro della nostra personalità. Forse è per questo che il ricordo dello stesso evento è così diverso da un testimone all'altro. Come ha sottolineato la psicologa Elizabeth Loftus, noi in effetti "costruiamo i nostri ricordi", dando loro una forma che viene da noi stessi. La memoria è insomma un processo creativo, e perciò dovremmo parteciparvi coscientemente, molto più di quanto siamo soliti fare.

La cornice del tempo

Noi viviamo nel tempo, e così vivono i nostri ricordi. Alcune impressioni rimangono nella nostra mente per secondi o minuti, altre per mesi o per anni (Herriot disse una volta che la cultura è ciò che resta quando abbiamo dimenticato tutto). In effetti sembra che intervenga un processo di selezione, mediante il quale scegliamo le cose che dobbiamo ricordare a breve o a lungo termine che può essere inconscio o cosciente, in quanto possiamo rinforzare alcuni stimoli selezionati e lavorare sulla registrazione di quelle informazioni che consideriamo più importanti. Una mente curiosa ha bisogno di fare riflessioni continue, rinforzando i ricordi preesistenti con associazioni sempre nuove. Questa continua selezione dell'informazione si traduce nella cultura: noi siamo ciò che abbiamo integrato nel registro attivo della nostra memoria, siamo ciò che diciamo, ciò che pensiamo, ciò che facciamo e ciò che mangiamo, e l'insieme di tutti questi elementi riflette la cultura e la personalità, che si rivelano negli atteggiamenti.

La *memoria percettiva immediata* è la memoria delle percezioni immediatamente precedenti. Essa è compromessa solo raramente, perché non richiede una registrazione profonda e il richiamo avviene con un meccanismo riflesso. La dattilografia ne è un buon esempio: leggiamo una parola e la teniamo a mente quanto basta per dattilografarla (di solito meno di un secondo), poi la dimentichiamo e al suo posto si imprime la parola successiva e così via. È degno di nota il fatto che le persone colpite da amnesia hanno una buona memoria immediata. Purtroppo la memoria immediata non è altrettanto utile quanto quella a lungo termine.

La *memoria a breve termine* è definita dagli psicologi come quella che dura un massimo di 5 secondi, è una memoria di lavoro, una sorta di lavagna mentale che può accettare un massimo di *sette* voci. Può servire come schedario di riferimento dal quale si possono estrarre informazioni più specifiche. Le sette voci possono essere concetti o idee, che a loro volta implicano associazioni e richiami. Soltanto una ripetizione continua può mantenere viva la memoria a breve termine. Un esempio di memoria a breve termine è la composizione di un numero di telefono che si è appena preso dall'elenco: bisogna continuare a ripeterlo mentalmente fino a che non si è finito di comporlo. Questi primi due tipi di memoria non comportano processi mentali elaborati e sono pertanto superficiali e soggetti all'interferenza. Se vi interrompono mentre state battendo a macchina una frase o componendo un numero di telefono appena preso dall'elenco, dovete ricominciare da capo.

La *memoria a lungo termine* implica invece una processazione permanente e operazioni mentali più complesse, sebbene possa avere una durata assai variabile. La memoria a lungo termine richiede una registrazione cosciente di una informazione significativa: questo processo viene chiamato *codificazione semantica* e implica una ricerca del significato e del contesto nel nuovo materiale. Senza di essa sarebbe impossibile apprendere: ogni nuova conoscenza è in qualche misura connessa a ciò che già sappiamo; al di là della ripetizione meccanica propria della memoria a breve termine, la nostra mente è alla continua ricerca di connessioni e lavora interpretando il nuovo sulla base del vecchio. Ad esempio, gli attori imparano la loro parte integrando le loro emozioni, i loro gesti e la loro cultura nella situazione artificiosa della parte che hanno prima attentamente analizzato. Ciò richiede in genere tempo, concentrazione e una riflessione approfondita per registrare chiaramente le nuove acquisizioni. Alcuni hanno il dono naturale di saper organizzare in modo efficace l'informazione da memorizzare: sono buoni osservatori, creano nuove associazioni, utilizzano la loro immaginazione e sono ricettivi all'impegno intellettivo. La maggior parte delle persone, invece, non ha queste capacità innate ma può acquisirle, migliorando così le prestazioni della memoria.

Immagazzinamento

Platone, per descrivere il modo in cui i ricordi si imprimono nella mente, si servì della metafora della tavoletta di cera: a seconda della qualità della cera l'incisione sarà buona o scadente. Così, nel suo concetto, la memoria dipenderebbe interamente dalla qualità dello strumento ricevuto in dotazione alla nascita. Nel mondo antico il destino di ciascuno era fissato dagli dei e, in questo ordine di idee, la memoria appariva come un dono. Platone non lasciò scritto in che cosa consistesse la buona qualità della cera, né come fossero organizzati i ricordi incisi sulle tavolette. Tuttavia, in un mondo con una forte tradizione orale (prima della scoperta della stampa gli uomini dovevano fare affidamento sulla memoria per tramandare l'eredità culturale: leggende, canti, avvenimenti storici), Platone doveva dare per scontato il ricorso all'arte della mnemonica, cioè all'uso delle tecniche mnemoniche che allora doveva essere largamente diffuso[1].

Più recentemente gli psicologi si sono dedicati allo studio dei modelli di organizzazione che operano quando immagazziniamo materiale per un futuro richiamo. Hanno dimostrato che il richiamo dipende da come organizziamo il nostro pensiero nel momento in cui l'informazione in entrata viene registrata. Oggi sappiamo che una buona organizzazione aiuta la memoria; ma la capacità di organizzazione, come quella di concentrazione, non è ereditata: entrambe sono frutto di apprendimento, possono cioè essere insegnate, esercitate e sviluppate a qualsiasi età. La ricerca gerontologica ha dimostrato la falsità del vecchio detto "non si possono insegnare cose

[1] Si può aggiungere che in Esiodo le nove Muse sono figlie di Zeus e di Mnemosine, a significare che le attività superiori dello spirito sono figlie della Memoria. Anche nella tradizione più tarda, secondo la quale le Muse erano solo tre, una di esse era Mneme (N.d.T).

nuove a un cane vecchio". Per anni abbiamo insegnato a persone di più di 55 anni ed è certo che esse possono apprendere nuovi codici di comportamento, purché si conceda loro un po' più di tempo. Ciò che in fondo mi ha sollecitato a scrivere questo libro è proprio la soddisfazione che le persone di questa fascia di età manifestano per i risultati conseguiti.

La comprensione dei meccanismi della memoria è molto importante perché, demitizzando l'intero processo, ci permette di capire perché ricordiamo e perché dimentichiamo. La metafora di Platone della tavoletta di cera è ancora valida per la sua connotazione visiva; nondimeno, alcuni psicologi ritengono più appropriata la metafora del computer, che sottolinea l'importanza dei processi di organizzazione impliciti nella memoria. Del resto le due metafore sono complementari. Per quanto mi riguarda preferisco immaginare che tutte le impressioni, le immagini, i sentimenti e i pensieri vengano registrati come fotogrammi, per realizzare i quali la nostra mente si comporterebbe in sostanza come una macchina fotografica, in maniera non del tutto dissimile da una fragile tavoletta di cera. Ma mi piace anche pensare che queste immagini vengano classificate nella nostra mente con la stessa efficienza di un computer.

Quando si considera la quantità di informazioni che vengono accolte nel cervello, non si può fare a meno di restare ammirati dal meccanismo della memoria. Per la maggior parte di noi, nell'arco della vita, i ricordi vengono immagazzinati in modo piuttosto efficace. Le schede sono organizzate in una rete di associazioni: classificate in modo pratico a seconda della frequenza di utilizzazione, sollevate al livello della coscienza o affondate nell'inconscio.

Immaginate una serie di strati. Lo strato superiore è vicino al livello della coscienza: contiene l'utile e il quotidiano, tutto ciò insomma cui si ricorre spesso (io lo immagino azzurro e chiaro come il giorno). Qui, ad esempio, è immagazzinato il vocabolario attivo: i nomi usati comunemente, i numeri di telefono familiari, ecc. È un posto di grande traffico, con schede che vanno e vengono continuamente. Seguono altri strati, nei quali vengono immagazzinate informazioni di necessità meno immediata.

Lo strato intermedio contiene materiale passivo al quale si ricorre meno spesso. Si può accedere ai ricordi mediante il *riconoscimento* o con opportuni suggerimenti di richiamo (questo secondo strato lo immagino di color ruggine o ocra, un colore in sordina per un posto più tranquillo dove giacciono indisturbati ricordi un po' arrugginiti). Quando si diventa vecchi e si riducono le attività, il primo strato diventa più sottile, mentre il secondo si ispessisce. Qui sono immagazzinate le lingue straniere apprese una volta e usate raramente. Ricordo ancora la mortificazione del primo giorno di un corso di insegnamento sulla memoria che ebbi occasione di tenere nella mia nativa Francia. Alcune parole mi venivano in inglese e non facevo in tempo a tradurle; molte volte inciampai su parole come "focus", difficili da rendere in altre lingue, nonostante mi ci fossi preparata. Il mio francese, che negli Stati Uniti non mi era servito per tanto tempo, era regredito, sostituito dall'inglese, specialmente nel campo particolare del mio lavoro. Il fatto di sapere che la memoria funziona proprio così mi rinfrancò e presto smisi di compiangermi a vuoto: aspettai invece, con pazienza e fiducia, che la scheda si portasse dall'area della ruggine alla zona azzurra della luce del giorno, il che accadde il giorno successivo sotto lo stimolo dell'ambiente nuovo e dell'accurata revisione in francese del mio materiale di insegnamento.

Lo strato inferiore, infine, appartiene al regno dell'inconscio (lo immagino grigio come l'ignoto). È probabilmente il più ricco, perché ognuno di noi registra milioni di tracce fin dal primo giorno di vita. Gli psicoanalisti sostengono che un processo attivo, che essi chiamano repressione, spinge in questa zona grigia i ricordi sgradevoli: è per questo che la gente non riesce a ricordare quello che è successo in situazioni drammatiche (incidenti, stupri, ecc.). Tuttavia la maggior parte dei ricordi non viene repressa, ma solo ricacciata in giù in questa zona grigia, per lasciare che altri materiali più pressanti si portino più vicino al livello della coscienza. Quando, con gli anni, siamo meno presi dall'urgenza del presente, diventiamo più aperti alle associazioni col passato. Quando smettiamo di guardare davanti a noi, cominciamo a guardare all'indietro: questo spiega in parte perché gli anziani ricordano cose avvenute molti anni prima meglio di quello che hanno mangiato la mattina a colazione.

I ricordi molto lontani nel tempo aspettano, come la Bella Addormentata, di essere ridestati da una forte sensazione. I ricordi remoti hanno bisogno di suggerimenti per tornare alla coscienza: molto spesso è una percezione sensoriale o uno stato d'animo a innescare una catena di immagini, di parole e di sensazioni, capaci di ricreare un ricordo memorizzato tanto tempo prima. Il richiamo segue allora il modello stimolo-risposta illustrato all'inizio di questo capitolo.

Gli esempi di memoria involontaria abbondano nella vita e nella letteratura. Nella *Recherche*, Marcel Proust rievoca un momento in cui stava bevendo un tè, intingendovi una "madeleinette". Non appena questa ebbe toccato il suo palato, sentì che qualcosa di straordinario stava compiendosi: il presente con i suoi problemi e le sue debolezze era come svanito e una gioia profonda lo pervadeva. Attese con ansia, cercando di afferrare la causa di tutto ciò. "Improvvisamente il ricordo balzò vivido". Era il sapore della "madeleinette" che zia Leonie usava dargli quando, da bambino, si recava nella sua camera da letto per darle il buon giorno. Una volta reintrodotta nel suo contesto originale, la sensazione aveva innescato una catena di ricordi, le immagini del mondo felice della sua infanzia. "Combray e i suoi dintorni, tutto quello che vien prendendo forma e solidità, è sorto, città e giardini, dalla mia tazza di tè"[2].

È da notare che Proust aveva dovuto aspettare qualche istante perché il meccanismo del richiamo riattivasse la catena dei ricordi: si era aiutato concentrandosi su quella particolare sensazione gustativa e sul piacere che essa evocava in lui. La piena consapevolezza della sensazione è essenziale in quanto dà il tempo necessario a che i ricordi riaffiorino. Peraltro, essa deve essere accompagnata da uno stato di serena ricettività: l'ansia bloccherebbe i circuiti e ritarderebbe il richiamo. La memoria è complessa e fragile, come un bimbo. Noi impariamo a servircene con la strategia dei tentativi e degli errori, spesso temendo il peggio, ma con la chiara comprensione dei suoi meccanismi e familiarizzandoci con essi scopriamo di poter governare tentativi ed errori.

Se volete riportare alla mente il maggior numero possibile di ricordi, siate aperti alle vostre sensazioni e osservate la mirabile sequenza del processo di richiamo. Potete partecipare attivamente ai processi di registrazione e di richiamo, come imparerete nei prossimi capitoli: l'acquisita consapevolezza non solo sarà di aiuto alla vostra

[2] Traduzione di Natalia Ginzburg (N.d.T).

memoria, ma vi permetterà di godere più intensamente del mondo che vi circonda.

La memoria è imperfetta

Nessuno può dire se la natura sia perfetta o imperfetta: ciò richiederebbe una prospettiva ben più ampia di quella che ognuno di noi potrà mai avere. Certamente vediamo i suoi difetti, ma religione e scienza ci dicono che anch'essi debbono avere una funzione nell'armonia della creazione. Lo stesso si può dire della memoria: il difetto insito nel suo meccanismo — il dimenticare — ha la sua finalità e in ultima analisi opera per la nostra felicità. La memoria serve per le nostre necessità presenti. Tendiamo a ricordare ciò che è essenziale e piacevole e a dimenticare il resto, soprattutto gli avvenimenti dolorosi. È vero che talvolta dimentichiamo qualcosa di importante, e questo può essere tragico, ma quello che dobbiamo chiederci è se, alla fine, ricordiamo proprio tutto ciò che ci succede oppure lasciamo da parte alcune cose. Il meccanismo col quale noi ricordiamo o dimentichiamo è stato studiato negli ultimi anni anche per cercare di scoprire come accadono gli incidenti e perché il racconto di un testimone è spesso così poco affidabile. Come spiega Elizabeth Loftus, i ricordi vengono selezionati e in un secondo momento rammentiamo soltanto quello che è stato processato nella memoria a lungo termine. La Figura 2.1 illustra come "l'informazione in arrivo entra nella memoria a breve termine, dove può essere conservata attraverso il processo della ripetizione e trasferita efficacemente nella memoria a lungo termine, oppure dimenticata". Durante questo trasferimento i ricordi vengono "elaborati". Si tratta di un meccanismo complesso che coinvolge l'intera personalità.

Recenti ricerche indicano che la nostra memoria è continuamente alterata, trasformata o distorta. La Loftus ci spiega perché la memoria ci può tradire: "È perché spesso non vediamo le cose così come effettivamente sono. Anche se memorizziamo un'immagine sufficientemente accurata di una determinata esperienza, non è detto che essa si conservi integra nella nostra memoria. C'è un'altra forza che agisce e le tracce della memoria possono alla fine distorcersi... Così, anche nel più intelligente tra noi la memoria risulta malleabile". In una sua vecchia canzone Maurice Chevalier raccon-

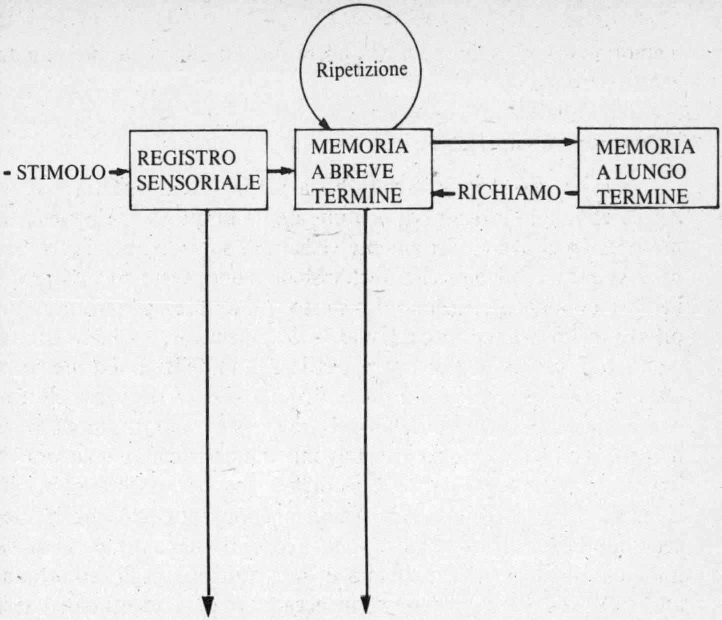

NON TRASFERITO allo stadio successivo e pertanto dimenticato

Figura 2-1

ta di due innamorati che rievocano il loro passato, in modo del tutto diverso, ognuno a seconda del suo temperamento: lui è romantico, lei realista. Ma insomma, c'era o non c'era la luna quella notte? Non lo sapremo mai.

La mente filtra qualunque esperienza vissuta in virtù di un meccanismo inconscio sul quale possiamo esercitare un controllo molto limitato. A seconda dell'umore, del luogo e del tempo, dei pregiudizi culturali e di altre variabili, decidiamo di ricordare alcune cose in luogo di altre. In buona fede possiamo ricordare un avvenimento in modo differente da un amico. Questo spiega perché i testimoni oculari sono così spesso inattendibili: vediamo solo una parte della scena, in genere quella che ci aspettiamo di vedere. La storia di Rashomon è un buon esempio: ogni personaggio dà dello stesso evento una sua personale versione e si finisce col non sapere più che cosa sia realmente accaduto. Tuttavia, nonostante queste limitazioni, possiamo fare uso delle nuove informazioni acquisite purché siamo più prudenti quando affermiamo di ricordare qualcosa. Così, se ci impegniamo a memorizzare qualcosa con consapevolezza e metodicità, è probabile che ne potremo avere un richiamo più obiettivo. In questo modo è possibile insegnare alle persone di porre la massima attenzione a indicazioni importanti come i numeri di targa delle automobili, le descrizioni di persone e così via.

Insomma, anche se la memoria non è perfetta e poggia talora su processi inconsci, con una maggiore attenzione e consapevolezza possiamo migliorarla. La memoria è soggettiva, è qualcosa di esclusivo di ciascuno di noi. Dobbiamo accontentarci di esserne padroni solo relativamente, così come in senso solo relativo siamo padroni della nostra stessa vita e di come procede il mondo intorno a noi. Il migliore frutto della memoria è la riconciliazione degli aspetti emozionali e razionali della nostra personalità. Se farete la scelta di partecipare attivamente a questo processo, ne uscirete vincitori.

La mente è come una macchina fotografica

In questo libro paragonerò continuamente la mente a una macchina fotografica: immaginate che la mente sia una macchina molto sensibile, in grado di registrare qualunque immagine che venga inquadrata. Per la maggior parte del tempo è regolata in autofocus, sicché non vi rendete conto delle operazioni necessarie per registrare un'immagine netta. Quando sopravvengono disturbi della memoria, è come se la messa a fuoco automatica diventasse inservibile e doveste ricorrere a una messa a fuoco manuale, che è poi quello che già fate quando siete immersi nella lettura di un libro piacevole o impegnati in un'attività che vi interessa. In questo caso siete voi che scegliete quello che è degno di essere fotografato, a seconda dei vostri scopi. Siete padroni della ripresa e probabilmente più creativi perché siete voi stessi a scegliere il soggetto e l'inquadratura che più vi soddisfano. Realizzerete allora che quando eravate in autofocus la vostra mente era più limitata: era infatti regolata solo per fissare efficacemente ciò che è più importante da registrare in una determinata situazione. Si tratta di un meccanismo complesso che opera inconsciamente fintantoché la motivazione è molto forte. Il lavoro, le responsabilità, la curiosità naturale, il gusto per la vita forniscono in genere una motivazione sufficiente ad attivare il meccanismo. Le immagini sono selezionate così come la situazione lo richiede. Potete però riprendere il controllo tornando alla regolazione manuale, cioè prendendo piena coscienza di ciò che volete ricordare, zumando su questo e prendendo nota di tutte le informazioni utili. Una registrazione cosciente lascia una traccia di memoria migliore.

Oltre ad analizzare il soggetto, pensate al vostro umore, ai vostri sentimenti e riflettete su questo contesto emozionale: tutto ciò vi faciliterà il richiamo, che è la tappa più difficoltosa. Così, tutto questo addestramento svilupperà lo spirito curioso che dorme dentro di voi: la curiosità è la chiave dell'attenzione e perciò anche della memoria.

Sintesi rapida

La memoria è una catena formata da questi anelli essenziali:

NECESSITÀ
O
INTERESSE→MOTIVAZIONE→ATTENZIONE→CONCENTRAZIONE→ORGANIZZAZIONE

La memoria è un processo mentale molto complesso, che può essere meglio compreso se guardato da differenti prospettive.

A. *Fisiologica*

1. Anatomica: l'ippocampo, situato nei lobi temporali, è il centro principale della memoria.
2. Neurochimica: l'acetilcolina, che agisce come neuro-trasmettitore, si trova in grande quantità nell'ippocampo.
3. Elettrofisiologica: le onde elettriche cerebrali (EEG) riflettono l'attività mentale.

B. *Psicologica*

1. Processazione dell'informazione (stimolo-risposta): la selezione dello stimolo, la presa di coscienza di esso e il suo rinforzo facilitano la registrazione e il richiamo.

2. Profondità della processazione: la consapevolezza delle risposte sia intellettive che emotive garantisce una migliore registrazione, e quanto questa è migliore, tanto migliore sarà il richiamo.
3. Temporale: vi sono due tipi di memoria. La memoria a breve termine è superficiale e labile e richiede la ripetizione per sopravvivere oltre i 5 secondi. La memoria a lungo termine è profondamente ancorata nella coscienza e rinforzata dalla "codificazione semantica", cioè dalla ricerca del significato. Implica operazioni mentali complesse.
4. Immagazzinamento: la serie degli strati

LIVELLO DELLA COSCIENZA

AZZURRO	Informazioni utilizzate regolarmente per le attività quotidiane (richiamo facile)	→ ATTIVA
RUGGINE	Meno frequentemente indicata come memoria di riconoscimento	→ PASSIVA
GRIGIO	Insieme di informazioni immagazzinate fin dall'infanzia. Necessità di un suggerimento perché riaffiorino alla coscienza. Memoria involontaria stimolo-risposta.	→ LATENTE

LIVELLO INCONSCIO

Visualizzate l'attività nello strato azzurro del presente,
la passività nello strato color ruggine di ieri
e la Bella Addormentata nello strato grigio del tempo andato.
Questo vi servirà a rammentare
dove sono conservati i ricordi.

5. La memoria è imperfetta.

Esercizi

Esercizio 1. Profondità della processazione

Leggete il seguente elenco di 10 parole, rispondendo alla domanda posta accanto a ogni parola. Leggete una riga per volta, coprendo le altre. Rispondete sì o no. Poi chiudete il libro e scrivete quante più parole ricordate.

1. ACQUA Questa parola vi evoca qualcosa di piacevole su un'isola deserta?
2. FIORE Questa parola contiene una lettera E?
3. TRENO Questa parola vi evoca qualcosa di spiacevole su un'isola deserta?
4. PNEUMATICO Questa parola contiene una lettera E?
5. ANNO Questa parola contiene una lettera E?
6. GAMBA Questa parola vi evoca qualcosa di piacevole su un'isola deserta?
7. CARAMELLA Questa parola contiene una lettera E?
8. PRINCIPE Questa parola vi evoca qualcosa di piacevole su un'isola deserta?
9. TAPPETO Questa parola contiene una lettera E?
10. CHIAVI Questa parola vi evoca qualcosa di spiacevole su un'isola deserta?

Avrete notato che ci sono due categorie di giudizi. Scorrete il vostro elenco per vedere quali giudizi hanno portato a una memorizzazione migliore. Segnate tutte le parole che vi si è chiesto di associare a una sensazione piacevole o spiacevole e confrontate il loro numero col numero delle altre parole che avete ricordato. A questo punto confrontate i due tipi di giudizio e traete voi stessi la conclusione circa la profondità della processazione.

Esercizio 2. Rilettura immediata di un testo

A questo punto dovreste avere un'idea abbastanza chiara di come funziona la memoria. *Senza rileggere*, mettete alla prova la vostra memoria. Quanto del capitolo precedente ricordate effettivamente? Poi, per migliorare il richiamo, rileggete *immediatamente* ciò che avete appena letto: la rilettura immediata è il mezzo migliore per ricordare. Bisogna battere il ferro finché è caldo: solo così lo si può forgiare.

Esercizio 3. Test di attenzione

La maggior parte delle persone non presta molta attenzione all'ambiente che le circonda. Quando ricevete degli amici, fate questo semplice esperimento: dopo una mezz'ora che siete stati insieme, invitateli a dare le spalle alla persona che in quel momento hanno più vicina in modo da non vederla. Spiegate che dovete porre loro alcune domande riguardanti quella persona e che essi devono scrivere le loro risposte su un foglio di carta. Le domande sono:

1. Avete notato il colore del suo vestito? Se sì, descrivetelo
2. Porta la cravatta (o un foulard)?
3. Si è profumato(a)?
4. Che genere di scarpe porta?
5. Ha una borsa o un borsello?
6. Porta gioielli? Se sì, descriveteli.
7. Descrivete i suoi capelli: colore, tipo, pettinatura.
8. Di che colore ha gli occhi?
9. Fuma?
10. Che cosa sta bevendo?

NOTA. Potete anche fare domande sulla sala dove si trovavano le persone: il modo più semplice è quello di portare gli invitati in un'altra stanza o in giardino. Vi accorgerete di quanto poco osservatrice sia la gente, ma chiunque con un po' di allenamento può migliorare le sue capacità di osservazione.

CAPITOLO 3

MEMORIA, INVECCHIAMENTO E ATTEGGIAMENTI MENTALI

"La gioventù non è soltanto un'età della vita, è uno stato della mente... si è giovani quanto le proprie speranze e vecchi quanto la propria disperazione"

Anonimo

Memoria e invecchiamento

La mezza età

Invecchiando non si diventa necessariamente più saggi. Si comincia anzi a perdere la fiducia in se stessi: per usare le parole della canzone dei Beatles "Help", non si è più sicuri di sé. In effetti si comincia a sentire la necessità di un aiuto e a notare cambiamenti in se stessi. La paura di invecchiare gioca dei brutti scherzi, distorcendo la visione delle cose. Si considera come una cosa tremenda qualsiasi piccola dimenticanza che prima non turbava minimamente, come aver lasciato in giro le chiavi due volte nella stessa giornata o aver dimenticato dov'è parcheggiata l'auto. Cose che possono capitare a chiunque, a qualsiasi età. A 20 anni non ci si pensa nemmeno un momento, a 40 si pensa "Che mi sta succedendo? Sono già sulla via del declino?"; e a 60 si conclude "Sto proprio diventando vecchio". Il nostro giudizio segue la curva della nostra ansia e in fondo in fondo sentiamo il bisogno di essere rassicurati.

Ricordo il caso di un giovane che ricorse al mio aiuto perché soffriva di un grave disturbo della memoria come conseguenza di una tossicodipendenza. Quale delle sue dimenticanze lo turbava di più? Non problemi di lavoro o personali. "Non riesco nemmeno a ricordare quali interruttori accendono le diverse luci dell'ingresso di casa mia" confessò. "Neanch'io" mi sorpresi a dire. Gli feci notare che a me non era mai successo di provare a ricordare gli interruttori. La maggior parte delle persone si accontenta del metodo dei tentativi e degli errori, che io chiamo il metodo della scimmia: toccando tutti i bottoni, si finisce per trovare quello giusto. La prospettiva che noi abbiamo della memoria non riflette sempre variazioni obiettive. È ai vostri familiari o a qualche amico sincero che dovete chiedere se vi sono stati in voi cambiamenti specifici... Alcuni potrebbero essere reali, ma altri immaginari. Potreste essere stato uno smemorato per tutta la vita senza accorgervene e potreste aver fatto affidamento sugli altri per ricordare tante cose. Cercate di puntualizzare le vostre frustrazioni presenti, gli episodi precisi in cui la memoria vi è venuta meno e cercate di scoprire se ciò accadeva anche in passato. Chiedetevi: "Sono stato mai capace di ricordare i nomi delle persone, i luoghi, le marche, i titoli dei film, i libri, gli spettacoli, le istruzioni, le ricette, gli appuntamenti, gli avvenimenti, i fatti, i viaggi, le visite, le commissioni, i messaggi, le date?" Dopo avere così indagato sul vostro passato, tornate al presente: "Che tipo di deficit di memoria lamento di più oggi? Che cosa ricordavo facilmente prima che ora non riesco più a rammentare?" Una volta che abbiate identificato un cambiamento obiettivo delle vostre prestazioni mnesiche, andate alla ricerca di quei mutamenti nella vita che potrebbero avere influenzato la vostra motivazione. Avete attualmente una posizione che vi permette di rilassarvi senza preoccuparvi più di tanto se dimenticate qualcosa? Delegate forse più responsabilità ad altri? oppure è aumentata rispetto a prima la necessità di ricordare qualche particolare tipo di informazione? Ricordate senza difficoltà altri tipi di informazioni? Siete impegnati nel lavoro come, o più o meno di prima? La situazione presente vi priva di incentivi all'attenzione o di opportunità di servirvi della memoria? Qual è stata l'ultima volta che avete dovuto scrivere una relazione? Discutete spesso di libri, di articoli o di film in maniera un po' organica?

Le risposte a questi interrogativi dovrebbero rivelarvi una verità molto semplice: la memoria è malleabile e legata alla pratica. Quando non si è più sotto pressione, come avviene alla fine degli studi, o quando si accetta un lavoro tranquillo, non ci si sente più gravati da nessun peso e l'esercizio della memoria viene meno. Potreste notare allora un cambiamento di ritmo, una perdita di incentivazione, una pigrizia mentale instaurarsi insidiosa e pensieri depressivi affacciarsi alla mente. Questo comportamento è forse un adattamento a una nuova realtà? Esistono ancora le potenzialità della memoria? La memoria si adegua alle richieste dell'ambiente e la maggior parte delle persone vi si adatta senza cercare di vivere contemporaneamente in due realtà (passato e presente). Quando il nostro io non si adatta a questi cambiamenti nella stessa misura in cui vi si adatta la nostra memoria, allora insorgono i problemi. Una volta ebbi occasione di incontrare uno psicologo di 38 anni che mi chiese un consiglio circa una sua recente perdita di memoria: "Avevo una memoria prodigiosa — mi disse —, nelle nostre riunioni scientifiche riuscivo a ricordare tutte le relazioni, dopo averle sentite una sola volta. Adesso mi devo appuntare tutto". Gli chiesi quanto fosse importante per lui e per la sua carriera ricordare tutte queste relazioni. Mi rispose che lo considerava un grosso vantaggio, che lo distingueva dai colleghi, rendendolo più brillante e più informato, in una parola un vantaggio che avrebbe avuto un peso nei progressi della sua carriera. Ma al tempo della nostra conversazione questo obiettivo l'aveva già raggiunto: era divenuto pienamente autonomo e non aveva più bisogno di impressionare favorevolmente nessuno. L'incentivo per una memoria così fuori dal comune era venuto meno; istintivamente aveva dirottato le sue energie mentali su altri tipi di informazioni più importanti per la sua nuova situazione. Infatti riconosceva che in tutti gli altri campi la sua memoria era più che soddisfacente. E per quanto fosse ben felice di sapere di non avere un problema "reale" di memoria, rimpiangeva il sentimento esaltante che aveva provato un tempo quando ricordava tutte quelle cose. Gli feci notare che ora avrebbe dovuto sviluppare nuove capacità mnesiche, più utili per la nuova attività professionale, ad esempio la capacità di ricordare nomi e notizie precise dei suoi pazienti o che comunque avrebbe potuto godere della sua nuova libertà.

I cambiamenti psicosociali che possono influenzare la memoria devono essere affrontati direttamente, perché in questo campo c'è molto da fare per migliorare la situazione. Come diceva Skinner, "È una maniera incoraggiante di affrontare l'invecchiamento, perché possiamo fare molto di più per modificare il nostro ambiente piuttosto che il nostro corpo''. E voi potrete migliorare il vostro ambiente creandovi motivazioni nuove, ad esempio trovandovi un amico cui piaccia discutere con voi di libri, di spettacoli o di articoli, oppure imparando qualcosa di nuovo, non fosse altro che per migliorare la vostra memoria.

L'età più avanzata

Possiamo dire che le persone che invecchiano bene sanno istintivamente come adeguarsi ai cambiamenti che avvengono in loro. Il nostro organismo si modifica durante tutta la vita. Prima di tutto cambia il metabolismo: ci serve meno cibo perché consumiamo meno energia e se continuiamo a mangiare come quando eravamo adolescenti ingrassiamo, col risultato di aggravare il lavoro del cuore. Poi è il cervello che va incontro a sottili modificazioni, che possiamo però tenere sotto controllo se conserviamo una certa attività mentale. (Non è il numero di neuroni che conta, ma come li usiamo. È stato dimostrato che la maggior parte delle persone utilizza solo il 10% delle potenzialità del cervello. Mettere in opera opportune strategie mentali può migliorare notevolmente la situazione, specialmente col passare degli anni: questa è una cosa che possiamo imparare a fare a qualsiasi età). Anche l'ambiente cambia e così la nostra vita privata: possiamo finire in un'altra città, lontani da amici e familiari, i figli ci lasciano per costruire la loro vita; andiamo in pensione e talvolta dobbiamo affrontare difficoltà economiche e malattie; i contatti sociali si fanno rari; gli amici muoiono ed è difficile farsene di nuovi.

Darwin ha dimostrato che le specie animali sopravvivono solo se si adattano ai mutamenti dell'ambiente: uomini e donne non fanno eccezione. Lo psicologo B.F. Skinner, all'età di 78 anni, sottolineava quanto fosse importante accettare i cambiamenti che sopravvengono con l'invecchiamento, e organizzarsi intorno ad essi: ''Una serena accettazione delle deficienze sopravvenute e una più scrupolosa osservanza di un buon autocontrollo mentale'' possono alleviare l'ansia. In questo capitolo apprenderete come si modifichi la memoria in rapporto all'invecchiamento e come questi cambiamenti debbano essere affrontati.

Variazioni fisiologiche nell'invecchiamento normale

Rallentamento

Invecchiando si impiega più tempo a elaborare l'informazione e a richiamarla. Si verifica un lieve allungamento dei tempi di reazione, che è il motivo per il quale la gente ha maggiore difficoltà a rammentare. Spesso ci sfuggono le parole, lasciandoci imbarazzati e perplessi. I riflessi possono essere meno vivaci e i pensieri meno coerenti; il corpo e la mente modificano i loro ritmi. Nella maggior parte dei test di QI gli anziani si comportano però come i giovani, purché non abbiano limiti di tempo per rispondere. Non hanno problemi con i test di riconoscimento come quelli a scelta multipla, ma presentano difficoltà nel richiamare le risposte senza un suggerimento, come nelle prove di completamento.

Se cominciate a sentire il peso degli anni, prendetevela con calma e nella maggior parte delle prove vi comporterete come prima. Dovete chiedervi: "Che fretta c'è? Che differenza fa una frazione di secondo?". Prendetevi più tempo quando programmate gli impegni della vostra giornata, non affannatevi; ma soprattutto non spazientitevi se non vi viene subito alla mente qualcosa che cercate di ricordare, perché è proprio il meccanismo del richiamo quello che rallenta quando si invecchia. L'addestramento e l'adozione di opportune strategie sono utilissimi nel compensare le capacità perdute. I cruciverba e gli scacchi annoverano più campioni di età matura di quanto non pensiate; e sono sicura che ci si può divertire anche con i videogiochi a qualsiasi età, purché ci si dedichi con pazienza e con una sufficiente motivazione. Per quanto mi riguarda, mi sono cimentata con "Mister Pacman" e, dopo molti tentativi frustranti e molte ore di applicazione, ho visto che giocavo meglio di molti ragazzi. I loro riflessi potranno essere un po' più rapidi, ma le mie strategie mentali mi assicurano un grande vantaggio. Mi sono anche accorta che il mio peggior nemico in questo gioco è la tensione nervosa: raggiungo i miei migliori risultati quando cerco di rilassarmi (nel capitolo "Il rilassamento" imparerete come si fa). La velocità non è un requisito essenziale della funzione intellettiva ed è per questo che molti artisti e intellettuali possono continuare a lavorare fino alla più tarda età. I cambiamenti della mente sono meno drammatici di quelli del corpo e soprattutto possono essere così graduali da non essere avvertiti come una menomazione.

Riduzione delle attività percettive

Le attività percettive si riducono con l'età in tutte le persone, seppure in grado diverso. Qualche volta questo può essere causa di errori di diagnosi: un paziente disorientato può sembrare "senescente" pur avendo soltanto una cataratta. Si può così arrivare ad accusare ingiustamente la propria memoria; se una determinata cosa non si è udita né vista, sarebbe strano trovarne traccia nella memoria. I sensi sono la porta di ingresso delle funzioni cerebrali e quindi anche della memoria: quindi, prima di tutto, accertatevi se per caso siete affetti da qualche deficit sensoriale (relativo a udito, vista, gusto, olfatto, tatto) ed eventualmente provvedete a correggerlo. Sedetevi più vicino alle persone o più vicino allo schermo del cinema, chiedete al vostro interlocutore di ripetere o tendete l'orecchio in direzione della sua bocca. Usate tutte le volte che potete apparecchiature correttive: occhiali, lenti di ingrandimento, amplificatori acustici. Soprattutto, prestate ancora più attenzione di prima, utilizzando le tecniche che imparerete in questo libro: usando e sviluppando tutti i sensi, compenserete quelli più deboli e, così facendo, arricchirete la vita e la vostra memoria.

Riduzione della durata dell'attenzione

Anche la durata dell'attenzione si riduce con l'età ed è per questo che gli anziani non riescono a lavorare con efficienza per lunghi periodi di tempo. Se vi accorgete di stancarvi più facilmente di prima, non drammatizzate: non appena la vostra attenzione comincia a scemare, concedetevi qualche pausa, fatevi un sonnellino o una breve passeggiata. Rinvigorite il cervello con un po' di aria fresca e di movimento, cambiate attività, frazionate il lavoro in periodi più brevi: invece di leggere per un'ora di seguito, interrompete dopo mezz'ora per qualche minuto (usate un segnalibro per ritrovare poi più velocemente la pagina), alzatevi e sgranchitevi. Se avete mal di schiena, cambiate sedia; evitate i cuscini troppo soffici che invitano al sonno e assicuratevi anche che l'illuminazione sia buona: non dovete sforzare la vista. Insomma, per tenere vigile l'attenzione bisogna anche essere circondati dalle giuste comodità.

Sensibilità alle interferenze

È noto che col passare degli anni ci si distrae più facilmente e le interferenze possono realmente mettere in crisi la memoria. Non vi stupite se dimenticate quello che stavate facendo quando vi hanno interrotto; tornate dove eravate o passeggiate per casa guardandovi attorno: troverete presto qualche suggerimento visivo che vi riporterà a quello che l'interruzione vi ha impedito di portare a termine. Naturalmente per le cose importanti, come per esempio compilare un assegno, organizzatevi in modo da non essere disturbati. Prendete l'abitudine di non correre al telefono ai primi squilli, così avrete il tempo di completare con calma quello che stavate facendo o quanto meno di lasciare un suggerimento per quando riprenderete. Dite anche ai vostri familiari di lasciarlo squillare sei volte prima di rispondere. Così pure, se vi interrompono, appuntatevi quello che stavate facendo. Se volete sentire meglio, fissate un punto neutro sul pavimento per ridurre al minimo le distrazioni visive. Quando leggete o studiate, spegnete la radio o il televisore e scegliete un posto tranquillo privo di stimoli visivi come quadri, fotografie e finestre. Tutto ciò serve a favorire la concentrazione.

Difficoltà a fare più cose contemporaneamente

Come conseguenza della maggiore sensibilità all'interferenza, gli anziani incontrano maggiore difficoltà a fare più cose contemporaneamente. Quindi, non parlate mentre state compilando un assegno o firmando un documento, ed evitate di guidare e di cercare contemporaneamente la strada. Concentratevi su una cosa per volta e la farete meglio. Se la vostra personalità vi spinge a fare molte cose nello stesso tempo, vuol dire che siete un soggetto di "tipo A" e potrebbe essere difficile, se non impossibile, annullare questa vostra tendenza. Tenete presente però che questo tipo di attività (nota come attività polimorfa) è causa non solo di problemi di memoria, ma anche di malattie cardiache, come conseguenza dello stress che impone al vostro sistema di vita. Credete che, invecchiando, sia proprio necessario continuare ad essere sotto pressione? Considerate la situazione generale della vostra vita e valutate se non meritate un po' di tranquillità. Scegliete un ordine di priorità e fate una cosa per volta: andrà molto meglio!

Capacità mnesica

La funzione mnesica diminuisce dal 20 al 40% con l'età, anche se vi sono ampie differenze individuali, alcune delle quali di natura genetica. Spesso il cervello dell'anziano è più che altro ingombro di pensieri ossessivi e depressivi e di ansia. In tal caso, sbarazzarsi di questo peso basterà a restituire una sufficiente capacità mnesica. Liberare la mente per rendere più efficiente il pensiero deve essere il primo obiettivo dell'addestramento della memoria.

Mancanza di organizzazione spontanea

Con l'età diventa sempre più difficile pensare in maniera organizzata. Questo può essere dovuto, in parte, alla mancanza di esercizio in seguito alla riduzione delle nostre attività e alla tendenza a ripetere i vecchi schemi, lasciando poco spazio per quelli nuovi e per la sperimentazione di nuove idee. Secondo Skinner, le persone creative che raggiungono la tarda età dovrebbero "apprendere un nuovo stile di pensiero" e lavorare su nuovi soggetti piuttosto che ripetersi sempre sugli stessi. Chiunque può imparare nuove strategie di pensiero, compensando così la riduzione dell'organizzazione spontanea. Ecco un altro esempio di passaggio dall'automatico al manuale.

Farmaci

Se assumete qualche farmaco, consultate il vostro medico sugli eventuali effetti collaterali. Alcuni farmaci possono procurare sonnolenza o distrazione e interferire con la memoria riducendo l'attenzione e rallentando le funzioni mentali.

Malattie e senilità

Una delle principali preoccupazioni che accompagnano l'invecchiamento è il timore del decadimento mentale. Si sente spesso fare affermazioni del tipo: "Ho perso il libretto degli assegni due volte nello stesso giorno, sto proprio rimbecillendo". Intanto, evitate parole come "rimbecillito", "rimbambito" o peggio "arteriosclerotico": hanno un valore dispregiativo e vengono usate fuori luogo. Solo il 12% della popolazione sopra i 65 anni è affetta da demenza senile. Questa malattia, caratterizzata da grave perdita della memoria, disorientamento e spesso comportamenti paranoidi, colpisce entrambi i sessi, ma soprattutto le donne perché vivono più a lungo; la maggior parte dei soggetti colpiti sono sulla settantina o sull'ottantina. Ora, se siete preoccupati per la vostra memoria, è molto probabile che non siate affetti da questa malattia, se non altro che per il fatto che gli individui affetti da demenza senile non si rendono conto della compromissione della loro memoria, anzi spesso si mostrano contrariati se la cosa viene rimarcata.

Le altre due malattie mentali che causano una compromissione della memoria sono la malattia di Alzheimer e la sindrome di Korsakoff. La sindrome di Alzheimer è una forma precoce di demenza senile che sopravviene in soggetti più giovani, talvolta addirittura sulla quarantina. Peraltro il termine di demenza di Alzheimer viene oggi usato per tutte le età ed è divenuto sinonimo di demenza senile (il termine corretto sarebbe "demenza senile tipo Alzheimer"). Sembra associata con la diminuita produzione, e quindi con la deplezione nel cervello, di una sostanza essenziale per la funzione mnesica, l'acetilcolina. Nonostante le numerose ricerche attualmente in corso, una cura per questa malattia non è stata ancora trovata. Si tratta di un danno cerebrale irreversibile simile a quello che si verifica nella sindrome di Korsakoff, dovuta all'alcolismo. Per questi pazienti tutto quello che si può fare è ricorrere a gruppi di supporto familiare e a consigli pratici per far fronte alla gravità dei disturbi. Comunque si tratta di condizioni patologiche che non hanno nulla a che vedere con l'invecchiamento normale.

Abbiamo visto quali sono le modificazioni fisiologiche inevitabilmente connesse con l'invecchiamento normale e quali invece quelle accidentali, legate cioè alle malattie. Se nonostante tutto ciò, siete ancora preoccupati per il grado della vostra perdita di memoria, sarà bene che consultiate un neurologo o uno psichiatra, comunque tenete presente che un danno cerebrale non è compatibile con un normale comportamento nella vita quotidiana. L'esordio delle malattie mentali descritte nel paragrafo precedente è lento e imprevedibile, tanto che passano spesso inosservate fino al momento in cui il paziente non è più autosufficiente; di solito è la famiglia, piuttosto che il paziente, ad accorgersi dei deficit di memoria. Al contrario, le persone normali che lamentano disturbi della memoria mi vengono a raccontare tutto quello che hanno dimenticato nella settimana precedente, e la cosa curiosa è che ricordano con la massima precisione ogni circostanza degli episodi di dimenticanza. Se per alcuni pazienti sfortunati il futuro sembra ancora nero, si tratta di una esigua minoranza. Vedete dunque che per la maggior parte di noi c'è speranza, perché abbiamo a che fare con normali variazioni fisiologiche. D'altra parte, problemi di memoria possono nascere anche da mutate situazioni psicosociali, in molti casi transitorie.

Mutamenti psicosociali legati all'invecchiamento

Il pensionamento

Una variazione del ritmo di vita o una riduzione dell'attività sono spesso causa dell'insorgenza dei disturbi di memoria. Quando le sollecitazioni ambientali diminuiscono, vengono meno gli incentivi a tenere desta l'attenzione come in passato. In queste situazioni pensiamo di non avere in fondo molto da perdere anche se non ci manteniamo in gamba: del resto è umano lasciarsi andare quando non si è più stimolati. Il vero problema è che sono proprio le responsabilità quelle che ci danno l'incentivo a operare scelte, a concentrarci e a organizzare il nostro pensiero. Una volta deresponsabilizzati, spesso non sappiamo che cosa fare. L'attività è la chiave delle funzioni sia mentali che fisiche. Se smettiamo di fare esercizio fisico, le articolazioni si irrigidiscono, e così, se smettiamo di usare il cervello, la mente va fuori uso. Il segreto sta nel trovare nuove attività e nel definire nuovi obiettivi sufficientemente gratificanti.

Gli hobby diventano molto importanti quando si smette di lavorare, perché spesso diventano l'attività principale. Bisogna trovare qualche attività che sia a un tempo piacevole e stimolante, tale da riempire la mente e le giornate. Possiamo sfruttare le nostre eventuali attitudini per arricchire la vita di coloro che ci circondano. Molte persone scelgono questo periodo della vita per realizzare qualche vecchio sogno: anche se pochi sono in grado di affrontare una crociera intorno al mondo, chiunque può imparare a rilassarsi e a divertirsi. L'importante è riuscire a trovare un nuovo stile di vita di cui essere soddisfatti, uno stile di vita naturalmente molto diverso dall'etica del lavoro seguita per tutta la vita. Come sottolinea Skinner, "nell'età avanzata può essere necessario acquisire nuovi modi di pensare" e il pensionamento può essere il momento della riflessione. Vi potrei suggerire di riconsiderare l'idea stessa di utilità: è proprio necessaria per essere felici?

L'ozio può essere tanto gratificante quanto distruttivo: ci si può sentire colpevoli avendo tanto tempo a disposizione per oziare e questo perché la società e spesso la religione non fanno che predicare l'etica del lavoro. Convincetevi di meritare un po' di riposo e riposatevi tranquillamente. Dovete ristrutturare la vita intorno a ciò che più vi piace: tenete occupata la mente e continuate a coltivare il vostro talento. Potreste ad esempio decidere di sperimentare i programmi di istruzione per adulti nella vostra città o iscrivervi a qualche corso dell'università della terza età o potreste risolvervi ad insegnare (trasmettere le proprie conoscenze è una delle cose più gratificanti) o cominciare ad apprendere qualcosa di nuovo che susciti il vostro interesse. È il momento di dedicarsi a qualche lavoro manuale o di imparare una lingua: l'incentivo potrebbe essere un bel viaggio o incontrare persone con i vostri stessi interessi. Soprattutto, stimolate la mente e discutete le vostre idee con persone che abbiano le stesse curiosità intellettuali: per questo basta l'uditorio anche di una sola persona. Scegliete un obiettivo specifico, lo studio dei fiori, degli uccelli o dell'arte della vela, e vedrete che la vostra memoria si manterrà brillante.

La solitudine

È difficile vivere soli quando si è passata la maggior parte della vita con qualcuno. I rapporti umani creano legami perché determinano una mutua dipendenza. Potreste aver fatto sempre affidamento sul vostro coniuge per ricordare molte cose e venirvi a trovare improvvisamente gravato da tante incombenze da pensare di non riuscire a venirne a capo. Ci vuole tempo per ricostruirsi una vita, specialmente durante il triste periodo che segue la perdita di una persona cara. La perdita del coniuge è traumatizzante e può causare molti disturbi; ma qualcuno ha detto che il dolore porta con sé il suo anestetico: ci sentiamo come intorpiditi, incapaci di affrontare la nuova realtà senza la persona amata. Questo torpore ci protegge in parte dal dolore, ma ci impedisce di tenere desta la nostra attenzione.

Dovete quindi ristrutturare la vostra vita in modo da continuare a occuparvi dei vostri bisogni essenziali. Prima di tutto abbiate cura della salute fisica. Ricordate che "mens sana in corpore sano". Seguire una routine aiuta a compensare la perdita di motivazioni e serve a rompere il circolo vizioso di domande frustranti del tipo "A chi importa se mi faccio la doccia?". Cercate di alzarvi subito dopo esservi svegliati, preparatevi la colazione, uscite per qualche commissione e cercate di fare almeno un pasto completo al giorno. Ad alcuni tutto ciò sembra impossibile, ma non lo è; chiunque può imparare a cucinare piatti semplici ma nutrienti: in molte città ci sono persino corsi di cucina per uomini soli. Evitate di mangiare a spizzichi: serve solo a rovinare l'appetito senza dare il nutrimento necessario. Nutrizione e dinamismo sono collegati, come lo sono dieta e longevità.

Potete aiutare la mente ad adattarsi ai mutamenti sopravvenuti nella vostra vita. Ci sono tante maniere di scacciare le malinconie. Se non volete che l'umore condizioni tutto il vostro essere, dovete imparare a tenerlo sotto controllo quando siete infelici. Tutto ciò che dovete fare è ricorrere a qualche stimolo sensoriale come la natura o la musica: talvolta i diversivi fanno miracoli, cercate quindi di crearveli voi stessi. Invece di continuare a compiangervi, fate qualcosa: leggete, andate al cinema oppure fate una passeggiata nel parco e godetevi gli alberi, i fiori, gli uccelli; mantenete la mente occupata a osservare le belle cose che vi circondano. Godetevi il sole, l'aria pura, la pioggia, il vento: così facendo assocerete l'esercizio fisico con la distensione dello spirito. Oppure dedicatevi alla musica, che influisce fortemente sull'umore e può disperdere i pensieri tristi, purché naturalmente scegliate il tipo di musica adatto. Che preferiate il jazz, la musica folk, il rock o la musica classica, scegliete brani allegri e vivaci. Trovo che la musica barocca (Handel, Vivaldi, Bach, Mozart) sia particolarmente allegra, riflettendo un ideale di serenità di cui a quel tempo pochi privilegiati potevano godere. La musica del XIX secolo può essere anch'essa gaia ma non la trovo altrettanto serena. La musica dei romantici (Chopin, Beethoven, Schubert, Schumann, Wagner, Mendelssohn, Liszt) esprime un misto di nostalgia per il passato e di passione per un futuro sconosciuto: è una musica di forte contenuto emotivo, una musica di estremi — estrema gioia o estrema tristezza — che ci tocca nel profondo, a livello emozionale, molto di più dei toni misurati dei compositori barocchi. Comunque, qualunque musica vi mettiate ad ascoltare riuscirà a cambiare l'umore e a deviare i pensieri e questo porterà altri sollievi, evocando ricordi che contribuiranno al vostro benessere. Il tempo passa, ma dobbiamo imparare a ricatturarlo attraverso i ricordi tutte le volte che lo desideriamo. Questo è un dono inestimabile, specialmente per chi è solo, poiché i ricordi felici ci possono rallegrare. La ricerca ha dimostrato che l'umore è un potente evocatore di ricordi: ricreate lo stato d'animo che vi piace e vedrete che risveglierà i ricordi che erano stati registrati in quello stesso stato d'animo.

La perdita di persone care e di stato sociale

Più cose si hanno e più se ne sopporta la perdita. Tutti sperimentano molte perdite andando avanti con gli anni: perdono coniugi, amici e familiari, ma anche vigore fisico e stato sociale. Molti anziani vedono inoltre ridursi le loro entrate e diminuire quindi il loro potere d'acquisto; perdono infine anche il riconoscimento sociale di ciò che fanno. Con il pensionamento il ruolo sociale, la soddisfazione nel lavoro, l'autorità, il potere, il prestigio svaniscono di colpo. Perdute le responsabilità vengono meno le gratificazioni concrete per le azioni. In un modo o nell'altro nessuno sembra preoccuparsene. Tutto ciò porta alla depressione, la causa principale dei problemi di memoria dell'età avanzata. La depressione è la risultante di una combinazione di mutamenti del metabolismo e dello stile di vita. Numerosi dati biochimici indicano che quando si invecchia si perdono amine biogene e quindi si diventa più soggetti alla depressione (così come un eccesso di amine biogene può causare euforia). Ma anche i motivi contingenti appena accennati hanno un ruolo fondamentale nell'indurre la depressione: ci troviamo soli, senza un futuro, il presente è troppo vuoto e doloroso per soffermarcisi e così cominciamo a vivere nel passato. E siccome trascuriamo il presente, non ci curiamo più di nulla intorno a noi, nemmeno di noi stessi; questo porta a trascuratezza nella persona, a cattiva alimentazione, a depressione grave e quindi a problemi di memoria.

Il dolore. Se avete da poco perduto una persona amata, accettate le conseguenze del dolore. In questa condizione è normale avere deficit di attenzione: siate pazienti con voi stessi e pensate che i vostri problemi di memoria saranno passeggeri. Lasciatevi andare ad esprimere la vostra tristezza: cercare di nasconderla servirà soltanto a ritardare la ripresa; confidatevi con un amico sincero o cercate di inserirvi in qualche terapia di gruppo. È dimostrato che condividere con altri le proprie esperienze ha un grande valore terapeutico: non restate a soffrire da soli quando avete la possibilità di trovare un aiuto. Uscite di casa alla ricerca di qualche distrazione, sforzatevi di impegnarvi in qualche cosa: una partita a carte o la visita a una biblioteca o a qualche centro culturale valgono più che una solitaria autocommiserazione. Avete bisogno di contatti umani e di attività per ricostruire il vostro presente e di stimolazioni perché le vostre funzioni mentali rimangano vivaci. Più a lungo starete inattivi e peggio si comporterà la vostra memoria. Peraltro la depressione grave può necessitare di un trattamento farmacologico, per il quale è opportuno che consultiate un medico se avete la sensazione che questi suggerimenti non siano sufficienti.

Atteggiamenti mentali

Depressione e atteggiamenti mentali negativi vanno di pari passo. È la nostra visione della vita quella che determina il modo in cui la viviamo. Con le parole del filosofo francese Jean Marie Guyau, "il futuro non è ciò che ci viene incontro, ma ciò verso il quale noi stiamo andando". Questa affermazione smitizza la sfera di cristallo dei veggenti, rivelandoci una verità molto semplice: siamo noi a determinare il nostro futuro con il modo in cui viviamo il nostro presente. Se vogliamo essere soddisfatti della vita futura, dobbiamo essere più consapevoli di ciò che pensiamo e facciamo oggi e delle conseguenze delle nostre azioni e reazioni. Potremmo sabotare la nostra vita senza nemmeno accorgercene, cercando qualcuno o qualcosa da incolpare dei nostri errori. Alla base di questo comportamento ci sono atteggiamenti coscienti e inconsci che hanno le loro radici nell'educazione che abbiamo ricevuto e nel nostro ambiente sociale. D'altra parte i nostri atteggiamenti mentali condizionano il corso delle azioni che stiamo per intraprendere e sono le nostre azioni, o le mancate azioni, quelle che determinano i nostri futuri successi o fallimenti.

Forse il segreto del successo è credere che esso possa arrivare, che rientri nelle nostre possibilità. Questo atteggiamento positivo ci dà la motivazione per perseverare e per fare tutto ciò che occorre per raggiungere l'obiettivo. Senza la fede nell'oro, il West non sarebbe stato conquistato: il mestiere del pioniere era troppo duro per la maggior parte della gente. È vero che non tutti trovarono l'oro, ma molti trovarono altre ricchezze e una terra dove costruire un nuovo mondo. La loro speranza fu ripagata perché vi credettero abbastanza da far seguire alla speranza l'azione. Capacità, conoscenze, talento e opportunità giocano un ruolo cruciale ma hanno un valore solo se sostenute da una disposizione positiva della mente. Non acquisterete mai una nuova capacità, né afferrerete al volo opportunità alcuna se siete convinti che ciò non serva a nulla; se non provate, eliminate la possibilità stessa del successo. Alcuni terapisti comportamentali sostengono che, fingendo di poter fare una cosa, si possa rimuovere il blocco all'azione che è causa di insuccesso; in altre parole, a forza di comportarsi come un uomo di successo, lo si può diventare. Gli sport sono un buon esempio in proposito. Le squadre e gli atleti vincenti si proiettano come vincitori: le squadre della Germania dell'Est infatti si servono, negli allenamenti, della tecnica della visualizzazione positiva, perché è dimostrato che un atteggiamento positivo permette di ottenere risultati inattesi.

Per il fatto stesso che state leggendo questo libro dovete essere insoddisfatti della vostra memoria. Ma dovete avere ben chiaro che se non vi aspettate un miglioramento, non farete neppure lo sforzo necessario perché esso si verifichi. Sono fermamente convinta che chiunque può migliorare la propria memoria seguendo qualche consiglio e con un corretto atteggiamento mentale. Nello stesso tempo bisogna essere realisti, attendersi sì un miglioramento, non la perfezione. Col termine "atteggiamento mentale" si intende un modo di pensare permanente, stabilizzato, che esprime i nostri convincimenti, le nostre credenze, le nostre aspettative e i nostri pregiudizi. Questi modi di pensare diventano una parte della vita che non rimettiamo più in discussione: sono noi stessi. È per questo che talvolta è tanto difficile identificarli e sempre arduo modificarli. Gli atteggiamenti coscienti sono quelli con i quali ci sentiamo a nostro agio: li riconosciamo in certo modo come parte della nostra personalità, ne bene e nel male: "sono fatto così". Ma vi sono tanti atteggiamenti inconsci dei quali non ci rendiamo conto, che ci fanno fare cose che spesso neppure comprendiamo, nemmeno se qualcuno ce le fa notare. Gli psichiatri dicono che li reprimiamo perché in fondo ce ne vergogniamo. Ad esempio, potreste aver deciso di avere una scarsa memoria come scusa per non fare la fatica di ricordare tante cose di cui non vi importa poi molto. La ribellione contro il sistema rafforza questo atteggiamento. I pregiudizi sono spesso atteggiamenti inconsci: avrete certamente incontrato individui che esprimono idee razziste e agiscono di conseguenza, mentre sono convinti di non esserlo.

Molti atteggiamenti interferiscono con la memoria; perciò dobbiamo identificare quelli negativi, analizzarli e sostituirli con altri positivi. Gli atteggiamenti si esprimono in pensieri, in parole e in azioni. È difficile scoprire quante volte noi stessi ostacoliamo i nostri sforzi di ricordare qualcosa. Ad esempio, il vecchio detto "non si può insegnare cose nuove a un cane vecchio" potrebbe scoraggiarci ad affrontare l'apprendimento di qualcosa di nuovo a un'età che consideriamo avanzata. Ho sentito dire che è impossibile imparare lingue straniere dopo i 30 anni, cominciare una nuova attività sportiva all'età della pensione e così via. I fatti dimostrano proprio il contrario, ma se pensate veramente che sia impossibile imparare qualcosa dopo i 30 anni, non ci proverete neppure e quindi non imparerete niente, nonostante ne abbiate la capacità (questo spiega alcuni effetti di stregoneria, come anche gli effetti placebo nella ricerca medica: se siete convinti che una cosa falsa sia vera, la vostra fede la può rendere vera).

È importante scoprire se inconsciamente fate qualcosa che neutralizza il desiderio di migliorare la memoria, in quanto un atteggiamento negativo può essere corretto e sostituito con uno positivo che determini i cambiamenti che vi attendete. Inoltre, per avere un atteggiamento depressivo non c'è bisogno di essere affetti da una vera depressione di rilevanza clinica: un atteggiamento del genere può interferire con la memoria e con i processi mentali fondamentalmente in due modi. In primo luogo può causare un rallentamento mentale e un senso di confusione, derivanti da una caduta di concentrazione. Quando siamo depressi o ansiosi, la mente è occupata soltanto da pensieri tristi e dai problemi del momento: è come un'ossessione che ci estrania dalla realtà esterna; il mondo perde la sua presa su di noi, smettiamo di guardare, di ascoltare e spesso di sentire ciò che non è in linea con le nostre preoccupazioni; diventiamo egocentrici e dimentichiamo molte cose. In secondo luogo, gli atteggiamenti depressivi e comunque negativi possono inibire e frustrare i nostri tentativi di ricordare, rinforzando i comportamenti che ci distolgono dall'azione. Pensieri come "il mio cervello è diventato un setaccio" o "sono troppo vecchio per provarci" e "mi sentireri un buffone" vi impediscono di fare alcunché per la vostra memoria e demoliscono la stima in voi stessi.

Purtroppo questa "emotività in negativo" è un tratto preminente della personalità di molti individui, che quindi sono portati a risentire dell'età più di altri. Nel suo libro *Le dee presenti in ogni donna* Jean Shinoda Bolen scrive che le donne dallo spirito indipendente se la cavano meglio nella vedovanza, ma che ogni donna può acquisire differenti qualità in differenti periodi della vita. L'indipendenza sembra essere un tratto positivo quando meno gente dipende da voi: perciò la mezza età è il momento migliore per cominciare a coltivare questa qualità.

Gli esercizi di questo capitolo vi permetteranno di identificare gli atteggiamenti negativi da eliminare e di sostituirli con altri positivi. I principali atteggiamenti depressivi sono la *sfiducia*, il *senso di impotenza* e il *senso di inutilità*. Ecco alcuni esempi di monologhi che potrebbero essere i vostri.

1. "Per forza non ho più memoria, sto diventando vecchio". Il nucleo di questo atteggiamento è la sfiducia. Purtroppo si tratta non solo di un atteggiamento individuale, ma di un elemento culturale che nella nostra società è comune a molte persone. Numerose ricerche hanno dimostrato che, in molti casi, il declino delle funzioni intellettive e della memoria che si osserva nell'anziano non sarebbe permanente se non vi fosse a renderlo tale un atteggiamento depressivo. Dovete invece imparare a dire: "La mia memoria potrà anche avere subìto un declino, ma posso adoperarmi a far sì che quella che mi resta sia più efficiente e più utile alle mie necessità".

2. "La memoria non mi serve più" o la variante "All'ospizio dei vecchi non avrò niente da ricordare". Anche questo atteggiamento di inutilità è a un tempo atteggiamento individuale ed elemento cul-

turale. Il pensionamento, con la perdita degli stimoli intellettuali e sociali derivanti dal lavoro, con l'improvviso isolamento e con la perdita dello stato sociale, invia agli anziani un duro messaggio di autodisistima. In effetti, meno del 15 per cento della popolazione sopra i 65 anni è ricoverata in qualche istituto. Dite invece: "È vero che ho più di 65 anni, ma voglio mantenere agile la mia mente: lo devo a me stesso".

3. "Non riesco a migliorare la mia memoria, è proprio la fine". Il nucleo di questo atteggiamento è l'impotenza. Il declino correlato con l'età può regredire. Nella maggior parte delle ricerche di psicologia il problema è stato di stabilire, non se la memoria possa migliorare, ma in quale misura. Dovete invece dire: "La mia memoria non è quella che vorrei, ma con un po' di aiuto e con opportune tecniche riuscirò a migliorarla".

4. "La mia memoria è un disastro: non riesco più a ricordare un articolo di giornale che ho appena finito di leggere". Questo atteggiamento, comunemente chiamato perfezionismo, è correlato alla depressione per l'implicazione che conti solo ciò che è perfetto. Un atteggiamento più realistico sarebbe quello di dire: "Posso anche non ricordare tutto ciò che ho letto, ma sono certo di ricordare le cose veramente importanti per me".

5. "Quando avrò finito di leggere questo libro, sarò in grado di imparare a memoria un numero intero del Corriere della Sera". Come il perfezionismo, l'aspettarsi risultati strepitosi ma non realistici è una variante della sfiducia. Il sottinteso di questa affermazione è: "Se questa cura non fa miracoli, sono spacciato". Dovete invece dire: "Mi accontenterò di ricordare quello che mi interessa".

6. "Dovrei far meglio", "Ci vuole troppa fatica", "Ci vuole troppo tempo" oppure "Non avevo capito che c'era anche una parte pratica". Con queste argomentazioni si rischia di smettere prima di vedere i primi effetti dell'addestramento. Soltanto nelle favole i desideri vengono esauditi all'istante, nella realtà ogni trattamento terapeutico richiede tempo. Dovete avere pazienza: un addestramento cognitivo richiede pratica e buona volontà ma lo sforzo può essere piacevole, perfino divertente, prendete questi esercizi come un gioco. Un atteggiamento più realistico potrebbe essere "La memoria è una facoltà che è possibile esercitare e potenziare".

Infine è importante avere ben chiaro che qualsiasi cambiamento nello stile di vita può influenzare la memoria. Tenendo presente questo dato, vi sarà facile realizzare le vostre aspettative. Accettare la nuova realtà ed effettuare di conseguenza alcuni aggiustamenti sono le prime tappe verso un miglioramento. È importante che la situazione cominci a migliorare, perché così aumenterà l'interesse per il mondo esterno e l'attenzione sarà più viva. Sarete in grado di concentrarvi meglio e vi renderete conto di quanto sia gratificante arrivare a una buona memorizzazione e a un richiamo soddisfacente. Con l'aiuto delle tecniche mnemoniche potrete compensare l'inevitabile declino che sopravviene con l'età.

Sintesi rapida

Le modificazioni che si verificano in rapporto all'invecchiamento e che possono influire sulla memoria possono essere così riassunte:

A. Variazioni fisiologiche proprie dell'invecchiamento normale.

1. Rallentamento, più facile stancabilità
2. Riduzione delle attività percettive
3. Riduzione della durata dell'attenzione
4. Maggiore sensibilità alle interferenze
5. Lieve riduzione della capacità mnesica
6. Mancanza di organizzazione spontanea

Altre modificazioni fisiologiche sono riferibili a farmaci o a malattie. Se queste vi arrecano disturbi, consultate il vostro medico.

B. Variazioni psicosociali e affettive proprie del normale invecchiamento.

1. Cambiamenti della mezza età
2. Pensionamento
3. Solitudine
4. Perdita di persone care e di stato sociale
5. Depressione
6. Atteggiamenti mentali

Abbiamo inteso sottolineare i settori sui quali lavorare per migliorare la memoria nell'età avanzata. La riduzione dell'attenzione e della capacità di organizzazione indebolisce la memoria, ma entrambe queste capacità possono essere migliorate col risultato di una accresciuta capacità di richiamo.

Esercizi

Esercizio 1. Atteggiamenti negativi associati a disturbi della memoria

Riscrivete le seguenti frasi ponendovi in un atteggiamento positivo:

1. Ci vuole troppa fatica per analizzare le cose e per ricercare le loro associazioni. Preferisco avere poca memoria.
2. Non riesco proprio a rilassarmi. I pensieri mi sfuggono e non riesco a concentrarmi: sono troppo ansioso.
3. Non riesco a concedermi pause e a finire una cosa prima di cominciarne un'altra. Sono un caso disperato.
4. Non ho capito quello che mi hanno detto, ma non ho avuto il coraggio di chiedere che me lo ripetessero.
5. Non riesco a leggere senza una lente di ingrandimento e i miei occhiali sono troppo deboli. Ci vuole troppa fatica e non ne vale la pena.
6. Prima mi piaceva andare al cinema; ora non ci vado più perché mi viene sonno e quando mi sveglio non riesco più a seguire la trama.

Esercizio 2. Atteggiamenti nella lettura

1. Leggete le seguenti poesie[1] sulla vecchiaia e coglietene gli atteggiamenti negativi e quelli positivi.

[1] Il traduttore ha ritenuto opportuno, in questo capitolo come nei successivi, sostituire i testi in poesia o in prosa tratti dalla letteratura di lingua inglese o dalla letteratura francese, tradotti in inglese, contenuti nell'edizione originale di questo libro. Essi sono stati sostituiti con testi della letteratura italiana (o tradotti da grandi della letteratura italiana) per quanto possibile analoghi, per ambientazione storica, per contenuto e per valenza ai fini dell'esercizio proposto, a quelli dell'edizione inglese del libro (N.d.T.).

2. Rielaborate le poesie che esprimono atteggiamenti negativi con parole vostre che abbiano una valenza positiva.

E le dolcissime offerte

Quale vita, che dolcezza senza Afrodite d'oro?
Meglio morire quando non avrò più cari
gli amori segreti e il letto e le dolcissime offerte
che di giovinezza sono i fiori effimeri
per gli uomini e le donne.
Quando viene la dolorosa vecchiaia
che rende l'uomo bello simile al brutto
sempre nella mente lo consumano malvagi pensieri;
né più s'allieta guardando la luce del sole;
ma è odioso ai fanciulli e sprezzato dalle donne:
tanto grave Zeus volle la vecchiaia.

Mimnermo (VII secolo a.C.)
Traduzione di Salvatore Quasimodo

Timore dell'Ade

Biancheggiano già le mie tempie
e calvo è il capo;
la cara giovinezza non è più,
e devastati sono i denti.
Della dolce vita ormai
mi resta breve tempo.

E spesso mi lamento
per timore dell'Ade.
Tremendo è l'abisso di Acheronte
e inesorabile la sua discesa:
perché chi vi precipita
è legge che più non risalga.

Anacreonte (VI secolo a.C.)
Traduzione di Salvatore Quasimodo

[Movesi il vecchierel canuto e bianco]

Movesi il vecchierel canuto e bianco
del dolce loco ov'ha sua età fornita
e de la famigliola sbigottita
che vede il caro padre venir manco;

indi traendo poi l'antico fianco
per l'estreme giornate di sua vita
quanto più può, col buon voler s'aita,
rotto dagli anni e dal cammino stanco;
....

Francesco Petrarca
(dal *Canzoniere*, son. XVI)

La vecchierella bianca,
raccolta su'l murello
de la rural dimora,
non sazia già, ma stanca
di vivere così,
pur oggi del novello
sole di maggio è lieta:
guarda, ed ai tanti fiori,
onde il gran piano odora,
ai teneri uccelletti,
che dagli alberi intorno
e dai vicini tetti
le fanno un bel cantare,
movendo la canuta
tremula testa pare
che dica ognor di sì.
— Ricordi, di', ricordi...
....

Luigi Pirandello,
(da *Pasqua di Gea*)

Esercizio 3. Presa di coscienza

Pensate a qualche cambiamento sopravvenuto recentemente nella vostra vita, fatti apparentemente di poco conto o avvenimenti importanti. Ad esempio, avete scoperto un nuovo negozio o fatta una nuova conoscenza, avete modificato in qualche modo la vostra routine? Mettete per iscritto questi cambiamenti e cercate di esprimere le vostre sensazioni al riguardo. Fate un altro passo e analizzate se essi ne hanno a loro volta prodotti altri. Chiedetevi come tutti questi cambiamenti abbiano influenzato la vostra vita.

Prenderete così coscienza di mutamenti capaci di incidere sul vostro stile di vita e talora di creare nuove abitudini che seguirete o no a seconda dei casi. Ad esempio, una mia amica aveva notato che la sua linea stava cambiando, con un po' di cellulite sui fianchi. Ma invece di accettare il primo pensiero "gli anni passano", ha cominciato ad andare alla ricerca di eventuali variazioni nelle sue abitudini alimentari. Una in particolare l'ha colpita: da qualche tempo aveva scoperto un pane che trovava delizioso e da quel momento aveva cominciato a indulgere a un consumo inusitato di pane imburrato. Inoltre non aveva più fatto moto perché, a causa del brutto tempo aveva preso l'abitudine di prendere la macchina invece di andare a piedi. In conclusione, questa presa di coscienza è servita a individuare i cambiamenti occorsi e prendere gli opportuni provvedimenti per controllare l'alimentazione e per fare un po' più di moto.

In secondo luogo, ricercate i cambiamenti che potrebbero avere influito sulla vostra memoria. Ad esempio, potreste essere stati recentemente preoccupati per problemi di salute o di famiglia o di lavoro, donde un notevole abbassamento del vostro livello di attenzione. Precisate gli occasionali vuoti di memoria (se avete dimenticato di comprare il pane o di passare a prendere un amico o di telefonare a qualcuno). Pensate a che cosa potreste fare per aiutare la vostra memoria in questo periodo di stress (potreste utilizzare dei promemoria visivi, come etichette adesive disposte strategicamente dove non potete fare a meno di vederle).

CAPITOLO 4

IL RILASSAMENTO

"Se non riusciamo a trovare la tranquillità in noi stessi, è inutile cercarla altrove"

La Rochefoucauld (*Massime*)

I disturbi dell'attenzione sono al centro della patologia della memoria. Se manca l'attenzione, nulla può essere registrato dal cervello e nulla può essere richiamato. Un difetto di attenzione può derivare da molte cause, la più comune delle quali è l'ansia: quando siamo ansiosi non ci preoccupiamo di altro che dei motivi della nostra ansia. Quando temiamo di non riuscire a ricordare qualcosa, ci tormentiamo perdendo tempo ed energia, invece di fare quello che è necessario per fissare un ricordo: concentrarsi su ciò che si vuole ricordare.

Il timore di dimenticare è una delle cause più importanti di blocco della memoria. A causa di precedenti insuccessi questa preoccupazione può diventare ossessiva e, enfatizzando le conseguenze dei vuoti di memoria, ci porta a sospendere qualsiasi tentativo, col risultato che i nostri timori finiscono per avverarsi. Imparando a minimizzare gli insuccessi si controlla meglio l'ansia. Come suggerisce B.F. Skinner, "la cosa migliore da fare è togliere a queste situazioni, nei limiti del possibile, qualsiasi implicazione negativa. Vi sono maniere eleganti per giustificare le proprie smemoratezze: basta fare appello ai diritti dell'età". Oppure conviene accettare quel margine di errore che fa parte dello stesso processo mnesico. Imparare a cavarsela negli episodi in cui la memoria viene meno è importante, perché vale a ridurne la frequenza.

Attenzione significa consapevolezza di ciò che avviene in noi stessi e intorno a noi. Solo quando prendiamo coscienza di ciò che succede dentro di noi possiamo cominciare a fare qualcosa. Ma nella memoria c'è un paradosso: quanto più ci si sforza di richiamare un ricordo, tanto più esso ci sfugge; il motivo di questo è, ovviamente, una interferenza con l'attenzione. Se qualcuno vi chiede il nome di un fiore del vostro giardino, potete essere preso alla sprovvista e nello stesso tempo desiderare di rispondere immediatamente; l'incapacità di ricordare sarà allora motivo di tensione e di ansia e renderà più difficile, se non impossibile, dare una risposta pronta. È importante eliminare questa ansia perché, quando ve ne sarete liberati, i canali della memoria si apriranno e il ricordo riaffiorerà.

Imparate a reagire positivamente anche in caso di dimenticanze clamorose. Se veramente non riuscite a ricordare qualcosa in una circostanza in cui vi servirebbe ricordarla, non dovete sentirvi colpevoli. Non condannatevi e di una sciocchezza non fate un problema: un episodio irrilevante non dimostra che la memoria vi sta abbandonando e che siete sulla via del declino. Mettete l'incidente nella sua giusta luce e riconoscete che vi è già capitato prima d'ora (così come succede a chiunque), anche se non vi avete mai prestato troppa attenzione (probabilmente perché eravate troppo occupati per soffermarvici). Pensate: "Qualche volta è normale dimenticare; mi verrà in mente più tardi". Più presto riuscirete a calmare la vostra ansia, più presto i ricordi affioreranno. Quanto più sarete fiduciosi, tanto più vi rilasserete. Un mezzo per migliorare la memoria è quello di distogliere il pensiero dall'oggetto dell'ansia: pensare a come fare una certa cosa dissolve la tensione mantenendo la mente occupata con compiti pratici. Ad esempio, invece di demoralizzarvi perché non ricordate come si fa a cambiare una ruota, analizzate i singoli pezzi e pensate come fare a smontarli e poi a rimontarli. Vi ricorderete come si fa nel momento stesso in cui la mente si sarà liberata dell'ansia e sarà concentrata sull'operazione da compiere.

Ecco quello che a proposito del rilassamento dice il professore Aitken, un uomo che per la sua memoria straordinaria è stato oggetto di molti studi psicologici: "Ho scoperto che più procedevo, più avevo bisogno di sentirmi rilassato, non di essere concentrato come si pensa comunemente. Prima ci si deve concentrare, ma appena possibile ci si deve rilassare. Pochissime persone lo fanno. Purtroppo non lo si insegna a scuola, dove le conoscenze si acquisiscono ripetendo a memoria".

In questo capitolo impareremo come ci si rilassa per aumentare l'attenzione. La concentrazione viene spesso confusa con la tensione, invece è quasi l'opposto: per concentrarsi, ci si deve rilassare e aprire all'osservazione. I metodi che seguono vi permetteranno di distendervi e di rilassarvi. Vi accorgerete quanto è facile ricordare, una volta che vi libererete dalle interferenze.

Imparerete la tecnica classica di rilassamento, il *rilassamento muscolare progressivo*. Raramente si insegna come rilassarsi, sebbene sia una capacità facile ad apprendersi e oltremodo utile. Questa tecnica è assolutamente innocua e non comporta tensioni o sforzi eccessivi come certe pratiche di yoga. Dovete lavorare solo sulla tensione delle mani, delle braccia, delle gambe e del viso, mentre non dovete fare nulla che implichi l'intervento del tronco e del collo. Le pagine seguenti contengono uno schema del procedimento sul quale si fondano gli esercizi di questo capitolo; quando avrete appreso questo metodo di rilassamento, continueremo con gli esercizi per ridurre l'ansia.

Considerate questi esercizi di rilassamento come una forma di igiene mentale. Praticate il rilassamento muscolare progressivo routinariamente tutti i giorni: la mattina, la sera e inoltre tutte le volte che vi sentite tesi o agitati. Prendete anche l'abitudine di praticare esercizi di respirazione profonda prima di intraprendere qualsiasi operazione che richieda attenzione: vi aiuteranno a rilassarvi e allenteranno la tensione, che potrebbe interferire con la concentrazione. A questo punto sarete in grado di registrare i ricordi con maggiore autocontrollo.

Rilassamento muscolare progressivo

Fate questo esercizio a casa, o comunque in una stanza chiusa: è importante essere soli in un posto tranquillo. Fate in modo da non essere disturbati o interrotti. Lo scopo di questo esercizio di rilassamento è dimostrare che quando i muscoli sono rilassati, è rilassata anche la mente. Quando la tensione muscolare sarà scomparsa, vi sentirete liberi anche da qualsiasi tensione interna.

1. Sedetevi su una sedia comoda senza incrociare le gambe e con i piedi poggiati sul pavimento. Allentate gli indumenti stretti e lasciate gli arti abbandonati.
2. Puntate verso il pavimento le dita dei piedi e contraete i muscoli del piede e della gamba. Mantenete la contrazione per 10 secondi, quindi rilassatevi. Quando dico rilassatevi, intendo dire che le gambe devono ricadere per effetto del loro peso; deve essere un movimento improvviso, una decontrazione rapida: è essenziale lasciarsi andare completamente. Prendete coscienza di tutto ciò. Dovreste avvertire una sensazione di caldo, il calore del sangue che affluisce ai muscoli. Godete di questa sensazione e respirate normalmente per circa 20 secondi prima di passare alla contrazione del gruppo di muscoli successivo.
3. Flettete le dita dei piedi verso di voi, poggiando i talloni sul pavimento, e contraete di nuovo i muscoli del piede e della gamba. Mantenete la contrazione per 10 secondi e rilassatevi per 20 secondi. Nei tempi 2 e 3 dovete sentire i muscoli del piede e della gamba tendersi e riscaldarsi. Godete della piacevole sensazione di rilassamento che segue alla contrazione.
4. Sollevate le gambe parallele al pavimento, piegando le dita dei piedi verso il basso come nel tempo 2. Mantenete questa posizione per 10 secondi e poi rilassatevi. Ora dovreste avvertire una sensazione di benessere e di calore a livello di piedi, gambe e cosce.
5. Ripetete il tempo 4, aggiungendo un nuovo gruppo muscolare, i glutei: manteneteli contratti per 10 secondi e poi rilassatevi. Dopo avere lavorato con i muscoli della metà inferiore del corpo, passate a quelli della metà superiore.
6. Sollevate le braccia orizzontalmente (parallele al pavimento). Stringete i pugni e contraete braccio e avambraccio. Mantenete la contrazione per 10 secondi e poi rilassatevi. Ripetete con le mani aperte a ventaglio e con le dita divaricate. Mantenete la contrazione per 10 secondi e poi rilassatevi.
7. Atteggiate la bocca ad O con le labbra in avanti e sgranate gli oc-

chi come in un'espressione caricaturale di sorpresa, senza però aggrottare le sopracciglia. Mantenete la contrazione per 10 secondi e poi rilassatevi. Questo esercizio è molto utile per i muscoli della faccia e del collo e potreste farlo spesso durante la giornata, quando avete un po' di tempo.

8. Fate un largo sorriso, mantenendolo per 10 secondi e poi rilassatevi.

Rilassamento muscolare con visualizzazione

Questo esercizio è una tecnica yoga che serve a mettere il corpo e lo spirito in uno stato di rilassamento totale dopo avere esercitato i muscoli. È quindi opportuno eseguirlo dopo l'esercizio di rilassamento muscolare progressivo. È anche un modo agevole per rendersi conto del grado di rilassamento raggiunto.

1. Sdraiatevi sul dorso su una superficie confortevole come un tappeto o un letto, oppure sedetevi in una poltrona con lo schienale alto o su una sdraio.
2. Chiudete gli occhi e visualizzate un'immagine che evochi pace e tranquillità — per esempio la riva del mare o un lago con il fruscio delle onde — oppure immaginate di galleggiare dolcemente su un materassino di gomma o di sonnecchiare su una barca che si dondola sulla superficie calma di un lago o di prendere il sole su una spiaggia di sabbia finissima. Formate nella vostra mente un'immagine chiara di questo genere.
3. A questo punto, cominciando dai piedi e procedendo lentamente verso la testa, comandate ad ogni vostro muscolo di rilassarsi. Attendete un secondo tra un comando e l'altro. Prendete coscienza della tensione residua che questo esercizio vi aiuterà a eliminare. Rilassate ogni parte del corpo secondo un ordine prestabilito, elencando mentalmente, quasi come una cantilena:

   rilassa i piedi,

   rilassa le dita,

rilassa le gambe,
rilassa le ginocchia,
rilassa le cosce,
rilassa i muscoli dell'addome,
rilassa i muscoli del torace,
rilassa le braccia,
rilassa le mani,
rilassa le dita,
rilassa il collo,
rilassa la faccia,
rilassa le mascelle,
rilassa la bocca,
rilassa la lingua,
rilassa gli occhi,
rilassa le palpebre,
rilassa le sopracciglia,
rilassa la fronte,
rilassa le guance,
rilassati completamente.

Lasciate che tutta la tensione di dissolva. Ascoltate il vostro respiro: deve essere superficiale e regolare. Ora siete in armonia con voi stessi: assaporate la sensazione di benessere che state provando; godetevi questo momento di rilassamento perfetto.

Tenete presente che questo esercizio si può fare in qualsiasi momento e in qualsiasi posto, ogniqualvolta vi sentiate tesi. È magnifico sapere che attraverso questa tecnica di visualizzazione e di suggestione potete liberarvi del disagio legato alla sensazione di tensione. Alcuni portano la loro tensione sulle spalle, altri sul viso, aggrottando la fronte e guardando di traverso senza accorgersene. Questa tecnica insegna a scoprire lo stress e a liberarsene.

Respirazione profonda e visualizzazione: le onde

Un piacevolissimo stato di rilassamento si può realizzare concentrandosi sul proprio respiro. Respirate profondamente, concentrandovi sull'aria che entra ed esce dalle narici. Mantenete un ritmo lento e regolare.

1. Sedete comodamente in stato di rilassamento muscolare. Non incrociate le braccia, le mani o le gambe. Lasciate gli arti abbandonati.
2. Inspirate profondamente e gradatamente attraverso il naso fino a riempire i polmoni.
3. Espirate lentamente, sempre attraverso il naso, fino a espellere tutta l'aria. Cercate di darvi un ritmo di espirazione progressiva.
4. Cominciate un nuovo ciclo ascoltando il ritmico rumore del vostro respiro: vi accorgerete quanto esso somigli a quello delle onde che si rompono dolcemente sulla riva (l'espirazione), per rinascere in una nuova fase (l'inspirazione) e riacquistare vigore rotolando verso il mare sulla sabbia e tra i ciottoli. Visualizzate il moto delle onde, il loro rumore, il profumo del mare, la sensazione della fresca brezza del mattino. Concentratevi per tutto l'esercizio su questa immagine serena: sentirete il desiderio di non staccarvene più.

NOTA. Tutti gli esercizi di respirazione indirizzati a un rilassamento totale dovrebbero essere fatti a bocca chiusa. Come disse una volta uno yogi: "La bocca è fatta solo per mangiare o per baciare". Questa affermazione potrebbe apparire un po' troppo perentoria, ma tenete presente che gli yogi non fanno footing, né ginnastica aerobica. Certo, quando fate un esercizio fisico impegnativo, dovete respirare con la bocca aperta, ma non quando state riposando e volete rilassarvi. Ovviamente, se avete il naso chiuso per un raffreddore, rimandate questo esercizio.

Fate questo esercizio quanto più spesso potete, ma soprattutto quando vi sentite tesi, stanchi, sotto pressione, di cattivo umore e ovviamente quando non vi riesce di rammentare qualcosa. Concentrate l'attenzione sul ritmo suadente delle onde e ricordate che non bisogna riempire i polmoni né espellere l'aria con forza: è facile farlo dolcemente. Questo è il metodo più efficace che conosca per allentare rapidamente la tensione e per mettersi nelle condizioni di concentrarsi.

Il rilassamento da respirazione profonda: il pallone

L'esercizio che segue è una variante delle "onde". Cambiando le immagini cambierete registro, da un ritmo dolce a una sensazione di galleggiare leggeri nell'aria. In questo esercizio dovete trattenere l'aria nei polmoni un po' più a lungo.

1. Sedete in posizione comoda con i muscoli completamente rilassati.
2. Chiudete gli occhi per concentrarvi meglio.
3. Inspirate profondamente attraverso il naso contando fino a 4.
4. Trattenete il respiro contando fino a 4 senza sforzare e senza contrarre i muscoli dell'addome. Non dovete bloccare il respiro, perché aumentereste la vostra tensione. Siccome trattenere il respiro è spesso associato a uno stato di tensione, dite mentalmente "galleggia dolcemente sospeso nell'aria". Questo vi aiuterà a sentirvi leggeri, appunto come se foste sospesi a mezz'aria. Se ciò malgrado sentite che dovete sforzarvi per trattenere il respiro, saltate questo tempo e passate al successivo.
5. Espirate lentamente col naso contando fino a 8.
6. Inspirate di nuovo profondamente per un nuovo ciclo.

NOTA. È utile visualizzare i propri polmoni come un pallone gonfiato che galleggia leggero nell'aria, per poi sgonfiarsi a poco a poco, completamente. Pensate a un pallone colorato, come quelli con cui giocano i bambini.

Prima di cominciare un nuovo ciclo, aspettate di tornare alla normale respirazione superficiale. Soprattutto non abbiate fretta. Dovete cercare di mantenere un ritmo dolce, inspirare gradatamente, galleggiare leggermente ed espirare lentamente.

Cercate di fare questo esercizio cinque volte di seguito, tre volte al giorno, soprattutto prima di affrontare qualunque compito che richieda attenzione. Il rilassamento mediante respirazione profonda può essere fatto dovunque e in qualsiasi momento. Quando vi sentite tesi, respirate profondamente e ritmicamente, e vi sentirete più distesi. Ricordate di non sforzarvi e di non iperventilare. Se tendete a iperventilare, saltate questo esercizio e concentratevi su quello delle onde.

Ridurre l'ansia mediante anticipazione

Poiché l'ansia disturba fortemente l'attenzione e la memoria, è molto importante impedire che la mente ne risulti paralizzata. Un attore che dimentichi le sue battute, un oratore che dimentichi una parte del suo discorso o uno studente che dimentichi ciò che l'esaminatore gli chiederà sono tutti vittime di interferenze legate all'ansia. Ciascuno di loro conosce il materiale da ricordare ma i canali della memoria sono bloccati dall'ansia. Qualche stimolo (esteriore o interiore) può innescare un senso di panico: "E se mi blocco?", "E se dimentico la mia dimostrazione?", "E se dimentico la parte e la gente si mette a ridere?", "E se non li convinco a comprare?", "Questa persona ha un'espressione scettica dipinta sul viso; se non riesco a convincerla?". Tutti questi problemi sono prevedibili: bisogna pensarci prima.

Immaginare il peggio

Anticipare un evento in chiave negativa può essere fonte di ansia, tuttavia può essere utile per un migliore adeguamento alla realtà: come dice il proverbio, "uomo avvisato, mezzo salvato". Immaginatevi e visualizzatevi nella situazione temuta: ripetete mentalmente la parte, anticipate i vostri timori, familiarizzatevi con essi, amplificateli pure, ma arrestatevi prima di sentirvi a disagio. A questo punto concentratevi sul vostro timore: chiaritelo e rappresentatevelo mentalmente. Immaginate le vostre reazioni fisiche: potreste sudare, diventare rosso, alzare il tono della voce o la voce potrebbe venirvi a mancare. Al confronto, l'evento reale vi apparirà meno temibile. E poi cercate di identificare i motivi razionali che potrebbero essere alla base della vostra insicurezza. Conoscete veramente l'argomento? Siete preparati a rispondere a qualunque domanda? Analizzate le ragioni dei vostri timori. Passate in rassegna mentalmente l'evento atteso e chiedetevi se c'è una motivazione plausibile per tanta ansia: se c'è, avrete il tempo di prepararvi in modo da essere più sicuri quando parlerete in pubblico; se invece non trovate nessuna causa reale che la giustifichi, vi sarete rassicurati e affronterete la prova con maggiore fiducia in voi stessi.

NOTA. Anticipate il peggio molto prima dell'evento temuto; invece, subito prima e durante, pensate in positivo e indirizzate tutti i vostri pensieri alla prova che vi accingete ad affrontare o che state affrontando.

Pensare in positivo

Come seconda tappa, anticipate l'evento immergendovi nella situazione contingente. Viualizzate la scena, le persone, l'ambiente fisico e come sarete vestiti. Dite tra voi: "Sono preparato ad affrontare ogni tipo di domanda, ogni reazione perchè le ho previste". Immaginatevi calmo, sicuro di voi, mentre rispondete alle domande con chiarezza o mentre esponete il vostro punto di vista con assoluta padronanza. Immaginatevi dominatori della situazione: non ci sono risposte individuali o interferenze esterne a cui siate vulnerabili. Soffermatevi per un po' a visualizzarvi nell'atteggiamento che vorreste tenere nella prova che vi attende: vi sarà utile quando verrà il momento. Pensare in positivo migliora le nostre prestazioni e porta a risultati brillanti: è una tecnica di cui gli uomini di successo si servono continuamente.

Orientare il pensiero verso un compito specifico

Nel capitolo 5 apprenderete alcuni metodi specifici per facilitare il richiamo dei ricordi. Fissare la mente su una prova specifica vi apparirà molto più facile quando saprete che cosa fare in concreto. Quando avrete smesso di crogiolarvi nell'ansia, potrete cominciare a pensare: ponetevi interrogativi, organizzate e analizzate il compito che vi attende; fissate la vostra mente sulla domanda: "Come potrei affrontare questa prova?" Ciò dissiperà o attenuerà l'ansia. Occupatevi di ciò che vi attende, non delle vostre incertezze.

Riduzione dell'ansia con l'aiuto della musica

Ascoltare brevi pezzi di musica barocca ha un effetto rasserenante e può favorire quella fase della memorizzazione che è la registrazione. Il metodo di apprendimento di Lozanov consiste nel leggere l'informazione da ricordare secondo un certo ritmo, con un sottofondo musicale di circa 60 battute al minuto (lo stesso di un movimento Largo). È molto semplice: dovete scandire ciò che volete dire in un certo intervallo di tempo, che si alterni ritmicamente al silenzio. Più siete rilassati e migliore sarà la vostra concentrazione in questo esercizio. Supponiamo ad esempio che vogliate imparare una parola inglese. Ascoltate la musica per quattro battute e poi, durante le successive quattro, dite : "la stazione = railroad station"

1 — 2 — 3 — 4	1 — 2 — 3 — 4
(ascoltate la musica)	(la stazione = railroad station)

Il metodo di Lozanov si propone di integrare armonicamente processi coscienti e inconsci in un modo che si ritiene faciliti la memorizzazione. È un metodo tuttora controverso, anche se in Bulgaria sembra abbia dato buoni risultati nelle scuole elementari; viene applicato soprattutto all'apprendimento delle lingue straniere e può risultare utile nell'imparare a memoria una serie di vocaboli; peraltro i metodi analitici dánno una conoscenza più approfondita. Comunque è sempre meglio usare un certo numero di tecniche diverse piuttosto che una sola.

Ascoltate il movimento lento di un qualsiasi brano di musica barocca e ripetete una frase che volete ricordare. Dovete sentirvi rilassati, controllati e in piena armonia con la musica (potete scegliere un verso, una frase celebre, un messaggio pubblicitario, uno slogan, quello che ha detto una volta un vostro amico, un proverbio ecc.). Qui di seguito troverete alcune frasi che trovo abbastanza interessanti da essere memorizzate e con le quali potete esercitarvi:

"L'uomo vive dimenticando, la donna vive di ricordi" *T.S. Eliot*

"Noi dimentichiamo perché dobbiamo dimenticare, non perché lo vogliamo" *Matthew Arnold*

"La memoria è come la donna, quasi sempre infedele" *proverbio spagnolo*

"Le donne sono vecchie nella misura in cui sentono di esserlo; gli uomini sono vecchi quando non hanno più sensazioni" *Mae West*

"La vita è solo ricordi, tranne l'attimo presente che fugge così rapido che non si riesce ad afferrarlo al volo" *Tennessee Williams*

"La parola impossibile manca nel mio dizionario" *Napoleone*

"Il disordine e la malvagità della vita derivano dall'incapacità dell'uomo di stare tranquillo a pensare" *B. Pascal*

Sintesi rapida

1. Il rilassamento riduce l'ansia, che è una delle cause principali dei disturbi della memoria.
2. Il rilassamento migliora l'attenzione, in quanto consente una pausa di riflessione, la presa di coscienza e la concentrazione.
3. Il rilassamento muscolare progressivo con visualizzazione rilassa il corpo e la mente.
4. La respirazione ritmica allenta la tensione e permette una migliore concentrazione.
5. Gli esercizi di riduzione dell'ansia aiutano a controllarla e migliorano la concentrazione.
6. Il rilassamento aiuta a superare le manifestazioni fisiche dell'ansia, liberando i meccanismi della memoria.

7. La conoscenza delle funzioni mnesiche, la presa di coscienza e un atteggiamento positivo vi aiuteranno ad affrontare gli aspetti psicologici dell'ansia, liberando i meccanismi della concentrazione.
8. Il pensiero orientato verso un compito specifico da affrontare attenua l'ansia, prendendo il posto dei pensieri negativi. Invece di crogiolarvi nel pensiero della vostra insufficienza, pensate al modo migliore per affrontare la prova che vi attende.

PARTE SECONDA

COME MIGLIORARE LA CONCENTRAZIONE

CAPITOLO 5

IMMAGINAZIONE E VISUALIZZAZIONE

"Una cosa bella è una gioia infinita"

Keats

L'immaginazione[1]

Molto tempo dopo che gli iris sono fioriti, molto tempo dopo che le persone amate ci hanno lasciato, possiamo rivivere quei particolari momenti sullo schermo della nostra mente. Ogni volta che facciamo appello all'immaginazione per visualizzare una scena del passato, cancelliamo dalla nostra coscienza il senso del tempo e godiamo dell'eterno presente dei ricordi rivissuti. Sia che serva a stimolare il richiamo che ad assicurare una memorizzazione a lungo termine, uno degli ingredienti più preziosi della memoria è la capacità di pensare in termini di immagini, cioè di visualizzare gli oggetti delle nostre percezioni. Le immagini hanno una qualità concreta che le rende capaci di trasmettere un messaggio con immediatezza e chiarezza. Per ricordare concetti astratti dobbiamo elaborarli in un

[1] Il termine inglese "imagery" corrisponde ad uno solo dei significati della parola italiana "immaginazione": esprime la capacità della nostra mente di creare o di riprodurre immagini mentali. È in questa particolare accezione che, in questo capitolo come nei successivi, useremo il termine "immaginazione" (N.d.T.).

contesto, in una cornice di riferimento, solo allora possiamo riferirli alla nostra vita e afferrarne la pertinenza.

Questo vale anche per la matematica, la fisica e le altre scienze nelle quali si fa largo uso di diagrammi, di grafici e di formule. Anche in filosofia teorie e principi vengono illustrati in riferimento alla vita di tutti i giorni. La metafora di Descartes della tavoletta di cera ne è un esempio: la cera a seconda che sia dura o liquida sembra essere due sostanze diverse, eppure è una sola e sempre la stessa. Ne dobbiamo dedurre di diffidare dei nostri sensi in quanto ci possono ingannare. Solo la ragione è fonte di verità. I filosofi dei quali ricordiamo più chiaramente il pensiero sono quelli che hanno in qualche modo materializzato le loro idee. Voltaire mise alla berlina l'idealismo di Leibnitz nel suo *Candido o dell'ottimismo*, saggio filosofico di piacevole e agile lettura. Anche nella letteratura la realtà acquista una dimensione nuova quando integra le immagini dei miti nella vita quotidiana. Superman è l'immagine dello struggente desiderio di poteri soprannaturali: salva vite, aiuta i deboli e porta ovunque la felicità con le sue magiche acrobazie, illustrazione concreta della potenza al servizio del bene. Per lui tempo e spazio non sono ostacoli: può volare e arrivare dovunque con la velocità del pensiero. In Superman ha insomma preso forma il nostro desiderio di trascendere la condizione umana. Del resto il nostro linguaggio è pieno di espressioni idiomatiche che evidenziano la necessità di tradurre pensieri astratti in immagini concrete:

Hai visto che bella idea?
Afferri quello che voglio dire?
Inquadrare un problema
Ricondurre un problema a una dimensione concreta

L'introduzione nel nostro linguaggio di immagini, che chiamiamo metafore, permette di spiegare idee astratte in maniera concreta, diretta. Le metafore sono espressioni molto colorite sia del parlare quotidiano che della lingua letteraria. Vi sono metafore particolari che riflettono un modo individuale di vedere il mondo, ma vi sono anche metafore culturali che la gente spesso usa inconsciamente. Per fare un esempio, dal gioco del calcio derivano metafore come "salvarsi in corner'' per esprimere il concetto di rimediare in extremis a una situazione fattasi pericolosa o ''giocare pesante'' per esprimere il concetto di commettere qualunque scorrettezza pur di arrivare a uno scopo. Tutte le immagini hanno l'effetto di trasmettere più facilmente un messaggio, oltre ad aggiungere una nota di originalità e talora di eleganza all'espressione delle idee. Una volta spiegavo a un giapponese quanto l'immaginazione aiuti la memoria ma anche quanto ciò suoni strano a uno spirito occidentale. Mi rispose che quando cercava di rammentare qualcosa, il suo richiamo cominciava dalle sensazioni, poi dalle immagini, mai da idee o da costruzioni logiche. E continuò con la considerazione che le differenze tra il modo di pensare occidentale e quello orientale si riflettono nella struttura del linguaggio. In giapponese, ad esempio, non esiste un alfabeto come il nostro, ma una serie di segni grafici che bisogna prima visualizzare e solo dopo concettualizzare. In Giappone la filosofia della vita è più rilassata, più sensibile agli umori, ai segni e ai rituali; ciò che si dice è meno importante di come lo si dice: la forma ha un valore che trascende la funzione. È anche un punto di vista estetico che si associa all'idea di armonia. Forse perché il Giappone è un gruppo di isole superaffollate, la gente impara fin da giovane a isolarsi mentalmente, servendosi della visualizzazione e dell'immaginazione. E tutto ciò non può che essere di aiuto alla memoria.

Se avete un'immaginazione viva, vi troverete bene leggendo questo capitolo: vi accorgerete di possedere già una miniera di risorse per la vostra memoria. Se invece pensate di non averla, scoprirete che chiunque, anche voi, può svilupparla.

Ecco un esempio di come servirsi dell'immaginazione e come integrarla nella vita. Immaginate e visualizzate:

1. un gatto che si lecca una zampa,
2. l'agitazione di una città,
3. la tristezza in casa.

La prima frase è facile da visualizzare perché si riferisce a un'immagine concreta di un atteggiamento animale che chiunque ha avuto occasione di vedere. La seconda è più difficile perché è astratta: l'idea di agitazione non si presenta direttamente sotto forma di un'immagine concreta; bisogna crearne una, usando l'immaginazione per tradurre il concetto di agitazione, ad esempio immaginando i visi tesi dei milanesi che si affrettano per le vie della loro città. E la terza frase? è astratta o concreta? contiene un'immagine diretta o dovete cercarne una? Credo che la maggior parte delle persone sia d'accordo che la terza frase è più facile da visualizzare, nonostante sia astratta, perché si riferisce alla "casa", che ognuno di noi può visualizzare immediatamente: così "la tristezza in casa" si può tradurre istantaneamente nell'immagine di una persona cara che si sente triste in casa.

Nel suo libro sulla memoria Laird Cermak suggerisce qualche domanda per aiutare a scoprire se, sia pure inconsciamente, ci si serve dell'immaginazione. Provate a rispondere:

— Siete in grado di descrivere la disposizione della vostra casa senza visualizzarla?
— Siete in grado di dire quali oggetti si trovano sulla vostra scrivania senza chiudere gli occhi e senza cercare di rappresentarvene visivamente il piano?
— Pensate a cinque camicie o cravatte tra le vostre preferite. Man mano che ne nominate una, vi si forma nella mente un'immagine?

Prendendo coscienza del potere di formare immagini, potrete migliorare la registrazione dei vostri ricordi e il loro richiamo. Le immagini dirette si formano semplicemente, senza sforzo. Ad esempio, se pensate al "sole", la sua immagine sorge in voi istantaneamente: fa parte integrante del concetto. La formazione indiretta di immagini richiede invece una trasformazione da una forma astratta in una concreta: il comunismo può essere visualizzato nel simbolo della falce e martello; così l'amore diventa un cuore, la pace una colomba e così via.

Molti codici mnemonici sono fondati sull'immaginazione. L'argomento sarà trattato nella terza parte di questo libro. Ad esempio, il principio su cui si basa la memoria dei numeri consiste nel tradurre i segni astratti in immagini da utilizzare per formare associazioni. Si è discusso per secoli se gli uomini abbiano innata la facoltà di pensare e di visualizzare nello stesso tempo: che cosa è venuta prima, l'idea della sedia o l'immagine della sedia? nessuno lo sa con certezza, ma è certamente difficile creare da pure astrazioni. Un architetto ha sempre un'immagine, sia pure talvolta appena abbozzata e priva di dettagli, di ciò che intende costruire. Spesso è la funzione che crea la forma: una sedia deve sostenere il peso del corpo ed essere comoda perché serve a riposare. Il pensiero creativo si fonda sulla costruzione di immagini visive: è l'unico modo per evitare gli schemi logici che limitano il nostro raziocinio. Einstein attribuiva la sua rivoluzionaria formulazione della teoria della relatività al pigro scorrere di immagini nella sua mente. Nello stesso modo l'immaginazione crea vividi ricordi: ricordare è uno sforzo creativo. Filtriamo la realtà, ne selezioniamo alcuni elementi, li coloriamo della nostra personalità e li immagazziniamo con una certa valenza affettiva.

Usare l'immaginazione è necessario per sviluppare la capacità di visualizzare. Gli psicologi hanno studiato i processi mentali delle persone dalla memoria straordinaria e hanno trovato che la maggior parte di esse sono dotate di una memoria fotografica capace di riprendere ogni stimolo percepito dal cervello. Questo tipo di memoria l'abbiamo tutti, in una certa misura, nell'infanzia: i bambini apprendono dapprima attraverso i sensi; poi, quando crescono ed entrano nel mondo degli adulti, mutano in qualche modo la loro maniera di apprendere e si orientano maggiormente in senso intellettivo. Gli individui dalla memoria eccezionale mantengono per tutta la vita questa capacità sensoriale: dovremmo forse addestrare i bambini a non perderla e noi stessi a riacquistarla. Questa capacità ha un ruolo fondamentale nella formazione delle immagini: usate quindi liberamente quella che vi è rimasta.

La visualizzazione

Ciascuno di noi sa istintivamente come evocare mentalmente l'immagine visiva di un oggetto (visualizzazione), ma sarà bene analizzare questo processo per ricavarne il massimo risultato. Visualizzare significa ricreare nella mente l'immagine di un oggetto che abbiamo visto o immaginato in passato. In questo contesto si tratta di un'immagine che viene osservata con attenzione e senza fretta, perché il nostro scopo è la sua memorizzazione.

Quando visualizziamo qualcosa proiettiamo sullo schermo della mente l'immagine dell'oggetto così come l'abbiamo percepita. Nel far ciò rivediamo in dettaglio gli elementi che hanno attirato la nostra attenzione quando abbiamo guardato l'oggetto concentrandoci su di esso. Per ottenere una chiara rappresentazione mentale di qualcosa dovete chiudere gli occhi, rilassarvi e cercare di mettere a fuoco l'immagine che avete assimilato. Essa sarà il risultato della vostra osservazione personale e comprenderà informazioni dettagliate sulle caratteristiche dell'oggetto (forma, dimensioni, colore, struttura, disposizione e così via). In questo momento la vostra mente è attiva, non passiva, perché state registrando i ricordi che avete scelto di immagazzinare.

La visualizzazione è stata usata per secoli da filosofi e da mistici che, desiderosi di raggiungere la pace dello spirito, ricreavano nella loro mente un'immagine ideale da associare alla serenità. Focalizzando tutta la loro attenzione su questa immagine, si sentivano rilassati e sintonizzati con le loro sensazioni. I prigionieri se ne sono sempre serviti per risollevare il morale e per conservare l'equilibrio mentale nonostante il confinamento e la solitudine. Oggi la stessa tecnica è largamente usata in psicoterapia per indurre il rilassamento e per favorire la creazione di immagini positive. Poiché l'idea principale è di concentrare l'attenzione su un'immagine chiara e di conservarla nella mente molto a lungo dopo che essa è stata percepita dai sensi, questa è certamente una tecnica molto valida per l'addestramento della memoria.

Dovete allenarvi a visualizzare ciò che leggete, gustate, odorate, e anche ciò che udite. Ad esempio, quando fate una telefonata, visualizzate la persona con la quale state parlando. Chiedetele in quale parte della casa si trova e che cosa sta facendo, evocate mentalmente l'atteggiamento del suo corpo, l'espressione del viso, ecc. Se volete ricordarvi il giorno in cui dovete ritirare i vestiti dalla tintoria, concentratevi sullo scontrino: fate un circoletto intorno alla data e visualizzatela nel momento in cui ne prendete nota mentalmente. La mente è una macchina fotografica: usatela per tradurre in immagini l'esperienza.

Sintesi rapida

La memoria può essere migliorata imparando ad usare l'immaginazione. Pensare in termini di immagini può essere piacevole e gratificante.

A. Immaginazione

1. La concretezza del pensiero aiuta la memoria.
2. Trasformate le idee astratte in una forma concreta e ne otterrete un'immagine.
3. Le immagini con un contenuto emotivo si ricordano meglio.
4. Quanto più specifica è l'immagine, tanto migliore essa è.
5. La personalizzazione del contesto aumenta l'impatto emotivo dell'immagine.

B. Visualizzazione

1. Visualizzazione e immaginazione sono essenziali per una buona memoria.
2. Chiunque può sviluppare la facoltà di evocare immagini.
3. Le immagini che contengono emozioni e riferimenti personali persistono più a lungo.
4. Visualizzare significa ricreare un quadro nella nostra mente e richiede l'osservazione e la proiezione di un'immagine. Ciò richiede almeno 15 secondi per ogni oggetto da visualizzare, ma garantisce un eccellente richiamo.

Esercizi di immaginazione

Prima di tutto qualche osservazione. Primo, non abbiate paura del ridicolo, perché questa paura spesso interferisce con la formazione delle immagini. Secondo, mettete alla prova la vostra diffidenza nella tecnica delle proiezioni di immagini, applicandola correttamente. Terzo, non pensate che sia una perdita di tempo: essa vi ripagherà come qualsiasi comportamento organizzato, ad esempio come lo studio di una mappa.

Esercizio 1. Immagini mentali dirette e indirette

Visualizzate le voci del seguente elenco e cercate di capire se s tratta di immagini dirette o indirette. L'immagine diretta è facile d visualizzare, mentre la creazione di un'immagine indiretta richied uno sforzo creativo.

1. Un bambino che dorme
2. Uno scoiattolo che mangia una nocciola
3. La guerra in Medio Oriente
4. Un terreno inondato
5. Il tempo che passa lentamente
6. Un difetto in un tessuto
7. Un difetto di un'argomentazione
8. Dio
9. Il mistero
10. King Kong
11. L'odio
12. L'amore
13. La carità
14. L'umorismo
15. La neve
16. Il bosco

Esercizio 2. Immagini mentali ed emozioni

Chiudete gli occhi per concentrarvi meglio e immaginate:

1. Un leone che assale un'antilope
2. Un cane che scodinzola
3. Una mosca nella minestra
4. Una confezione di cioccolatini nel giorno di S.Valentino, in un scatola rossa a forma di cuore
5. Un lampo nel buio (prima fermo, poi in movimento)
6. Una macchia sulla vostra camicia preferita
7. Un brillante che scintilla al sole
8. Un urlo di terrore nella notte
9. La gioia della maternità
10. Un amico che sta rubando del denaro dal vostro portafoglio.

Non rileggete. Prendete un foglio di carta e cercate di "vedere" quali immagini vi ricordate. Scrivetele. Quando avete finito, analiz zatele e identificate le emozioni che esse hanno suscitato in voi. A questo punto confrontate il vostro elenco con l'originale e traeten le vostre personali conclusioni. Quali immagini e quali emozioni s sono fissate meglio nella vostra memoria? Potreste saggiare nuovamente il vostro ricordo il giorno dopo o dopo una settimana. Resterete sorpresi.

Esercizio 3. Immagini e intensità delle emozioni

Chiudete gli occhi e visualizzate le seguenti immagini:

1. Un alveare
   Un alveare alla porta di casa
   Un nido di vespe nel vostro bagno
2. Un coltello affilato
   Un coltello affilato che taglia una spessa bistecca
   Un coltello affilato che vi taglia un dito
3. Un vecchio seduto su una panchina
   Un vecchio seduto su una panchina al sole
   Un vecchio seduto su una panchina al sole, in lacrime
4. L'arcobaleno in un cielo tempestoso
   L'arcobaleno in un cielo tempestoso, sopra la vostra casa
   L'arcobaleno in un cielo tempestoso, sopra la vostra casa, che vi mette allegria
5. Un uccello che becca nel giardino
   Un uccello che si bagna in una pozza d'acqua
   Un uccello che sfugge a un gatto
6. Foglie che cadono da un albero
   Foglie rosse e gialle che cadono da un albero
   Foglie rosse e gialle che cadono da un albero sul vostro prato
7. Un barattolo rotto sul pavimento della cucina
   Un barattolo di marmellata di mirtilli rotto sul pavimento della cucina
   Un barattolo di marmellata di mirtilli rotto sul pavimento della cucina, di notte

8. Un'ambulanza che lampeggia a sirena spiegata nella strada
   Un'ambulanza che lampeggia a sirena spiegata vicino a casa vostra
   Un'ambulanza che lampeggia a sirena spiegata davanti alla vostra porta.

Non rileggete. Prendete un foglio di carta e scrivete tutte le immagini che ricordate. Controllate le vostre risposte e chiedetevi che genere di immagini tendete a ricordare meglio.

Esercizio 4. Le vostre ricette preferite

Quando avrete acquistato familiarità con questo procedimento, potrete servirvi della visualizzazione per ricordare le ricette di cucina. Naturalmente, se non avete nessuna pratica di cucina non avrete in mente nessuno schedario dove conservarle; non avendo alcun riferimento vi sarà molto più difficile memorizzarle. Però provateci, perché l'immaginazione incide potentemente nella memoria.

1. Visualizzate gli ingredienti separatamente (poi, con la pratica, sarete in grado di visualizzarli nelle proporzioni opportune).
2. Visualizzate i tempi in successione. Immaginatevi mentre mescolate ingredienti, mentre tagliuzzate, ecc.

Cominciate con una ricetta semplice. Prima leggetela, poi visualizzatela, un tempo dopo l'altro, "sceneggiatela". Nei capitoli successivi imparerete a combinare la visualizzazione con altre tecniche di organizzazione e allora questo esercizio sarà perfetto. Per il momento, cercate solo di ricordare le immagini degli ingredienti e dei tempi.

Esempio: come si fa la crema pasticcera.
Misurate:

3 cucchiai di zucchero
3 tuorli d'uovo
3 cucchiaini di farina
1/2 litro di latte
una scorza di limone

Scaldare il latte con la scorza di limone. Battere le uova con lo zucchero, aggiungere la farina, mescolare il tutto e aggiungerlo al latte, scaldare lentamente fino all'ebollizione.

NOTA. Usate l'immaginazione e scegliete per costruire le vostre immagini riferimenti che vi siano familiari. Ad esempio, visualizzate sul tavolo di cucina la lattiera, con vicino il limone, le 3 uova e la zuccheriera. Visualizzate la confezione di latte e di farina del tipo che usate abitualmente. Tutto ciò vi aiuterà a ricordare gli ingredienti e poi anche le proporzioni relative. Rispettate le seguenti regole:
- chiare immagini degli oggetti dei quali ci si serve abitualmente si ricordano più facilmente,
- visualizzare sempre un oggetto particolare (per esempio, proprio la vostra lattiera),
- tale oggetto diventerà il più concreto possibile e sarà memorizzato nel modo migliore.

Esercizi di visualizzazione

Negli esercizi seguenti procederemo da figure semplici a figure più complesse, fino ai visi delle persone.

Esercizio 1. Immagini mentali di bellezza e di armonia

Pensate alla mente come a uno schermo sul quale proiettare tutte le vostre fantasie. Usate l'immaginazione per arricchire la vita quotidiana: attraverso la visualizzazione potete modificare il vostro umore e sentirvi rilassati o tesi a seconda dell'immagine che sceglierete di mettere a fuoco.

1. Sedete su una sedia comoda in un posto tranquillo.
2. Chiudete gli occhi e visualizzate un'immagine che evochi in voi pace e serenità, ad esempio il sole che tramonta sul mare o dietro le colline. Formate nella mente un quadro il più chiaro possibile.
3. Osservate la bellezza della scena (il colore del cielo e delle colline o del mare).
4. La respirazione diventerà superficiale e regolare e vi sentirete in

armonia con voi stessi e con l'ambiente. Prendete coscienza del vostro stato d'animo e dei vostri sentimenti.

Ripetete questo esercizio con diverse immagini mentali. Riuscirete a ricreare immagini che vi sono care e oggetti che vi sono piaciuti, riportando così alla coscienza esperienze felici. Pensate a un lago di montagna, a un gatto che sonnecchia, a pascoli verdi o a un fiore appena sbocciato.

Esercizio 2. Illustrazioni

Questo esercizio si basa sull'osservazione di illustrazioni o di oggetti. Troverete la materia prima nelle riviste, nei libri d'arte, nelle botteghe degli antiquari, nei grandi magazzini, ecc. Cominciate con immagini semplici per passare poi a quelle più complesse.

1. Assicuratevi di essere ben rilassati.
2. Guardate attentamente l'illustrazione per 2 minuti, mettendola a una distanza tale che la vostra vista non si stanchi. Guardate forme e colori. Se la vostra mente divaga, non vi innervosite, ma riportatela a guardare la figura, tenendo presente che questa concentrazione visiva richiede tempo e pratica: mantenete sempre lo sguardo sulla figura.
3. Chiudete gli occhi e cercate di ritrovare l'immagine. Dovreste vedere con l'occhio della mente esattamente la stessa figura, ma non così netta come nella realtà, qualcosa come una buona copia, come un luminoso tramonto che si attardi nella mente.
4. Riaprite gli occhi e cercate di vedere se avete catturato l'intera figura.

NOTA. Non aspettatevi di vedere l'immagine netta come nella realtà: potreste rimanere delusi; il punto è vederla il più chiaramente possibile. Se il primo tentativo fallisce, non perdetevi d'animo. Aspettate un po' e riprovate. Man mano che migliorerete ridurrete il tempo di osservazione da 2 a 1 minuto. Ricordate sempre che pazienza ed esercizio sono la chiave di ogni successo.

Esercizio 3. Osservazione e rotazione mentale

Cominciate con l'osservare oggetti reali da differenti prospettive, girando loro intorno e guardandoli anche da sopra e da sotto. Poi chiudete gli occhi e visualizzate l'oggetto da tutti i differenti punti di vista. Troverete allora più facile ricreare l'immagine dell'oggetto senza osservarlo.

1. Immaginate un oggetto visto da diverse angolature, da sopra, da sotto, da destra e da sinistra.
2. Immaginate una inquadratura vista da diverse prospettive, come se foste un fotografo che studia l'angolatura più opportuna per la ripresa.
3. Fate lo stesso con una scultura o con un oggetto visto recentemente.
4. Scegliete un posto familiare (un giardino, un albero, una strada) e immaginatelo in stagioni differenti.
5. Scegliete qualche stanza della vostra casa e immaginatela in diversi momenti della giornata: visualizzate le differenti illuminazioni, temperature, disposizioni.
6. Pensate ad un amico che conoscete molto bene.
   Visualizzatelo visto da dietro, di fronte, di profilo.
   Immaginatelo seduto, mentre legge o guarda la televisione o mangia seduto a tavola. Poi immaginatelo in movimento: mentre cammina, sale o scende le scale, entra o esce dall'automobile, sorridente o triste. Pensate ai suoi gesti, al suo contegno, al suo atteggiamento.

Esercizio 4. Visi

Visualizzate un viso. Poi guardate un viso reale, di qualcuno che incontrate o che vedete alla televisione. Siete capaci di ricrearne l'immagine nella vostra mente? Mettetevi alla prova descrivendone le caratteristiche.

NOTA. Questo tipo di esercizio è più facile per alcuni individui che per altri, a seconda che siano a predominanza visiva o verbale. Osservare e visualizzare una faccia diventerà per voi una seconda natura e ne conserverete più facilmente il ricordo nel tempo.

Esercizio 5. Una scena di vita

Visualizzate un fatto di cui siete stati testimoni, in casa, in un negozio o per strada, ad esempio una donna cui abbiano strappato la borsetta, o un incidente d'auto oppure semplicemente l'incontro con una persona cara.

Esercizio 6. Poesie

Cercate di visualizzare le seguenti poesie, ogni singolo verso a mano a mano che lo leggete; alla fine di ogni poesia chiudete gli occhi e cercate di ricatturare tutte le immagini che vi sono contenute.

L'assiuolo

Dov'era la luna? ché il cielo
nuotava in un'alba di perla,
ed ergersi il mandorlo e il melo
parevano a meglio vederla.
Venivano soffi di lampi
da un nero di nubi laggiù;
veniva una voce dai campi:
chiù...

Le stelle lucevano rare
tra mezzo alla nebbia di latte;
sentivo il cullare del mare,
sentivo un fru fru tra le fratte;
sentivo nel cuore un sussulto,
com'eco d'un grido che fu.
Sonava lontano il singulto:
chiù...

Su tutte le lucide vette
tremava un sospiro di vento;
squassavano le cavallette
finissimi sistri d'argento

(tintinni a invisibili porte
che forse non s'aprono più?);
e c'era quel pianto di morte...
chiù...

Giovanni Pascoli
(da *Myricae*)

O falce di luna calante

O falce di luna calante
che brilli su l'acque deserte,
o falce d'argento, qual mèsse di sogni
ondeggia al tuo mite chiarore qua giù!

Aneliti brevi di foglie,
sospiri di fiori dal bosco
esalano al mare: non canto non grido
non suono pe'l vasto silenzio va.

Oppresso d'amor, di piacere,
il popol de' vivi s'addorme...
O falce calante, qual mèsse di sogni
ondeggia al tuo mite chiarore qua giù!

Gabriele D'Annunzio
(da *Canto novo*)

Meriggiare

Meriggiare pallido e assorto
presso un rovente muro d'orto,
ascoltare tra i pruni e gli sterpi
schiocchi di merli, frusci di serpi.

Nelle crepe del suolo o su la veccia
spiar le file di rosse formiche
ch'ora si rompono ed ora s'intrecciano
al sommo di minuscole biche.

Osservare tra frondi il palpitare
lontano di scaglie di mare
mentre si levano tremuli scricchi
di cicale dai calvi picchi.

E andando nel sole che abbaglia
sentire con triste meraviglia

com'è tutta la vita e il suo travaglio
in questo seguitare una muraglia
che ha in cima cocci aguzzi di bottiglia.

Eugenio Montale
(da *Ossi di seppia*)

Liguria

È la Liguria una terra leggiadra.
Il sasso ardente, l'argilla pulita,
s'avvivano di pampini al sole.
E gigante l'ulivo. A primavera
appar dunque la mimosa effimera.
Ombra e sole s'alternano
per quelle fonde valli
che si celano al mare,
per le vie lastricate
che vanno in su, tra campi di rose,
pozzi e terre spaccate
costeggiano poderi e vigne chiuse.
In quell'arida terra il sole striscia
sulle pietre come una serpe.
Il mare in certi giorni
è un giardino fiorito.
Reca messaggi il vento.
Venere torna a nascere
ai soffi del maestrale.
O chiese di Liguria, come navi
disposte a esser varate!
O aperti ai venti e all'onde
liguri cimiteri!

Vincenzo Cardarelli

CAPITOLO 6

PRESA DI COSCIENZA DELLE SENSAZIONI

"Poiché il sentire è tutto..."

e.e. cummings

Le nozioni di attenzione, di concentrazione e di presa di coscienza si riferiscono tutte alla nostra percezione della realtà. Percepiamo il mondo attraverso i sensi, prima che la mente cominci a elaborare le informazioni per conservarle nell'archivio della memoria. Attraverso i sensi captiamo migliaia di stimoli che innescano in noi reazioni di tipo diverso, sia emotive che intellettive. Prendendone coscienza aiutiamo la memoria; prendendo nota di quello che percepiamo controlliamo il processo di memorizzazione.

Purtroppo non prestiamo in genere molta attenzione ai nostri sensi. Forse si tratta di un fenomeno culturale, perché nella civiltà occidentale filosofi, scienziati e religiosi hanno fatto a gara nel presentarci i sensi come una fonte di informazioni poco affidabile e quindi pericolosa. Non appena trascorsa l'infanzia ci hanno insegnato a non fidarci dei sensi ma a pensare al di là di essi e a dispetto di essi. Ne deriva un conflitto interiore, un modo travagliato di sentire la natura stessa, considerata da un punto di vista morale. Possiamo uscire da questa situazione pensandoci il meno possibile; peraltro le conseguenze sulla memoria non devono essere sottovalutate: ignorando i sensi, limitiamo fortemente le potenzialità della memoria.

Alla riscoperta dei sensi

Il mio scopo è di farvi riscoprire i sensi così come li avete sperimentati da bambini, ma con la consapevolezza degli adulti. Un tempo avete imparato a corrispondere col mondo attraverso le sensazioni: il tatto, i suoni, le immagini visive. Era una maniera molto efficace per registrare nella memoria una grande quantità di informazioni in un breve lasso di tempo. I bambini imparano a parlare imitando i suoni e correlandoli a immagini e imparano che cosa sono i conflitti dai bisticci e dalle grida dei fratelli o dei genitori, per loro non esistono ancora astrazioni, ma solo pure sensazioni. Maturando, tendiamo invece a considerare le sensazioni come se fossero astratte, suppongo perché sono difficili da definire. Astratti o no, i sensi sono utilissimi per la memoria. La convergenza è sul piano emozionale: non è chiaro come ciò avvenga, ma è certo che anche soggetti colpiti da afasia per ictus cerebrale riescono a rammentare certe parole attraverso la percezione. Una donna non riusciva a dire la parola "neve", ma questa le venne subito alla mente quando la toccò realmente; quello che queste persone non riescono a recuperare altrimenti spesso è loro offerto spontaneamente dai sensi. Purtroppo esse tendono a dimenticare più e più volte, perché hanno perduto il controllo della memoria.

Freud osservò che "ricordiamo quello che ci interessa", spendiamo il tempo e la fatica necessari per guardare, per ascoltare, per sentire, solo se siamo interessati a qualcosa o a qualcuno. Qualunque sia il motivo della mancanza di attenzione, la possiamo correggere se abbiamo una motivazione sufficiente per farlo e, per il solo fatto che state leggendo questo libro, dovete essere sufficientemente motivati. Questo capitolo finirà con alcuni esercizi sulla presa di coscienza delle sensazioni che vi faranno capire che i sensi sono i migliori alleati della memoria: date fiducia ai sensi e la memoria migliorerà.

Più percezioni sensoriali sono coinvolte, più è probabile che ricordiate qualcosa o qualcuno. Se ad esempio osservate attentamente un fiore, fate qualcosa di più che guardarlo: diventate attivi, recettivi alla sua grandezza, alla sua forma, al suo colore, alla sua consistenza, al suo profumo. Più informazioni ne ricavate e meglio lo ricorderete ma tenete presente che per osservare in modo appropriato dovete spenderci del tempo. Molti pensano che si possa ricordare qualcosa all'istante, come per magia: quando sono impegnati in qualcosa di piacevole, non si accorgono del tempo che passa e del loro livello di concentrazione e credono che si tratti di un processo inconscio, estraneo a qualsiasi sforzo cosciente. In realtà, quantunque per molte persone si tratti effettivamente di un processo inconscio, esso segue uno schema che può essere appreso e rinforzato coscientemente. Aumentando la consapevolezza dei sensi migliorerete la qualità della vita. Siate dunque aperti, recettivi e curiosi e, per esercitarvi in ciò che state apprendendo da questo libro, scegliete soggetti che vi interessino. Come ha osservato il professore Leon Michaux, ricordiamo meglio:

1. Ciò che è utile (perché ce ne serviamo continuamente)
2. Ciò che percepiamo in un certo contesto (perché è a questo contesto che facciamo riferimento)
3. Ciò che ci piace (perché siamo coinvolti emotivamente e ci concentriamo più facilmente)
4. Le azioni che sono state interrotte (perché dobbiamo riprenderle in esame e riorganizzarle).

L'uso dei sensi

La *memoria uditiva*, una delle tecniche mnemoniche più antiche, si basa sull'introduzione nel linguaggio di ritmi e rime. I popoli antichi svilupparono questa tecnica per tramandare storie, leggende e culture religiose. Potrete servirvene per potenziare la memoria verbale. Circa il 40 per cento delle persone è prevalentemente "verbale": questi individui sono sensibili alle parole, alle rime e ai suoni; spontaneamente essi pensano con giochi di parole e tramite associazioni verbali. Chiunque, peraltro, può migliorare le sue capacità verbali. Non c'è bisogno di arrivare alle vette dell'ispirazione di Omero: qualsiasi impiego di ritmi e rime ci aiuta a ricordare. Anche le brutte rime possono avere un potente effetto sulla memoria: basta pensare agli slogan pubblicitari di cui avrete piena la testa; non sono certo grande poesia ma, combinati con dei motivi musicali semplici, hanno presa. Pensate agli slogan della pubblicità televisiva e vi sorprenderete della facilità con cui essi vi balzano alla mente. Se volete fare un esercizio utile per familiarizzarvi con le tecniche della memoria verbale, fate un elenco di 6 articoli da comperare e costruite su tre di questi delle semplici rime o dei ritornelli. Mettetevi in tasca l'elenco e dopo qualche tempo verificate se ricordate meglio gli articoli sui quali avete fatto le rime.

La *memoria cinestesica*, o "memoria muscolare", è quel tipo di memoria di cui ci serviamo per attività dalle più banali come il camminare ad attività via via più complesse come la danza o l'esecuzione di un concerto di pianoforte. Questo tipo di memoria è il più sensibile all'esercizio e alla ripetizione e si colloca in genere a un livello preverbale. Potete servirvene per ripetere cose che volete dire o fare in una certa maniera. Trovate un posto abbastanza spazioso per potervi muovere liberamente, pensate a un movimento che sia connesso con qualcosa che volete ricordare e fatelo. Per esempio, se volete ricordare una canzone o qualche battuta di una commedia o di un film, fate come fanno gli attori: ripetetene i gesti e riproducetene le emozioni con l'atteggiamento del corpo. Cercate di imitare sia i gesti che la voce. La rappresentazione di un ruolo è qualcosa di più che una semplice ripetizione perché comporta sensazioni e pensieri. Così vi riuscirà di ricordare frasi celebri come l'ultima frase di Clark Gable in *Via col vento*: "Francamente, cara, non me ne frega niente". Ditela ad alta voce, pensando a Rossella O'Hara, immaginando la sua espressione tesa mentre voi state sulla porta pronto ad andarvene per sempre. Se fate veramente tutto ciò, aggiungendo opportune intonazioni di voce, ricorderete ancora meglio, perché le tracce acustiche si imprimono più a lungo nella memoria. Può essere utile esagerare il movimento. Ad esempio, se dovete ricordare di chiudere la porta a chiave, impegnate tutti i vostri muscoli e sviluppate un'immagine cinetica pensando di girare una immaginaria enorme chiave in una serratura. Giocate a usare il linguaggio del corpo: se dovete ricordarvi di spegnere i fornelli, spegneteli con enfasi, piegandovi a guardare ogni bottone e mostrando col dito per ciascuno di essi la posizione di chiusura. Dovete fare qualcosa di mezzo tra mimare e danzare: tutto sommato, potreste anche trovarlo divertente.

La *memoria visiva*, chiamata anche memoria fotografica, è forse la più utile di tutte e in effetti su di essa è fondata la maggior parte delle tecniche mnemoniche. La maggioranza delle persone (il 60 per cento) è a dominanza visiva, anche se pochi hanno sviluppato al massimo questa capacità. Artisti, fotografi, artigiani e tutti coloro che si dedicano alle arti figurative se ne servono largamente, ma solo le persone dotate di memoria eccezionale la usano in tutte le circostanze della vita per ricordare informazioni di ogni genere, avendo strutturato i loro sistemi mnesici sulla base delle associazioni di immagini. Anni di ricerche hanno dimostrato che chiunque, a qualsiasi età, può migliorare l'efficienza della memoria visiva, perché tutti abbiamo la capacità potenziale di visualizzare. Nei capitoli che trattano dell'evocazione di immagini mentali e della distrazione ne troverete molte applicazioni. L'esempio che segue illustra una combinazione di memoria visiva e di memoria cinestesica. Supponiamo che vogliate ricordare di chiudere finestre e porte prima di uscire di casa. Procedete sistematicamente di stanza in stanza e chiudete finestre e porte con gesti precisi. Createvi una rappresentazione mentale di ogni gesto che fate coscientemente: vi "vedrete" allora nei diversi posti e "sentirete" i differenti sforzi richiesti da ogni operazione (ad esempio, noterete che "la finestra della camera blu ora è chiusa; è sempre difficile raggiungerla per via di quel tavolo davanti"). La consapevolezza delle vostre sensazioni vi consentirà di ricordare tutti i gesti che fate coscientemente.

Ho illustrato questi esempi usando solo tre forme di sensibilità, ma anche i sensi del gusto e dell'odorato possono concorrere in misura significativa a rinforzare le possibilità di un richiamo. Più sensi sono coinvolti nella registrazione di un ricordo, meglio è. È un po' come andare a pesca con esche adatte a catturare i ricordi: quando lanciate una lenza con cinque ami non aumentano forse le probabilità di prendere un pesce? Lo stesso avviene con la memoria. Imparate a disporre gli ami con i vostri sensi: i risultati vi sorprenderanno.

Sintesi rapida

1. La presa di coscienza delle sensazioni è la prima tappa dell'attività cerebrale e quindi della memoria. Se non si registra nulla, nulla si rammenta. Non incolpate la memoria per la mancanza di attenzione.
2. Attivate con calma le capacità percettive: vista, udito, tatto, gu-

sto, olfatto, sensibilità cinestesica. Acquisite una piena consapevolezza delle sensazioni e compenserete il declino percettivo che può accompagnare l'età.

3. La combinazione di tutti i tipi di sensibilità è quella che dà i migliori risultati.

Esercizi

Esercizio 1. Presa di coscienza

Per questo esercizio vi serve un foglio di carta, una penna e un cronometro. La Figura 6.1 contiene 12 disegni. Concentratevi sulla prima fila per 30 secondi, coprendo il resto con un foglio di carta per focalizzare meglio l'attenzione solo sui primi tre disegni. Trascorsi i 30 secondi, coprite tutta la pagina e cercate di ridisegnare a memoria le figure meglio che potete. Guardate di nuovo gli originali e vedete se i vostri disegni sono esattamente uguali. Quindi passate alla fila successiva. Alla fine mettetevi alla prova cimentandovi con le due ultime file insieme.

Esercizio 2. Presa di coscienza di dettagli visivi

Nella Figura 6.2 troverete 4 disegni schematici. Guardateli uno per volta per 1 minuto, coprendo gli altri per concentrarvi meglio. Visualizzateli bene. Cercate poi di riprodurli su un foglio di carta.

Esercizio 3. Presa di coscienza di materiale verbale

Scopo di questo esercizio è di innalzare il livello della vostra presa di coscienza di ciascuno dei vocaboli delle liste seguenti (studiate una lista per volta). Quando una parola ha più di un significato, sceglietene uno oppure, se volete rendere più completo l'esercizio, prendeteli tutti. Per ogni singola parola che leggete, immaginate le caratteristiche dell'oggetto corrispondente, l'aspetto, il profumo, il gusto, il suono. Ad esempio, la pasta dentifricia può essere lucente e verde, profumare di menta sintetica e avere un sapore dolciastro di menta. Eliminate il senso che non serve (in questo caso, il suono).

Figura 6-1

Figura 6-2

Carta	Canna	Fazzoletto
Vaniglia	Bacio	Stivale
Pellicola	Nodo	Strappo
Carrello	Carro	Dito
Chiasso	Gatto	Crèpe
Capelli	Risacca	Noce
Scarpa	Liquirizia	Paese
Ruota	Dottore	Orchidea
Felicità	Elefante	Uccello
Seta	Cotone	Lana

Esercizio 4. Presa di coscienza di materiale visivo

Trovate coppie di illustrazioni come, ad esempio, i fumetti o le vignette che compaiono nei giornaletti di enigmistica ed esercitatevi a trovare le differenze. Potete fare la stessa cosa con due oggetti simili, come due automobili della stessa marca, due vestiti, ecc.

Esercizio 5. Presa di coscienza e odorato

Annusate con attenzione fiori, rami, profumi, piatti cucinati, ecc. Analizzate specificamente gli odori e cercate di descriverli e di confrontarli tra loro. Pensate quali preferite, quali vi piacciono e quali vi disgustano: chiedetevene il motivo. Dopo qualche tempo troverete molto facile descriverli a parole.

Esercizio 6. Presa di coscienza e gusto

Gustate attentamente i cibi del vostro pranzo (non fumate a tavola, perché il fumo ottunde il senso del gusto). Analizzate il particolare sapore di ogni piatto. Rendetevi conto di come i condimenti e le spezie modifichino il sapore dei cibi. Cercate di indovinare gli ingredienti. Confrontate tra loro cibi della stessa categoria (ad esempio, due qualità di prosciutto, di cioccolato, di carne, di pesce). Così facendo, apprezzerete molto di più quello che mangiate.

NOTA. Per attivare le papille gustative dovete ruotare e premere la lingua contro la volta del palato. Gusterete molto di più alimenti e bevande se li assaporerete per qualche secondo prima di inghiottirli (un buon allenamento per il gusto e per l'odorato è la degustazione dei vini).

Esercizio 7. Presa di coscienza e udito

Musica. Ascoltate attentamente una canzone o un brano musicale tra i vostri preferiti. Cercate di afferrare le parole o il motivo. Analizzate il contenuto, seguite la melodia, cercate di identificare gli strumenti, estrapolate la parte suonata da ciascuno di essi, fate attenzione ai ritornelli, ai sentimenti che quel brano vuole esprimere e cercate di identificare i tempi di ogni movimento.

Toni, suoni, rumori. Ascoltate attentamente il canto di un uccello. Analizzatelo: qual è il registro (acuto o grave)? È stridente o melodioso? semplice o complesso? Seguite la melodia, il tempo, le pause. Cercate di imitarlo; cercate di scomporlo in unità elementari, servendovi di notazioni musicali o di schemi. Confrontate il canto dei diversi uccelli. Analizzate e identificate altri rumori in sottofondo.

Parole ed espressioni. Ascoltate il suono delle parole. Molte parole sono onomatopeiche, cioè mimano col suono il loro significato (ad esempio, sibilo, squittio, pigolio, gracidio, ecc.); le onomatopee sono largamente usate in poesia. Cercate di trovare rime con le voci che volete ricordare (ad esempio, il libretto — degli assegni — nel cassetto accanto al letto).

Dialoghi. Cercate di ascoltare meglio quello che dicono le persone intorno a voi e come lo dicono. Analizzate il messaggio, il linguaggio, lo stile, l'umore. Si esprimono direttamente o menando il can per l'aia? Com'è la scelta delle parole? e il tono di voce?

Esercizio 8. Presa di coscienza delle attività quotidiane

Prendete coscienza di quello che fate e di come lo fate; ricordate una volta per tutte i particolari che vi innervosiscono e per i quali siete soliti prendervela con la vostra memoria. Avevo l'abitudine di armeggiare con i cinturini dei sandali cercando a casaccio di trovare il buco giusto: tanti gesti frenetici e poco raziocinio. Un giorno mi decisi a memorizzare quali erano i buchi giusti: li guardai bene e li visualizzai separatamente sulla caviglia destra e sulla sinistra. Cominciando dall'estremità del cinturino, vidi che il buco buono era il quarto a sinistra e il terzo a destra. Era fatta! Da allora me ne ricordo sempre perché ne ho preso coscienza e l'ho memorizzato in modo organizzato. Ora vado direttamente al punto giusto.

Fate la stessa cosa per memorizzare gli interruttori della luce a casa vostra. Potete trovare voi stessi gli esercizi che più vi si adattano, pensando alle cose che più vi fanno innervosire. Analizzate con calma la situazione, prendetene nota mentalmente e visualizzatela: smetterete così di prendervela continuamente con la vostra memoria.

Esercizio 9. Presa di coscienza dell'ambiente circostante

Diventerete molto più efficienti se sarete più consapevoli dell'ambiente circostante. Osservate i semafori agli incroci importanti dai quali passate di solito e cercate di capire il loro schema di funzionamento: sarete così in grado di sapere in anticipo quanto dura il rosso e di scegliere i percorsi più veloci. Guardate i segnali stradali nei dintorni di casa vostra e cercate di ricordare qualche incrocio, se non altro per avere un'idea anche vaga del vostro quartiere e per evitare la brutta figura di non conoscere il nome della strada parallela a quella dove abitate.

Esercizio 10. Presa di coscienza dei colori

Ampliate la vostra presa di coscienza delle sensazioni osservando e analizzando i colori. In ogni colore vi sono infinite sfumature: considerate le diverse tonalità di ogni colore fondamentale (per esempio, rosso papavero, rosso ciliegia), il grado di luminosità (brillante, smorzato, sfumato) e il valore (chiaro o scuro). Quando andate a fare spese, guardate le stoffe e i vestiti e confrontatene i colori, guardate se c'è armonia nei toni e nelle sfumature. Noterete che c'è una relazione tra colori, umore e personalità. E quando siete all'aperto, osservate i differenti colori della natura: il cielo, le nuvole, la terra, l'erba, le foglie, i tronchi degli alberi, i fiori. E gioite di questa varietà.

NOTA. Potete imparare da soli a prendere coscienza dei colori mescolando diversi colori fondamentali (rosso, giallo, blu). Prendete uno spettro dei colori e cominciate a sperimentare.

CAPITOLO 7

ATTENZIONE SELETTIVA

> *"Un oggetto al quale abbiamo prestato attenzione resterà nella memoria, mentre uno a cui abbiamo rivolto uno sguardo distratto non lascerà alcuna traccia".*
>
> William James

Per attenzione selettiva si intende la capacità di prestare attenzione a una cosa sulla quale abbiamo scelto di concentrarci. Questo processo selettivo è essenziale per una buona prestazione mnesica. A scuola e nell'ambiente di lavoro la scelta di ciò che è importante è spesso fatta da altri in nostra vece: ci si dice di studiare qualcosa di specifico e lo facciamo agevolmente, senza neppure accorgerci che questa scelta ci porta automaticamente a concentrarci su ciò che è essenziale. Ma quando siamo abbandonati a noi stessi, sta a noi decidere. Inconsciamente selezioniamo quello che serve per sopravvivere, lasciando il resto al caso. Scegliendo accuratamente le cose che considerate degne di essere ricordate otterrete un migliore controllo della memoria.

Quando osservate l'oggetto della vostra attenzione, interviene una seconda selezione. Che cosa avete isolato? Siete coscienti di analizzare qualcosa in particolare? Solo dopo avere risposto alla domanda "Che cosa c'è che valga la pena di ricordare?", svilupperete l'abitudine di concentrarvi coscientemente su ciò che è veramente importante per voi. Per esempio, se volete ricordare le singole persone di un gruppo omogeneo, non dovete soffermarvi sulle analogie, come faceva quella vecchia signora depressa che nella casa di riposo si lamentava: "Non riesco a ricordare le persone: sono tutte uguali, coi capelli grigi e piene di rughe". Il fatto è che non ci sono due capigliature identiche (differenti sfumature di grigio, diversi tipi di capelli, diverse pettinature), così come c'è una straordinaria varietà di tipi di rughe. Bisogna insomma concentrarsi sulle differenze piuttosto che sulle analogie e cercare di memorizzarle. Le ricerche hanno dimostrato inoltre che la gente non ricorda automaticamente ma che il desiderio di apprendere deve essere espresso coscientemente. Ad esempio, una volta accadde che un soggetto in studio non ricordasse una serie di numeri che pure gli erano stati mostrati molte volte: la psicologa improvvisamente realizzò che aveva dimenticato di dirgli che quei numeri dovevano essere imparati. Una volta che gli fu detto che doveva ritenerli, il soggetto li memorizzò facilmente. La mente necessita di direttive specifiche per concentrarsi sul processo di memorizzazione: una registrazione cosciente è essenziale per il richiamo.

Che succede se non sapete decidere che cosa selezionare? In questo caso dovete scegliere arbitrariamente di concentrarvi su qualcosa che vi interessi. Concentratevi su una cosa per volta, restringendo la scelta a ciò che vi colpisce di più. Se avete difficoltà a stabilire una gerarchia di interessi, prendete una cosa qualsiasi che attiri la vostra attenzione e cominciate a elaborare questa informazione: è essenziale agire e eliminare qualsiasi esitazione che vi impedisca di concentrarvi.

Col passare degli anni tutto ciò diventa più difficile perché si va perdendo la capacità di privilegiare le sensazioni più importanti: si tende a prestare a tutto la stessa attenzione e a distrarsi più facilmente. Quando questo si associa a un'incapacità di rilassarsi sotto stress e a una ridotta attitudine a elaborare impressioni sensoriali dettagliate e precise, ne risulta una compromissione dell'attenzione e della concentrazione. I deficit dell'attenzione rendono ragione di circa il 50 per cento dei problemi di memoria. Potrete rimediare a questa difficoltà esercitandovi nell'attenzione selettiva e nella concentrazione e sviluppando di conseguenza nuove capacità di osservazione. "La capacità di concentrazione è acquisita, non innata" ci ricorda Francis Robinson.

Presa di coscienza delle emozioni

Nel capitolo 6 "Presa di coscienza delle sensazioni" avete appreso quanto sia importante concentrarsi sulle sensazioni come prima tappa per acquisire informazioni su qualche oggetto che susciti interesse. Invece di guardare un oggetto, ad esempio un quadro, in modo generico, senza rendervi conto dei processi che intanto si svolgono nella vostra mente, dovete prestare attenzione al modo in cui lo percepite. Chiedendovi di un determinato oggetto "Che effetto mi fa?", "Che profumo ha?", "Che gusto ha?", "Che suono ha?", la vostra percezione sarà più precisa. Quando considererete un oggetto da questo punto di vista, non lo vedrete passivamente, ma controllerete attivamente ciò che di esso è degno di essere notato e sarete perciò in grado di decidere se vale la pena registrarlo nella memoria a lungo termine.

Seguendo lo schema col quale la mente elabora l'informazione, sceglieremo di concentrarci su ciò che di quel dato oggetto *ci colpisce* di più. Questo approccio è fondato sulle impressioni: sono cioè le vostre impressioni personali che contano; in altri termini dovete assecondare con spontaneità l'istinto, identificare le caratteristiche specifiche che vi colpiscono in quell'oggetto e quindi analizzarle più a fondo. A questo punto avete già scelto di prestare attenzione ai sensi e all'aspetto dell'oggetto che più vi impressiona. Questo processo di soggettivizzazione vi aiuta a imprimere più efficacemente le informazioni nella memoria, in quanto ricordiamo meglio ciò che sentiamo più profondamente e che registriamo coscientemente come capace di suscitare in noi qualche impressione.

La tappa successiva consiste nel focalizzare l'attenzione sulle emozioni. Nel considerare un oggetto, cercate di prendere coscienza della sua valenza affettiva, cioè dell'effetto che esso produce in voi. Chiedetevi: "Lo trovo piacevole o spiacevole? irritante o tranquillizzante? provocante o indifferente? triste o gioioso? fonte di timore o di sicurezza? stimolante o noioso?" Riproiettate queste vostre risposte emotive sull'oggetto e riconsideratelo per alcuni secondi. Questo assicurerà una migliore registrazione.

Il professore Gordon Bower della Stanford University ha svolto indagini approfondite sui rapporti tra tono dell'umore e memoria. "L'umore ha un effetto diretto sulla scelta delle informazioni da rammentare e da giudicare... La memoria sembra dipendere dall'umore: se è orientato in senso negativo, aumenta la probabilità di richiamare ricordi altrettanto negativi''. Questo spiega i cicli di depressione nei quali un pensiero triste ne innesca un altro. Questo fenomeno può essere indotto coscientemente per controllare la rievocazione dei ricordi: ricatturando un generico stato emozionale (collera, gioia, eccitazione, dolore) si possono riportare alla mente ricordi specifici e dettagliati di cose memorizzate nello stesso ambito emozionale.

Presa di coscienza razionale

Ora invece considereremo l'oggetto (ad esempio un quadro) da un punto di vista razionale anziché emotivo. Una semplice strategia di organizzazione può aiutarci a focalizzare gli aspetti essenziali e significativi di un quadro.

1. Guardate il quadro nel suo insieme e identificatene il soggetto o il titolo: in altre parole catturatene il messaggio fondamentale.

2. Osservate la struttura del quadro. Guardate i colori, il primo piano e lo sfondo, l'esatta localizzazione del soggetto principale. In questo modo potrete memorizzare il soggetto nel suo contesto spaziale.

3. Selezionate gli elementi significativi che vi forniscono informazioni specifiche sul messaggio che il quadro vuole trasmettere. In questo modo passate a una tappa successiva zumando sui particolari. Commentando un vestito o una vettura che figurano nel quadro, memorizzate il soggetto nel suo ambiente temporale e vi rendete conto dello stile particolare di quell'artista, inteso come ''differenza dalla norma''. Questa tappa può essere più o meno elaborata a seconda di quanti dettagli volete memorizzare: è evidente che per apprendere nuovi elementi è necessaria una maggiore profondità di processazione.

Combinando tutte le vostre risorse, cioè i sensi, le emozioni e la razionalità, potrete raggiungere il massimo controllo del processo di registrazione, tenendo sempre presente che una buona memorizza-

Figura 7-1

Figura 7-2

zione è la chiave di un buon richiamo. Sta a voi decidere che cosa volete ricordare. Non appena avrete fatto questa scelta di base, seguite lo schema appena esposto, procedendo dalla presa di coscienza emozionale a quella razionale.

In un primo momento potrebbe sembrare complicato perché si tratta di analizzare differenti tappe che solitamente percepiamo come una singola operazione mentale, ma in realtà è piuttosto semplice: seguire questo schema richiederà poco tempo e vi darà grandi soddisfazioni; in sostanza, farete coscientemente ciò che è più efficace, invece di lasciare tutto al caso. Come Francis Robinson ci ricorda, "una persona è efficiente non per la sua forza di volontà... ma piuttosto perché ha sviluppato schemi o sequenze di attività divenute abituali". Con l'esercizio, pensare a nuove strategie diventerà per voi una seconda natura e resterete sorpresi dei vostri progressi.

Educazione all'osservazione mediante un quadro

Immaginate che la vostra mente sia una macchina fotografica a fuoco su differenti aspetti di una scena. Un grande fotografo deve prima avere coscienza delle sue sensazioni e in base a queste scegliere il soggetto che in lui desta il maggiore interesse. A questo punto le sue conoscenze tecniche gli consentono di scattare una fotografia che riflette quello che egli vede e sente. Ansel Adams disse una volta che una bella fotografia è quella che cattura lo stato d'animo dell'osservatore in quel particolare momento. E questo vale anche per la memoria: una buona memoria è quella che ricattura lo stato d'animo originale di un particolare momento.

Negli esercizi imparerete come migliorare la capacità di osservazione scegliendo una serie di quadri da osservare in maniera organizzata. Ho scelto due quadri di Edouard Manet: per esemplificare il metodo mi riferirò al ritratto di Emile Zola (Figura 7.1) e voi negli esercizi cercherete di applicare lo stesso metodo al celeberrimo *Olimpia* (Figura 7.2).

Analisi del quadro nel suo insieme

Guardate il quadro nel suo insieme e cercate di ricavarne un'impressione generale. Vi piace? Leggete il titolo e il nome del pittore che vi daranno un'idea generale dell'opera. Se già li conoscete, le vostre associazioni si aggiungeranno alle vostre osservazioni: considerate però questo fatto come qualcosa in più, non come una necessità. Osservate la struttura del dipinto, cioè il suo progetto. Qual è la figura centrale? Cosa c'è in primo piano? Considerate prima gli elementi essenziali: c'è un uomo seduto a una scrivania, probabilmente la sua come si può desumere dalla posizione comoda, rilassata; ha un'espressione pensosa e guarda alla sua destra. Ora considerate lo sfondo: sopra la scrivania, in alto a destra, si vedono alcuni quadretti in una cornice orizzontale. Un dipinto ritrae una donna nuda sdraiata su un divano; un altro, verticale, raffigura un guerriero giapponese. A sinistra, al di là della sedia dove è seduto Zola, c'è un pannello di un paravento giapponese decorato con un uccello e ramoscelli fioriti. A questo punto dovete visualizzare la struttura del quadro ad occhi chiusi: apprezzate come il pittore ha concepito il soggetto principale, inserendolo nel suo ambiente di lavoro? Osservate ora la luce: dove cade? quali elementi ne sono evidenziati? Cade proprio al centro del quadro, sulle pagine bianche del libro che Zola tiene in mano. Anche il viso e le mani sono compresi in questo immaginario cerchio di luce. Se avete a disposizione una stampa a colori del dipinto, guardate i colori: descriveteli e commentate l'effetto che suscitano in voi. Lo sfondo del quadro, gli arredi e il pavimento sono dominati da toni marrone scuro. Bianco e beige prevalgono nella zona illuminata, mentre nel pannello verticale prevale il giallo.

Analisi dei particolari: analisi soggettiva

Che cosa vi colpisce in questo ritratto? Analizzate quello che di esso vi attrae, concentrate l'attenzione su questo punto ed esaminatelo più dettagliatamente, senza porre limiti alla vostra osservazione personale: vi fermerete quando avrete afferrato tutti i particolari che in questo modo avrete memorizzato con precisione per un riferimento futuro.

Analisi dei particolari: analisi obiettiva

Se volete approfondire il vostro gusto artistico o se questo quadro vi piace particolarmente e volete memorizzarlo il più dettagliatamente possibile, perché, seguendo Keats, "una bella cosa è una gioia infinita", procedete a un'analisi ancora più approfondita. Esaminate prima la figura centrale, poi il primo piano e da ultimo lo sfondo. Zola indossa una giacca scura e una camicia bianca (di questa si vedono solo i polsini con i gemelli d'oro). I pantaloni sono di un grigio verdastro con una banda nera di lato alla moda dell'epoca (lo stesso colore ritorna nella scrivania, nel paravento e nei quadri). Zola sembra a suo agio nel suo elegante studiolo. È seduto su una sedia imbottita ricoperta di un tessuto prezioso, con i braccioli e lo schienale decorati con borchie di ottone. E come è seduto? Una mano è poggiata sulla gamba accavallata, mentre l'altra tiene un libro. Lo sguardo segue la sua posizione di profilo verso la destra. Zola è pensoso. Sulla scrivania ci sono alcuni libri, un fascicolo intitolato *Manet* e una penna in un calamaio di porcellana. Ora fermatevi un istante e riflettete: siate recettivi alle vostre reazioni e osservazioni. Soffermatevi su di esse per una migliore memorizzazione.

Avete notato i numerosi riferimenti a Manet? Uno schizzo della sua *Olimpia* e il suo nome sulla copertina di un libro distolgono l'attenzione da Zola. Non ci troviamo di fronte a un ritratto convenzionale con uno sfondo vuoto: sebbene per il fondo siano stati scelti colori scuri per mettere meglio in evidenza il viso, alla maniera classica dei pittori olandesi, questo ritratto è molto vivo. Rivela l'amicizia tra Manet e Zola, che si difendevano vicendevolmente dai critici. Quest'opera fu infatti criticata alla sua apparizione, in quanto è l'affermazione di una nuova estetica più personale.

Sintesi

Che cosa emerge da tutto ciò? Quale stato d'animo esprime questo dipinto? Cercate di arrivare a una sintesi personale delle vostre osservazioni emotive e razionali. Combinate le vostre impressioni con l'analisi minuziosa dei particolari. Che cosa vi ha colpito? Che cosa vi piace di più? Che cosa vorreste ritenere di questo quadro?

Ora chiudete gli occhi e visualizzatelo. Prendete nota degli elementi che rimangono chiari nella vostra mente: questo è ciò che avete registrato con attenzione e consapevolezza. Di questo quadro così ricostruito conserverete una copia nella memoria. Può darsi che col tempo questa tenda a sfumarsi: perciò fatela nitida, viva e indimenticabile. E di tanto in tanto rivedetela nella vostra mente.

Come applicare la presa di coscienza alla vita quotidiana

Nella sezione precedente abbiamo preso come esempio pratico di osservazione un singolo quadro. È ovvio che questo metodo fondamentale può essere applicato a qualsiasi cosa vogliate ricordare: un film, uno spettacolo, un episodio della vita di tutti i giorni, una conversazione, un incidente, qualcosa che vi è capitato in un negozio e così via. I principi che avete appreso con questo esempio sono applicabili in termini generali: con l'esercizio svilupperete la vostra capacità di osservazione in modo tale da ricordare, dovunque e in qualsiasi circostanza, quello che considerate veramente importante e acquisirete anche riflessi condizionati efficienti che favoriranno le vostre capacità mnemoniche.

Se richiesti, diventerete testimoni oculari affidabili. Ogniqualvolta vi concentrerete su un'analisi razionale, dovrete focalizzare l'attenzione su aspetti obiettivi (dimensioni, forma, colore, profumo, suono) e sul contesto ambientale. Questi dettagli sono essenziali per identificare oggetti perduti, o delinquenti, ma anche per stabilire chi era in torto in un incidente automobilistico. D'altra parte, i racconti dei testimoni oculari sono spesso in contrasto tra loro e quindi inaffidabili per il semplice motivo che la maggior parte delle persone non registra coscientemente ciò che vede: non analizza una situazione sistematicamente e in modo distaccato ma si fida di processi inconsci, che spesso distorcono la percezione della realtà. Se invece avete uno spirito curioso, vi interrogherete e la vostra mente si troverà a lavorare a un livello cosciente. Sarete allora più inclini a una valutazione obiettiva dei fatti, che però terrà conto anche dei vostri pregiudizi personali: è noto che i preconcetti influenzano giudizi e ricordi. Prove su testimoni oculari effettuate negli Stati Uniti hanno dimostrato che la gente distorce inconsciamente quello che effettivamente vede. In uno di questi esperimenti a un certo numero di persone di diverse razze sono stati mostrati film che riproducevano scee di aggressioni, metà commesse da bianchi e metà da uomini di olore: la media dei soggetti riportò che l'80 per cento delle aggressioni erano state commesse da uomini di colore[1].

Prendete l'abitudine di porre più attenzione a ciò che avviene intorno a voi. Fate come se fosse un gioco e sarà anche divertente. Immaginate di essere un detective incaricato di studiare il comportamento della gente che avvicinate o uno studioso del genere umano e ella natura. Shakespeare scrisse: "Il mondo è un palcoscenico", ed vero. Cercate di guardare intorno a voi con gli occhi di un regista. Dovete solo acuire la vostra capacità di osservazione: ne potete ricavare un nuovo passatempo e nuove scoperte. La fotografia, la pittura, il disegno, la scrittura e tutte le altre attività creative poggiano ull'osservazione cosciente e minuziosa. I mezzi di espressione sono trumenti tecnici che verranno in un secondo tempo, quando sarete maggiormente interessati a un particolare settore e avrete acquistato maggiore fiducia in voi stessi. Ma la chiave della creazione artistica , come diceva Leonardo da Vinci, "saper vedere".

Allenatevi a guardare gli oggetti: è una cosa facile a farsi quando ndate a fare spese. Nei supermercati leggete le etichette. Rendetevi onto di che cosa vi colpisce: dei vari articoli vi piace la confezione, colore, la figura sulla scatola? Passate da una presa di coscienza motiva a una razionale, analizzando da un lato la presentazione del rodotto e dall'altro il suo contenuto, fino a che non sarete soddisfatti della scelta. Nei grandi magazzini osservate attentamente gli rticoli che intendete acquistare. Se vi provate qualche capo di vestiario, guardate come vi sta e poi analizzatelo nei particolari: controllate se ci sono difetti, se il motivo della decorazione è ben accostato a livello delle cuciture e così via. Siate sistematici, esaminate il capo di sopra e di sotto, osservando via via le singole parti. Diventerete un migliore acquirente, vi farete imbrogliare di meno e risparmierete il fastidio di tornare a farvelo cambiare. Oltre a tutto il resto, potreste risparmiare chiedendo sconti sui capi nei quali abbiate trovato piccoli difetti.

[1] Questo rispecchia la prova statistica a tutti nota: l'80 per cento dei crimini è effettivamente commesso dalla gente di colore (i poveri) nei quartieri a basso reddito. Questa informazione è all'origine della falsa percezione e in parte aiuta a spiegare il pregiudizio. (N.d.A.).

OBIETTIVO QUOTIDIANO. Osservate un oggetto che attragga la vostra attenzione. Scegliete qualcosa di gradevole, o perché bello o perché divertente: fate insomma una scelta positiva. Ad esempio, ogni volta che fate visita agli amici, cercate di notare qualche oggetto nella loro casa e osservatelo attentamente. Tornati a casa, cercate di visualizzarlo e prendetene nota (ad esempio, nella vostra agenda). La descrizione dell'oggetto deve essere la più dettagliata possibile. Ritornateci sopra con i vostri amici alla prima occasione e vedrete che vi saranno grati di questa vostra attenzione.

Gli esercizi di questo capitolo possono essere applicati pressoché a qualsiasi oggetto. Prendete l'abitudine di confrontare quello che vedete: sarà un punto di partenza per riflessioni sull'arte, sulla cultura, sulla personalità, sull'originalità, su tutto ciò che rende interessante la vita. Quando vogliamo riunificare abbiamo la tendenza a ricercare i punti comuni. Mettere l'accento su ciò che le persone hanno in comune porta a minimizzare le diversità che le distinguono; invece, quando siamo interessati a un determinato individuo, andiamo cercando proprio le differenze. Talvolta queste diversità diventano stereotipe, come quando si identificano in caratteristiche nazionali, razziali, sessuali. Giocando su queste similitudini e diversità e mantenendo desta la nostra attenzione, possiamo evitare gli eccessi che ci derivano dai preconcetti. Poiché tutti noi abbiamo molte cose in comune, dobbiamo imparare a convivere con le nostre singolarità e anche ad apprezzarle. Fortunatamente viviamo in una società libera, nella quale le differenze sono tollerate, quando non incoraggiate. Poiché evidenziare le differenze aiuta la memoria, questo rappresenta già un vantaggio.

Sintesi rapida

Per acquisire il pieno controllo della registrazione dei ricordi, dobbiamo essere coscienti di *quello* che percepiamo, di *come* lo percepiamo, dell'*effetto* che questa percezione ha su di noi.

L'attenzione selettiva, che vi permette di focalizzare coscientemente l'attenzione sugli oggetti degni di una memorizzazione, richiede una presa di coscienza emozionale e razionale. Nel processo di attenzione selettiva sono coinvolti i seguenti elementi:

1. I *sensi*: come percepite l'oggetto?
2. L'*aspetto essenziale*: che cosa vi colpisce dell'oggetto?
3. Le vostre *emozioni*: che effetto ha su di voi questo oggetto?
4. Il vostro *intelletto*: ricercate i seguenti elementi:
   — il *messaggio principale*: il soggetto
   — la *struttura dell'oggetto*: il suo progetto
   — gli *elementi significativi*: i dettagli che illustrano il messaggio.

Qualunque cosa guardiate, ponetevi due interrogativi fondamentali: "Mi piace o no?" e "Che cosa mi piace e che cosa non mi piace?". La risposta a questi quesiti vi permetterà di processare il materiale in maniera più approfondita.

Analisi di un quadro: selezionare prima l'insieme, poi i dettagli

Prima di passare all'esercizio 1, potreste andare a rivedere la sezione "Educazione all'osservazione mediante un quadro".

Esercizio 1. *Olimpia*

Guardate innanzitutto il quadro nel suo insieme e identificatene soggetto, ambientazione e struttura. In un secondo tempo, lasciatevi guidare dagli elementi che vi colpiscono o che comunque attirano il vostro interesse: concentratevi solo su questi e analizzateli in dettaglio. Terzo, analizzate il quadro sistematicamente, cominciando con il soggetto centrale, spostandovi poi a esaminare il primo piano e lo sfondo. Percorrete il quadro in su e in giù, registrando un numero sempre maggiore di dettagli. Quando avrete bene in mente il quadro nel suo insieme, fate qualche riflessione personale. Afferrate tutte le associazioni che vi vengono alla mente, siate ricettivi allo stato d'animo che lo pervade, al colore, alla struttura e alle vostre stesse reazioni; soffermatevi sulle caratteristiche dello stile dell'artista, per esempio, sulla pennellata, sull'uso del colore (se possibile) e sui soggetti favoriti. Tutte queste operazioni mentali vi garantiscono un'efficace processazione dell'informazione per una ritenzione a lungo termine. Per ottenere risultati ancora migliori, riesaminate più volte il quadro.

Dovreste così riuscire a scoprire perché *Olimpia* fu così criticato nell'Ottocento. Guardate, analizzate le vostre sensazioni e riflettete. Quando avrete appreso come analizzare un quadro, apprezzerete molto di più quello che vedrete nelle vetrine, nei negozi, nelle sale d'aspetto, nelle case dei vostri amici e soprattutto nelle mostre. Da uno studio sulla durata dell'attenzione della gente in un museo è risultato che il visitatore medio spende solo 6 secondi per guardare un dipinto: questa occhiata fugace non basta certo a lasciare un'impronta nella mente. Quello che si vede senza osservare realmente lo si ricorda solo vagamente; non c'è da stupirsi se la gente ricorda così poco: fa così poco per ricordare! Al contrario gli amanti dell'arte, gli artisti e gli osservatori curiosi impiegano molto tempo per memorizzare ciò che li interessa, analizzando in maniera organizzata. Anche voi potete fare lo stesso, migliorando così la qualità della vita e della memoria. Oggi *Olimpia*, domani il mondo intero!

Esercizio 2. I particolari e l'insieme

Studiate con questa tecnica alcune illustrazioni a vostra scelta. Andate in biblioteca e cercate un libro sul vostro soggetto preferito: gatti selvatici, farfalle, alberi, pesci, paesaggi, fiori, ritratti, aeroplani, insomma quello che vi pare; cercate di ricordare le relative illustrazioni qualche ora più tardi o il giorno dopo. Descrivete prima le figure nel loro insieme, poi nei dettagli. Verificate la vostra descrizione tornandoci sopra (se poi la metterete per iscritto, noterete un numero maggiore di dettagli).

Esercizio 3. Vedere vs. osservare

Dividete un foglio di carta in due colonne, una per le illustrazioni che osserverete attentamente e una per quelle che guarderete solo superficialmente. Scegliete da un libro, da una rivista o da un catalogo un certo numero di illustrazioni di vostro gusto, cinque da osservare con attenzione e cinque da guardare appena. Cominciate con illustrazioni che pensate di conoscere per averle viste tante volte, come la Gioconda o la pubblicità delle Marlboro. Date un titolo a ciascuna e scrivetelo in una delle due colonne. Descrivete ogni illustrazione. Qualche ora più tardi cercate di ricordarle. Su un foglio di carta simile a quello di prima scrivete ciò che ricordate e confrontate la qualità del vostro richiamo per le illustrazioni che avete osservato attentamente e per quelle che avete guardato solo superficialmente: vi convincerete che il richiamo è veramente una funzione della qualità dell'osservazione.

Confronti: analisi delle differenze con scelta di un tema

Fare dei confronti stimola la memoria. Naturalmente, per confrontare bisogna avere una buona conoscenza di base di almeno una delle cose da confrontare. Studiare la relazione tra due cose ci riporta alla mente associazioni personali. Supponiamo, ad esempio, che stiate guardando dei libri sui gatti perché siete un amico di questi animali (forse siete alla ricerca del vostro gatto ideale). Il vostro gatto, o comunque un gatto che conoscete, vi servirà come riferimento standard per confrontare gli altri in termini sia di caratteristiche fisiche che di comportamento. Può darsi che non abbiate mai osservato molto attentamente il vostro gatto: questi esercizi vi stimoleranno a farlo. Vi renderete conto allora, studiando gli altri gatti, degli aspetti peculiari del vostro e dei suoi particolari comportamenti. Naturalmente, dovrete analizzare e classificare: questo consoliderà la vostra conoscenza del soggetto e vi farà forse apprezzare di più il vostro animale.

Esercizio 1. Differenze nell'ambito di un tema

Prima di tutto scegliamo un tema, un soggetto comune, e vediamo come venga trattato in modi diversi in quadri di artisti con differenti personalità e appartenenti a differenti ambiti culturali. Ognuno di noi conosce, ad esempio, le caratteristiche del corpo femminile, uno dei soggetti preferiti da pittori, scultori, fotografi e registi. Vi consiglio quindi di studiare il modo in cui esso è stato rappresentato da alcuni grandi artisti di epoche e paesi diversi.

Andate in biblioteca e scegliete uno o più libri su questo soggetto. Studiate prima le raffigurazioni, una per una, ricercando le differenze di espressione, stati d'animo, forme, proporzioni, sfondo.

Quindi passate a esaminare i particolari del viso, dei capelli, del corpo, dell'abbigliamento e così via. Infine date uno sguardo generale a tutte le raffigurazioni e confrontatele (il modo più facile di procedere è di confrontarle a due a due). Quando avete finito la vostra analisi, rispondete alle seguenti domande:

— Qual era l'ideale della bellezza femminile nelle diverse epoche e nei diversi paesi? Descrivete le caratteristiche di queste donne ideali e come esse differiscono tra loro. Soffermatevi soprattutto sulle espressioni, perché riflettono più fedelmente sentimenti profondi e caratteristiche culturali.
— Che differenza c'è a questo riguardo tra arte classica e arte moderna?
— Quali raffigurazioni vi piacciono di più? Perché? Che effetto hanno su di voi?
— Avete appreso qualcosa di nuovo sulla donna, sull'uomo, sulle differenti culture, su voi stessi?

Per esercitarvi ulteriormente potete scegliere qualsiasi soggetto di vostro gusto e confrontare i differenti stili, ad esempio dipinti di Madonne, di bambini, di paesaggi, nature morte.

Esercizio 2. Fiori: analisi e confronti

Scegliete alcuni fiori, familiari o esotici: una passeggiata in primavera è l'ideale per osservarli sui loro steli, ma anche nelle biblioteche si trovano facilmente libri con bellissime fotografie. L'ideale sarebbe confrontare la realtà con la riproduzione e quindi prendere in considerazione dipinti, stoffe o qualsiasi altro oggetto decorato con motivi floreali. Qui vi darò qualche suggerimento ricorrendo a uno dei miei fiori preferiti: siete capaci di descrivere e di disegnare un iris? Conoscerete sicuramente questo fiore, ma probabilmente non sapreste dire quanti petali ha, come sono disposti, in che punto si mescolano i colori, dove e come il fiore si innesta sullo stelo. Ovviamente, se siete un artista che si dedica ai fiori, avrete passato tanto tempo a osservarli, a disegnarli, a dipingerli. Oggi quasi tutti gli artisti dipingono dal vero, ma prima del diciannovesimo secolo tutti i pittori dipingevano paesaggi nel loro studio, fidandosi della memoria.

Prima di tutto, se possibile, studiate attentamente un iris vero (scoprirete, come accadde a me quando visitai un vivaio specializzato, che ce ne sono moltissime varietà, alcune più grandi, altre più piccole, alcune con lunghi petali ricurvi e altre bicolori; alcune varietà hanno un profumo squisito). È importante che conosciate bene i fiori veri per apprezzare le differenze nell'arte di dipingerli. Un fiore è definito da poche linee, curve e sfumature di colore, e sono questi gli elementi che dovete ricercare nell'interpretazione che ne dà un artista in quanto sono l'essenza e la chiave della sua identificazione. Ora analizzate la riproduzione di un iris, procedendo dalla presa di coscienza emotiva all'analisi razionale. Ponetevi domande e cercate di rispondere correttamente. Poi guardate un'altra riproduzione di un iris e confrontatela con la prima, prendendo nota delle somiglianze e delle differenze, concentrandovi però maggiormente su queste ultime. Fate lo stesso con altre illustrazioni della stessa specie di fiori. Infine cercate di ricordare i diversi fiori, visualizzandoli più dettagliatamente che potete. Mettete per iscritto le caratteristiche di ciascuno: resterete stupiti di quanto un'accurata osservazione vi possa insegnare sull'arte e sulla natura.

Confronti: analisi delle somiglianze o punti comuni

I cataloghi d'arte sono un materiale ideale sul quale esercitare le vostre capacità di osservazione.

Esercizio 1. Catalogo di una mostra

Innanzitutto, *analizzate* le riproduzioni degli oggetti esposti. *Confrontate* tutti gli oggetti che potete raggruppare in categorie, come mobili, gioielli, sculture, dipinti e tessuti. Cercate le somiglianze e commentate le varie opere d'arte. Quali motivi decorativi e quali forme sono comuni alla cultura cui è dedicata questa mostra? Potrebbero avere un significato simbolico come il gatto nell'antico Egitto? L'osservazione potrà stimolarvi ad approfondire la conoscenza di quel particolare soggetto.

Esercizio 2. Dipinti di vostro gusto

Singoli artisti. Scegliete una mostra o un libro d'arte dedicati a qualche pittore famoso. Osservate vari quadri e analizzateli attentamente alla ricerca degli elementi comuni. C'è un soggetto o un tema caro a quel pittore? Come potreste descrivere i suoi dipinti? Commentate i colori, i materiali, la struttura, l'espressione, il sentimento.

Scuole. Scegliete un gruppo di pittori legati tra loro da affinità e confrontateli. Cercate i punti di contatto, ma anche le diversità. Potreste studiare, ad esempio, gli impressionisti, i maestri classici olandesi, italiani o spagnoli, i surrealisti, i cubisti, gli espressionisti, i naif: come vedete, non avete che da scegliere.

Confrontare soggetti simili per differenziarli

Cercate una serie di quadri sullo stesso soggetto (per esempio, autoritratti o le diverse edizioni delle ninfee di Monet). A prima vista tutti questi quadri sembrano simili e dovete esaminarli attentamente per trovare le differenze. Nei miei seminari sono solita usare diapositive della *Dama con l'unicorno*, una serie di sei arazzi francesi del quindicesimo secolo. Sono l'ideale per questo esercizio per la ricchezza dei motivi: la dama, l'unicorno, la flora e la fauna della Francia medioevale. Vi è ingegnosamente rappresentato il tema dei cinque sensi e gli arazzi possono essere differenziati identificando i particolari che rappresentano i sensi, per esempio lo specchio che rappresenta la vista. Li potete trovare al Museo di Cluny a Parigi o su qualche libro.

Esercizio 1. Punti comuni e differenze

Analizzate diversi quadri di una serie, cercando dapprima gli elementi comuni. Procedete sistematicamente dall'insieme ai particolari, quindi tornateci sopra cercando le differenze. Esaminate similitudini e differenze e traetene le vostre conclusioni personali.

Esercizio 2. Presa di coscienza sensoriale e osservazione

Per ciascuna delle seguenti voci, utilizzate tante modalità sensoriali quante sono pertinenti al soggetto.

1. *Frutti*. Scegliete un frutto e analizzatelo seguendo lo schema che

ormai avrete appreso dalla lettura di questo capitolo. Fate lo stesso con altri frutti della stessa famiglia e confrontateli tra loro, analizzando ciò che essi hanno in comune e quello che è invece specifico di ciascuno. Ecco qualche esempio di varietà diverse dello stesso frutto: Mele: Delicious, Golden, Renette, Cotogne. Uve: Moscato, Regina, Italia, Pizzutello, Fragola.

2. *Fiori e piante.* Fate lo stesso con fiori e piante a vostra scelta. Analizzate diverse varietà di rose, tulipani, dalie, glicini, bougainville, orchidee, violette, margherite, cactus, felci, ecc.

3. *Alberi.* Studiatene:

— la forma e la struttura

— il tronco

— le foglie

— il frutto, se c'è.

4. *Animali:* differenti razze di cani, gatti, uccelli.

5. *Miscellanee*: ad esempio, lampade, soprammobili, ecc.

6. *Poster*, cartelloni pubblicitari, pubblicità su riviste di prodotti particolari, per esempio di orologi, di automobili, di vini e liquori.

7. *Ambienti cittadini*, ad esempio strade, parchi, centri commerciali, negozi.

8. *Persone*: osservate visi, voci, portamento, abitudini, modo di parlare, ecc.

9. *Musica*: potete imparare da soli ad ascoltare meglio, analizzando i brani musicali che più vi piacciono. Ad esempio, prendete una canzone da un disco o da un nastro e chiedetevi:

— Chi è il cantante? Come si può definire la sua voce? dolce o rauca? Qual è la sua estensione? più nel registro alto o nel grave? Com'è il suo stile? spontaneo, semplice, senza fioriture o ricercato, stilizzato, romantico, ironico, lirico? Il cantante cerca di affermare uno stile personale? Che genere di canzoni predilige?

— E gli strumenti? Che strumenti l'accompagnano? Analizzate le caratteristiche del loro suono (per esempio il sassofono ha un timbro molto sensuale, il flauto gaio e malizioso).

— E il ritmo? è svelto o lento? semplice o complesso? è facile seguirlo battendo il tempo? Vi fa venire voglia di ballare o di starvene sdraiati?

— Che stato d'animo vi trasmette questa musica?

— Cercate di seguire separatamente la melodia e l'accompagnamento nei due diffusori del vostro impianto stereo.

10. *Formaggi e vini*: sviluppate il vostro gusto assaggiando e analizzando differenti qualità di formaggio, cominciando con i più dolci e finendo con i più forti. Cercate di accoppiare le diverse qualità di formaggio con i tipi più adatti di vino rosso e di armonizzare i sapori e gli aromi nel modo più appropriato. Se volete migliorare le vostre prestazioni di degustatori di vini, assaggiatene molti seguendo la stessa regola: cominciate con quelli leggeri e procedete con quelli più corposi. Analizzateli singolarmente e confrontateli tra loro per apprezzarne meglio le caratteristiche specifiche. Provate vini diversi con i diversi cibi e andate alla ricerca di gusti complementari.

Esercizio 3. Differenze nei particolari

Immaginate di voler cambiare la tappezzeria della vostra casa o di dovere scegliere l'arredamento: per esempio, confrontate tra loro seggiole della stessa fabbrica, simili tra loro o differenti. Procedete dal generale al particolare: dalla forma, linea, proporzioni, comodità ai particolari come la forma delle gambe o dello schienale, le rifiniture, ecc.

PARTE TERZA

COME MIGLIORARE L'ORGANIZZAZIONE

CAPITOLO 8

TECNICHE DI ASSOCIAZIONE

"La mente umana è più intuitiva che logica e comprende più cose di quante non riesca a coordinarne"

Vauvenargues (1746)

Il Dizionario Zingarelli definisce come "associazione" la "relazione funzionale tra fenomeni psicologici stabilita nel corso dell'esperienza individuale e tale che la presenza di uno tende a evocare l'altro". Più semplicemente il *Webster Dictionary* la definisce come "il processo con cui si formano connessioni mentali tra sensazioni, idee o ricordi". In risposta a stimoli di ogni tipo si verifica nella mente un flusso costante di associazioni inconsuete. Le associazioni sono molto importanti in tutti i processi di apprendimento: una cosa ne richiama un'altra e sono proprio le associazioni che aiutano a organizzare il nuovo materiale nelle maniere più varie. A seconda di come formiamo associazioni, possiamo rendere il richiamo più o meno facile. Gli psicologi Morris N. Young e Walter B. Gibson, seguendo la teoria generale della memoria naturale e artificiale, sottolineano che "nella memoria naturale le associazioni sono logiche...; se vengono a mancare le associazioni naturali e logiche, possono subentrare quelle non naturali, illogiche, come supporti artificiali della memoria". Questa è la base dei procedimenti mnemotecnici, sussidi artificiali per facilitare la rievocazione.

In genere le associazioni ci riportano i ricordi senza nessuno sforzo, processo noto come memoria involontaria. Qualcosa — un suono, un sapore, un particolare visivo — risveglia in noi una reminiscenza. Di solito ricordiamo una similitudine o una differenza: quando incontriamo qualcuno cerchiamo un punto di comune interesse; quando leggiamo un romanzo notiamo alcuni elementi comuni a quel tipo di letteratura: il soggetto, la storia, i personaggi e la trama. Ci può allora venire in mente un particolare personaggio che compare in un altro romanzo che abbiamo letto o una situazione analoga occorsa nella nostra stessa vita. La grande letteratura ci tocca individualmente, tanto che possiamo godere della fantasia creatrice dell'autore e al tempo stesso trovare riferimenti con la nostra storia personale. Tutti abbiamo un po' di Giulietta e di Romeo dentro di noi e non solo perché ci innamoriamo, ma anche perché spesso siamo frustrati dal modo in cui la società e la famiglia creano ostacoli ai nostri desideri. Molti colgono come prima cosa in un romanzo quello che loro stessi hanno in comune con i personaggi. Invece i critici letterari o quelli cinematografici e le persone dotate di spirito critico ricercano quello che c'è di originale, in altri termini di diverso. Cercano di definire lo "stile" di un artista o di uno scrittore, cioè come egli esprime in maniera speciale, individuale, sentimenti e idee che pure sono comuni a tutti. Ad esempio, Charlie Chaplin e Buster Keaton hanno due modi molto differenti di esprimere la tristezza o la gioia e infatti ci toccano in modo diverso.

Le personalità creative ricercano sempre le associazioni. La loro mente è in continua attività e si serve delle prime associazioni come stimolo per evocarne altre. Il poeta francese Valéry scrisse un saggio molto originale sulla creatività con lo scopo di demistificare il concetto di "ispirazione". L'ispirazione è la prima associazione che si presenta inaspettatamente e senza sforzo alla mente del poeta; tuttavia è soltanto il punto di partenza del poema. Se a questo punto il poeta non andrà alla ricerca di altre associazioni, avrà un bel verso, ma non un poema. È l'artificio che trasforma le idee in creazione artistica e comporta la ricerca di associazioni fascinose e la creazione di metafore originali (le immagini poetiche), di rime, di ritmi e così via.

Le associazioni hanno interessato per secoli anche i filosofi. Aristotele, fondatore dell'"associazionismo", fu il primo a distinguere tra associazioni volontarie e involontarie. Nel diciottesimo secolo David Hume osservò che non abbiamo nessun controllo sulle associazioni involontarie, in quanto queste dipendono da coincidenze esteriori. Nessuno decide di inciampare su un pavimento sconnesso ma, se ci capita, può innescare un'associazione o il ricordo di una sensazione analoga già provata in un altro luogo specifico.

All'inizio del secolo Ebbinghaus passò la vita ad analizzare le associazioni, specialmente quelle per "contiguità", cioè collegate in una sequenza; vi torneremo tra breve. Più recentemente Carl Jung ha studiato a fondo le associazioni che ricorrono nei sogni. Nella psicoanalisi si invita il soggetto ad associare liberamente, in modo da rievocare ricordi che sono stati sottoposti a censura e sepolti nell'inconscio.

Come fa notare A. Leontiev nel suo libro *Lo sviluppo della memoria*, quando diciamo "Questo mi ricorda..." riconosciamo implicitamente che prima si è formata un'associazione che ha poi innescato una sequenza di pensieri. Quando invece diciamo "Mi ricordo che...", è il pensiero che si è formato per primo e ha innescato una serie di associazioni. Nel primo caso il pensiero segue un'associazione involontaria, nel secondo pensiamo e andiamo alla ricerca di associazioni in modo cosciente, volontario.

È interessante definire i diversi tipi di associazione. Quelle che si presentano liberamente, per coincidenza, sono imprevedibili: si può trattare di un'associazione fonetica, di un suono che ce ne ricorda un altro che ha però un significato diverso in un altro contesto o in un'altra lingua. Ad esempio, "gateau" ("dolce" in francese) ha un suono quasi identico a "gato" ("gatto" in spagnolo), il che fece dire una volta a una bambina francese di cinque anni: "Maria (la baby-sitter spagnola) è matta: mi mostra il gatto e mi dice che è un dolce".

Alcune associazioni sono facili da rintracciare per motivi di contiguità; si basano su una relazione causa-effetto e sono molto comuni e facili da rintracciare attraverso una sequenza di associazioni logiche. Ivanov cita l'esempio di Sherlock Holmes che cerca di indovinare quello che il suo amico Watson sta pensando: rintraccia una catena di associazioni per contiguità, in cui un'idea suscita la successiva nel contesto di quella particolare situazione; essendo questa precisa e limitata, anche le possibilità di associazione lo sono. Quando si cerca di risolvere un mistero si cercano connessioni logiche (motivazioni, opportunità, capacità). Quando parlate con qualcuno su di un argomento sul quale entrambi avete riflettuto a lungo, è molto probabile che arriviate alle stesse associazioni, sperimentando quella che potrebbe sembrare una forma di telepatia: "Oh, ma è proprio quello che stavo pensando anch'io. Che strano!". Mentre non è affatto strano, come sottolinea Ivanov. Ovviamente queste associazioni sono piuttosto differenti da quelle spontanee che abbiamo menzionato prima.

Poiché le associazioni rinforzano la memoria a un livello inconscio, è ragionevole ammettere che possano farlo anche a livello cosciente; in altre parole, creando associazioni coscienti e ricercandole per ragioni specifiche, realizziamo un controllo sulla registrazione dei ricordi e miglioriamo le possibilità di richiamo attraverso il potenziamento delle connessioni mentali. Intessendo una larga rete di associazioni, ampliamo il contesto dei ricordi, aumentando le probabilità di afferrare un maggior numero di suggerimenti e di risvegliare un maggior numero di ricordi. L'organizzazione delle associazioni è la chiave di una ritenzione efficace: ricercare associazioni, o anche soltanto prenderne coscienza, diventerà un gioco dal quale la vostra memoria trarrà profitto.

I metodi fondamentali dell'analisi e dell'associazione possono essere applicati all'apprendimento di liste, metodo semplice per misurare la memoria, come gli psicologi sanno da molti anni. L'apprendimento di liste può essere un cimento mnesico diretto a illustrarne la tecnica e a mostrarne l'efficacia, ma può essere anche una maniera pratica di comportarsi nella vita quotidiana. È certamente desiderabile cavarsela nella vita di tutti i giorni senza liste scritte su pezzetti di carta che regolarmente si perdono o si dimenticano in qualche posto. Continuerete a compilare elenchi di cose da fare, ma ne dipenderete sempre meno. Metteteveli in tasca, ma più che altro per sentirvi sicuri e per mettere alla prova la vostra memoria. Affidandovi continuamente ad appunti ed elenchi, finite col non far lavorare più la memoria.

Per ricordare un elenco dobbiamo analizzarne gli elementi ed elaborare associazioni utili. Quando analizziamo un oggetto, possiamo osservarlo da diversi punti di vista.

1. Il *pensiero analogico* mette l'accento sulle somiglianze tra gli oggetti. Analogia significa somiglianza, stabilita dall'immaginazio-

ne, tra due o più oggetti di costituzione o di significato sostanzialmente differenti. Per esempio, "quella donna mi ricorda mia sorella Maria perché tutte e due hanno gli occhi azzurri".

2. Il *pensiero differenziale* mette in evidenza le differenze tra oggetti confrontati, fino all'opposizione. Per esempio "ricordo il nome del signor Neri perché ha i capelli così bianchi...".

3. Il *pensiero categorico* è quello che raggruppa gli oggetti o le idee in categorie. La "classificazione" è la maniera naturale di organizzare i pensieri e l'"accoppiamento" è la sua forma più semplice. Calze e scarpe, vetro e bottiglia si accordano bene.

Tutti questi modi di pensare sono complementari e possono essere utilizzati insieme ai fini di una migliore ritenzione. Kenneth Highbee riferisce un aumento dal 19 al 65 per cento del richiamo di liste quando si usa la tecnica della catalogazione. Qualsiasi categoria o associazione è meglio di niente; una maggiore organizzazione garantisce un migliore richiamo. Se pensiamo attraverso l'elaborazione di associazioni, il processo può essere reso ancora più efficace da una visualizzazione cosciente. Per esempio, ecco una lista di cose da fare:

Imbucare una lettera

Andare in banca

Andare dal parrucchiere

Fare affilare le forbici

Le voci si possono appaiare così: imbucare e andare in banca (c'è una cassetta delle lettere di fronte alla banca); parrucchiere e forbici (il parrucchiere si serve delle forbici per lavorare).

Il raggruppamento di differenti voci induce a creare un'associazione e l'associazione di un'immagine porterà a visualizzarla. Infine potete rinforzare ulteriormente l'associazione usando l'immaginazione.

Lettera e banca: immaginate di imbucare il libretto degli assegni nella cassetta delle lettere e di esibire la vostra lettera allo sportello della banca. Questa immagine tragicomica associa la lettera alla banca pur tenendo separate le due operazioni. L'analogia risiede in questo caso nella vicinanza topografica.

Parrucchiere e forbici: immaginate il parrucchiere che vi taglia i capelli con le vostre forbici da affilare. Che immagine tragica!

Con l'esercizio elaborare associazioni diventerà una seconda natura. Raggruppare le voci, contarle, ricercare associazioni di immagini con l'aiuto di analogie, di differenze, di opposizioni e della vostra immaginazione faciliterà notevolmente la memorizzazione di liste.

Il principio dell'associazione di immagini può essere applicato nel modo seguente. Nel momento della memorizzazione, prima mettete a fuoco l'oggetto da ricordare (per esempio le chiavi); secondo, visualizzatelo nel posto dove volete metterlo (per esempio vicino al telefono); terzo, osservate come l'oggetto si trovi in quel posto. Nel momento del richiamo le chiavi e il telefono vi compariranno davanti come una sola immagine. Del resto, è quello che facciamo spontaneamente quando ricordiamo dove abbiamo messo qualche cosa: la "vediamo là". Facendo tutto ciò coscientemente, non dimenticherete più tanto spesso le cose qua e là.

Categorie e principi generali

La ricerca di categorie vi aiuterà a ricordare istruzioni, ricette e altri procedimenti: afferrarne il principio è la chiave per un efficace apprendimento. Cucinare, per fare un esempio, può diventare un piacere una volta che siate padroni dei principi basilari della buona cucina.

Per ricordarvi come si prepara una buona salsa all'acetosella, pensate ai diversi tipi di salsa: besciamella o maionese, alla panna o glassata. In quale categoria rientra la salsa all'acetosella? Pensate al principio di una besciamella: si comincia con un impasto di farina e di burro, mescolati a caldo fino all'ebollizione e fino alla comparsa di un colore dorato (segno che la farina è cotta). A questa crema che va ispessendosi si aggiunge un po' di liquido (in questo caso di pesce in scatola, perché la salsa è destinata ad accompagnarsi al salmone). All'ultimo momento, quando la salsa è stata portata alla consistenza desiderata, si aggiunge un po' di panna per renderla più liscia. Ora, se nell'ideare una nuova ricetta avrete ben chiari in mente principi e categorie, dovrete solo imparare i differenti ingredienti o le piccole variazioni del procedimento che si renderanno necessarie. Ad esempio, se volete aggiungere condimenti alla salsa, dovete farlo nell'ultima fase della cottura, perché mantengano al massimo il loro aroma: nel nostro caso si tratterà di aggiungere un po' di sherry e di foglie di acetosella sminuzzate, e lasciare cuocere ancora per pochi minuti. Togliere dal fuoco, aggiungere della panna fresca e condire secondo i gusti con sale e pepe.

L'arte di sostituire ingredienti per motivi di salute o di gusto richiede pur sempre di seguire i principi generali che sono alla base delle singole ricette. Potete, ad esempio, ridurre il contenuto di grassi in due modi: o usando un tegame inaderente e riducendo la quantità di brodo oppure ricorrendo a una piccola quantità di margarina.

Un altro esempio è ricordare come si fanno i nodi. Una volta mi capitò di assistere a una sfilata di moda dedicata ai parei tahitiani. Il pareo, un indumento fatto di un solo pezzo rettangolare di cotone leggero, si può avvolgere intorno al corpo in qualcosa come 50 differenti maniere, ma — mi disse la modella — poche donne ne ricordano più di tre. Decisi allora per mio conto di fare di meglio, cercando di fissare pochi principi generali dai quali si potessero derivare tutte queste varianti. Potei così stabilire che i principi generali erano tre:

1. Si possono annodare gli angoli insieme oppure creare nuove estremità stringendo il tessuto una decina di centimetri verso il centro e lasciando ricadere gli angoli (questo riduce la quantità di stoffa che passa attraverso il nodo).
2. Si può annodare il pareo sul davanti, sul dietro, su un fianco, sopra o sotto la spalla, intorno al collo o sopra il seno.
3. Si può incrociarlo davanti o dietro. Se avete un pareo molto lungo, potete passare la parte di sotto tra le gambe e annodarlo dove volete, alla vita, sulle anche o sul seno.

In questo modo chiunque può trovare ben più di tre modi di annodare un pareo. Pensate per principi generali o per categorie e dovrete solo ricordare le differenze, cioè le varianti dalla norma.

Esercizio di prova

Come si registra l'informazione

Qui di seguito troverete un elenco di 10 parole, alcune delle quali sono state già menzionate. Scrivetele una sotto l'altra: calzolaio, noci, pane, banca, asparagi, parrucchiere, lattuga, forbici, banane e posta.

1. Raggruppate queste parole in categorie a vostro piacere come se si trattasse di articoli di un supermercato.
   Contate le voci di ogni categoria e analizzatele, per esempio frutta e verdura, noci e pane.
2. Associate le voci con una storia, ad esempio il pane alle noci a forma di banana collega in una singola immagine tre dei cinque articoli da supermercato dell'elenco precedente. Questo processo migliora il richiamo in quanto siete obbligati a mettere insieme voci prima non correlate in un singolo pacchetto ideale.
3. Verificate quante parole avete ricordato e cercate di creare associazioni di immagini con quelle che avete omesso.

Conclusione

Combinando associazioni di tipo diverso con la visualizzazione, otteniamo uno strumento particolarmente efficace per migliorare la memoria. La creazione e l'associazione di immagini realizzano un contesto necessario per una buona ritenzione. Come usava dire il filosofo David Hume, l'associazione è una "forza dolce" che dobbiamo imparare a padroneggiare.

Sintesi rapida

1. Le associazioni permettono un più facile richiamo.
2. Ricercare specifiche associazioni — somiglianze, differenze, categorie — favorisce sia la registrazione che il richiamo dell'informazione.

3. L'associazione di immagini combina la visualizzazione con elaborati processi intellettivi.
4. L'immaginazione rifinisce il processo e personalizza i ricordi per un richiamo migliore.
5. Pensare seguendo principi di ordine generale facilita l'apprendimento.

Esercizi

Esercizio 1. Immagini e contesto

La Figura 8.1 mostra una serie di oggetti. Cercate di catalogarli in gruppi, contateli e formate associazioni tra gli oggetti di ogni singolo gruppo. Dopo 5 minuti prendete un foglio di carta e scrivete gli oggetti così come li ricordate. Analizzate il modo in cui avete organizzato questo materiale.

Esercizio 2. Elenchi e contesto

Cercate di raggruppare le parole seguenti in un modo che vi renda più facile memorizzarle. Inventate una storia che le colleghi insieme e visualizzatene la scena. Usate l'immaginazione.

Panda	Aria
Carretto	Felce
Ape	Gatto
Calendula	Sole
Margherite	Acqua

Esercizio 3. Visualizzazione, contesto e associazioni

Osservate per 2 minuti la Figura 8.2, che contiene nomi di animali. Visualizzate dove sono e costruite una storia che li associ. Coprite la figura, prendete un foglio di carta e cercate di rimetterli esattamente al loro posto.

Esercizio 4. Raggruppamento e associazioni

Osservate per 3 minuti una pagina di francobolli da un catalogo. Raggruppateli in modo da facilitarne il richiamo e prendete nota di quanti ne ricordate.

Figura 8-1

Esercizio 5. Associazioni

Questo esercizio vi porterà a pensare per associazioni, che è uno degli obiettivi da raggiungere per migliorare la memorizzazione. Prima di tutto mettete per iscritto tutte le associazioni che vi vengono suggerite dalle parole seguenti:

Cammello	Unghia
Parigi	Vetro
Solare	Anello

Ora cercate di analizzare le vostre associazioni, classificandole in differenti categorie (rileggete l'inizio di questo capitolo). Continuate a pensare ad associazioni per tutta la giornata e annotatele nel vostro quaderno.

Esercizio 6. Raggruppamenti e associazioni illogiche

Create associazioni tra le parole di ogni riga: leggetele con attenzione e vedete se vi ricordano qualcosa. Scrivete la prima associazione libera che vi si presenta, lasciando che la mente divaghi liberamente senza costringerla ad associazioni logiche. Finirete col creare una breve storia o una scenetta da proiettare sullo schermo della mente:

1. Libro / fiore / bresaola / sapone
2. Dio / inverno / carta / triste
3. Sedia / candela / sdrucciolevole / madre
4. Gatto / rifiuti / lunedì / gioco del calcio
5. Kodak / fiume / pianta / misterioso

Per esercitarvi, fate voi stessi altri elenchi, scegliendo le parole a caso[1].

[1] A caso, ma con un criterio obiettivo (per esempio la prima parola di alcune pagine di un dizionario aperte a caso, oppure la prima parola di ogni colonna di un quotidiano). In caso contrario, potreste creare associazioni logiche spontanee. N.d.T.

CANE
CAVALLO
PANDA
TIGRE
VACCA
OCELOT
GALLO
GATTO
CAPRA
ZEBRA

Figura 8-2

Esercizio 7. Coppie

Scrivete l'associazione che vi viene in mente considerando le seguenti coppie di parole:

1. Tulipano / ombrello
2. Gatto / scarpe
3. Candito / dispiacere
4. Dipinto / coltello
5. Cielo / automobile
6. Cespuglio / barca
7. Bastone / cuoio
8. Presidente / canestro
9. Ninfea / chimica
10. Nuvola / felice

Esercizio 8. Trasformazione dell'astratto in concreto

Trovate un'associazione di immagini concreta per ciascuna delle seguenti parole astratte. Es. Parigi = Torre Eiffel; amore = cuore.

1. Inverno
2. Povertà
3. Rock and roll
4. Colore
5. Libertà
6. Valzer
7. Sporcizia
8. Giustizia
9. Tempo
10. Morte
11. Pazienza
12. Pasto
13. Malattia
14. Energia
15. Politica
16. Velocità
17. Speranza
18. Avidità
19. Tenerezza
20. Felicità

Esercizio 9. Associazione e visualizzazione

Combinando le parole seguenti, costruite una storia e visualizzatela: anatra, oro, affascinante, piede, primula, nodo.

Esercizio 10. Associazione e visualizzazione

Cercate di ricordare tutti i fiori sottoelencati. Visualizzateli e associateli uno con l'altro. Inventate una storia che li contenga tutti:

pensate a un giardino fantastico, immaginate di essere un architetto che debba progettare un giardino oppure immaginate di farne dei mazzetti da offrire a qualche signora. Create una chiara immagine mentale di tutti i fiori riuniti insieme. Riesaminate le associazioni che avete elaborato e, quando pensate di averle bene in mente, cronometrate 5 minuti. Scaduto il tempo, mettete per iscritto tutto quello che ricordate: storia, associazioni e ovviamente i nomi dei fiori.

Violetta	Iris	Gladiolo	Margherita
Orchidea	Croco	Glicine	Tulipano
Dalia	Gelsomino	Non-ti-scordar-di-me	Rosa

NOTA. Se proprio volete mettervi alla prova, cercate di ricordare questi fiori per due giorni o più: resterete sorpresi dei risultati che si ottengono con questo metodo. Se avete una mentalità scientifica, potreste imparare un altro elenco di fiori solo attraverso la ripetizione a memoria, senza associazioni né visualizzazione, per vedere se li ricordate altrettanto facilmente e accuratamente. Potreste anche confrontare i vostri risultati con il test che avete trovato all'inizio del libro. Non è forse vero che è più facile apprendere un elenco servendosi di associazioni?

Esercizio 11. Associazioni di immagini

Pubblicità. Cercate di ricordare le immagini della pubblicità di qualche prodotto viste recentemente in televisione. Scrivete i nomi dei prodotti e visualizzate la relativa pubblicità. Scrivete tutto ciò che riuscite a visualizzare mentalmente, insieme con i ricordi evocati dalla stessa scena (le voci, la musica, i dialoghi, l'ambientazione). Studiando i messaggi pubblicitari si imparano molte cose su come l'associazione di immagini favorisca il ricordo. Il prodotto e il suo nome devono essere strettamente associati in una singola immagine che faccia colpo e che li contenga nel suo contesto. Se per esempio, vedendo un cavallo o un altro animale che abbia bisogno di un veterinario, vi viene in mente una certa marca di amaro, vuol dire che quella pubblicità ha funzionato. E se l'immagine di una ragazza bionda e coi capelli lunghi vi richiama un particolare shampoo larmente pubblicizzato, anche in questo caso il messaggio è andato a segno.

Nomi di marche. Qui di seguito troverete un elenco di prodotti che si vedono spesso pubblicizzati in televisione, nelle affissioni, nelle riviste. Visualizzate il messaggio pubblicitario (associazione di immagine) e descrivetelo brevemente ma il più dettagliatamente possibile.

Oil of Olaz	Sole blu
Marlboro Team	Dash
American Express	Nastro Azzurro
Vini Zonin	Chivas Regal
Sapone Camay	Yogurth Yomo
Scottex	Pasta Voiello
Pepsi Cola	Benetton

Il segreto per un facile richiamo dei ricordi. Giocate a "pescare i suggerimenti": si tratta di un gioco a indovinelli che stimola il richiamo attraverso il riconoscimento; consiste nel porre una serie di domande cercando di indovinare il suggerimento. Questo gioco funziona come una polizza di assicurazione contro la difficoltà a creare associazioni di immagini. Invece di aspettare i suggerimenti, dovete andarli a cercare attivamente con le vostre domande, prima con domande di carattere generale, poi con altre sempre più specifiche suggerite dal contesto. Questi principi possono essere applicati a qualunque cosa si voglia ricordare. Chiamate e avrete il richiamo.

Esercizio 12. Associazioni illogiche di coppie di oggetti

Questo esercizio consiste nel visualizzare insieme due oggetti che non hanno niente a che vedere uno con l'altro. Non dovete opporre resistenza all'idea di queste strane associazioni, ma anzi servirvene per il solo fatto che funzionano.

1. Formate un'immagine mentale chiara di ciascun oggetto.
2. Visualizzate i due oggetti insieme fino a ottenere una chiara associazione di immagini che li contenga entrambi.

In questo processo prenderete coscienza dei vostri pensieri e delle vostre emozioni nel momento stesso in cui comincerete a intessere un'associazione corredata di una ministoria. Lasciate affiorare tutte le associazioni che vi vengono in mente, senza cercare di censurarle. Provate, ad esempio, con le parole "capelli" e "acqua": immaginate una bella pettinatura distrutta da un improvviso acquazzone o i capelli di Ofelia che galleggiano tra le ninfee. Naturalmente ognuno di voi farà le sue associazioni personali. Scegliete la prima che vi viene in mente e accentuatene il più possibile l'aspetto rappresentativo: le emozioni, la gioia, il dispiacere, la collera, la sorpresa coloriranno la vostra associazione e vi permetteranno di processarla più profondamente. Ecco 10 coppie di parole da usare nelle vostre ministorie. Visualizzate ogni coppia.

1. Vaso / corridoio
2. Tappeto / caffè
3. Orecchino / lampada
4. Palma / gomma americana
5. Dentista / bagno
6. Sole / dita
7. Patio / forbici
8. Bistecca / sabbia
9. Unghia / dizionario
10. Unicorno / cappotto

Ora che avete accettato il principio delle associazioni artificiose e illogiche, potete passare all'apprendimento dei sistemi mnemotecnici basati su questo tipo di associazione di immagini.

CAPITOLO 9

LA MEMORIZZAZIONE DI NOMI E VISI

"I nostri nomi sono la luce che di notte brilla sulle onde del mare e poi muore senza lasciare traccia alcuna"

Rabindranath Tagore (1906)

Vivendo in una società che accentua l'importanza dell'individuo, siamo costretti continuamente a ricordare visi e nomi delle persone per sentirci pienamente integrati nel nostro ambiente sociale e lavorativo. Capita spesso di incontrare una persona e di sentirci imbarazzati perché non riusciamo a ricordarci il nome. Purtroppo, invecchiando, i nomi sembrano sfuggirci sempre più spesso: aspettiamo con ansia che ci vengano in mente, ma inutilmente.

Peraltro, sebbene ci sia difficile di solito ricordare nomi e visi, alcuni invece li ricordiamo bene ed è interessante cercare di capire come questo avvenga senza che neppure ce ne accorgiamo. Nella vita quotidiana ricordiamo senza difficoltà i nomi delle persone con le quali abbiamo continuamente a che fare: il fatto di sentire continuamente un nome e di vedere spesso quella persona ce ne rende stabilmente consapevoli. Quel nome lo sentiamo pronunciare da altri o lo leggiamo sulle buste, sulle buche delle lettere, sulle scrivanie o sulle porte: tutte queste circostanze fungono da richiamo e da suggerimento. Invece, pochi ricordano il nome di una persona vista raramente o appena incontrata; coloro che ci riescono hanno qualche *extra-motivazione*. Si tratta di persone che hanno una vera passione per i nomi e provano una grande soddisfazione nell'impresa di ricordarne il più possibile: esercitano continuamente questa loro abilità facendo associazioni spontanee. Soprattutto ritengono doveroso ricordare i nomi, quando la maggior parte delle persone ci rinuncia o neppure ci prova.

Alcune associazioni automatiche facilitano il richiamo: per esempio, se una bella ragazza si chiama Grazia, non potete fare a meno di notare la connessione, e il suo viso si imprimerà nella mente come "Grazia". Lo stesso può accadere se una persona che avete appena conosciuto ha lo stesso nome di un vostro amico, specialmente se si assomigliano anche un po'. La mente ha una tendenza naturale a trovare associazioni: i nomi che tendiamo a ricordare meglio sono infatti quelli più concreti in quanto riusciamo a collegarli a qualche significato. Troppo spesso lasciamo questo processo al caso e al gioco delle associazioni logiche spontanee; una scarsa capacità di ricordare i nomi può migliorare nettamente imparando ad associare visi e nomi mediante associazioni create artificialmente.

La tecnica che vi propongo è fondata sull'associazione di immagini. Avete già familiarizzato col principio generale, che del resto già applicate quando attaccate a un nome un'associazione di immagini concrete: Peroni come la birra o Levi come i jeans. Ma la maggior parte delle persone non fa fare a questa associazione il passo successivo, cioè l'abbinamento al viso, col risultato che l'associazione rimane in un piccolo scompartimento della mente, il deposito dei "nomi", staccato da quello dei "visi". Visualizzare un volto da un dato nome è facile, mentre quello che è difficile è abbinare un nome ad un viso. Se però siete pronti a ricorrere alle vostre nuove capacità di trovare motivazioni, nonché all'immaginazione, troverete facile servirvi della tecnica che ora descriverò per prendere un suggerimento da un nome e trasferirlo su di un viso: la prossima volta che rivedrete quel viso, esso conterrà un suggerimento visivo per il nome.

Per associare un nome con un viso dobbiamo innanzitutto prendere coscienza di ciò che c'è di peculiare tanto nel viso quanto nel nome. Analizzando il viso, ne cercheremo l'aspetto dominante; analizzando il nome, andremo alla ricerca di un'immagine concreta, di un significato concreto attraverso una sua trasformazione; infine riuniremo in una singola associazione di immagini l'aspetto dominante del viso e la trasformazione del nome. Queste tre tappe richiedono all'inizio un po' di tempo, che però diminuirà con l'esercizio.

Comunque non dovrete avere fretta quando elaborerete le vostre associazioni: tenete presente che si tratta di una tappa essenziale che vi permetterà di collegare il nome col viso della persona che volete ricordare.

I visi sono ovviamente più facili da ricordare dei nomi perché formano già di per sé immagini concrete. Se volete mettere un nome su un viso, dovete invece innanzitutto estrarre dal nome un significato concreto. Questa ricerca permette di ottenere un'immagine da visualizzare e da associare col viso. Ma se non farete uno sforzo cosciente per collegare nome e viso tra loro, li ricorderete separatamente e non necessariamente nel momento voluto. Prima di tutto, guardate con attenzione il viso e ascoltate con altrettanta attenzione il nome (cose alle quali spesso non prestiamo nessuna attenzione). Poi divertitevi a creare la vostra associazione di immagini, usando l'immaginazione sia nel cercare la trasformazione del nome che nel visualizzare l'associazione stessa. Per selezionare l'aspetto dominante del viso, comincerete a guardarlo senza preconcetti e a prendere coscienza di come esso vi appare. Siate recettivi all'effetto che esso vi fa e cercate di capire quali sono i tratti specifici che più vi colpiscono. Prendete nota mentalmente delle vostre reazioni: ad esempio, capelli untuosi, un sorriso dolce, una pelle luminosa — pensate alle sensazioni che provereste toccandolo. Questo vi può portare direttamente a identificare il tratto che vi colpisce di più, quello che io chiamo il tratto dominante. Chiedetevi dunque qual è secondo voi il tratto più marcato. Può darsi che vi salti agli occhi immediatamente, ma in caso contrario (che è poi il più frequente) procedete analizzando ogni singolo lineamento, uno dopo l'altro, sistematicamente: forma del viso, capelli, fronte, occhi, naso, guance, bocca, mento, pelle. Notate i particolari, chiedetevi quale tra questi trovate più interessante: potreste avere dedicato più tempo alla sua analisi e potreste averlo già fatto oggetto di qualche commento. Una volta che avrete selezionato il tratto dominante, concentratevi solo su questo.

Il tratto dominante

Poiché è il viso lo stimolo che porta a ritrovare il nome, dovete innanzitutto prendere coscienza del tratto fisionomico che più vi colpisce (ovviamente, si tratta di un approccio soggettivo: quella che conta è la vostra opinione. Non cercate di trovare qualche tratto obiettivo sul quale tutti possano trovarsi d'accordo, perché questo non è quasi mai possibile). Il tratto fisionomico che più vi colpisce è quello "dominante". Concentrandovi su questo, rafforzerete lo stimolo che porta al suo riconoscimento. Se avrete analizzato le sue caratteristiche e se lo avrete visualizzato abbastanza a lungo, la prossima volta che rivedrete quel viso il tratto dominante vi colpirà di nuovo. È probabile che vi avrebbe colpito ugualmente a livello inconscio, ma dovete assicurarvi che ciò avvenga, isolandolo e analizzandolo: nel momento stesso in cui rinforzate lo stimolo esterno, rinforzate il vostro ricordo (e tanto più quanto più lo stimolo è definito). A questo punto chiudete gli occhi e cercate di ricreare il tratto dominante nella mente e al tempo stesso di vederlo nel contesto del viso. Ne avete un'immagine chiara? In caso contrario controllate di nuovo sull'originale.

NOTA. È importante selezionare un solo tratto dominante; se siete incerti tra due, sceglietene uno arbitrariamente. Tutto ciò avverrà più rapidamente se vi metterete in condizione di recepire quello che più vi colpisce. Cercate un tratto che sia interessante, marcato, inusuale. Identificato questo unico tratto dominante della fisionomia, soffermatevi ad analizzarlo e visualizzarlo; non passate da un tratto all'altro, ma focalizzate la vostra attenzione solo su quello che avete scelto. Ovviamente lo collocherete nel suo contesto, cioè nell'insieme del viso, in modo molto naturale, per semplice osservazione: pur guardando il tratto dominante, non potete infatti fare a meno di vedere il resto del viso. Imparate comunque a selezionare un solo oggetto e a concentrarvici, perché un'immagine specifica è più facile da visualizzare di una che non lo sia.

La trasformazione del nome

Da questo momento in poi, dovete cercare un *significato* nel nome; il vostro obiettivo deve essere quello di trovare per ogni nome un significato concreto. Questo è ciò che chiamiamo *trasformazione del nome*. Il nome da astratto deve farsi concreto e questo è più o meno difficile a seconda dei casi. Pronunciate il nome ad alta voce e ascoltatelo con attenzione: vi suona come una parola conosciuta o come una combinazione di due parole? Dovete subito prendere l'abitudine di leggere nei nomi un significato che possiate poi visualizzare. Questa nuova prospettiva vi permetterà di ricavare un'immagine concreta da ogni nome.

Alcuni nomi si prestano a trasformazioni dirette: il significato concreto vi è già presente come parte integrante. Per esempio, nomi come Bellocchio, Pettirossi, Pulcinelli, Bevilacqua:

Bellocchio = bell'occhio
Pettirossi = i pettirossi
Pulcinelli = Pulcinella
Bevilacqua = bevi l'acqua

In questi casi dovete pensare semplicemente al significato del nome e usarlo per creare un'immagine chiara che lo illustri. Si fa raramente attenzione al significato dei nomi perché molto spesso non c'è, è distorto oppure non sembra più pertinente (un tempo, in società meno evolute, i nomi corrispondevano a precisi riferimenti di utilità pratica, per esempio a mestieri: Molinari veniva da mugnaio, Muratori da muratore, Bottai da bottaio; in altri termini, i nomi avevano un significato concreto e si ricordavano facilmente nel loro contesto). Altri nomi richiederanno un po' più di elaborazione e di immaginazione da parte vostra. Ripetete il nome ad alta voce finché non vi suonerà un campanello e il significato balzerà fuori da una consonanza o da un'assonanza con un'altra parola. L'approssimazione fonetica (cioè legata al suono) dà buoni risultati ai fini della memoria purché comprenda un'immagine concreta. Ad esempio, Magliocchetti può evocare gli gnocchetti, Sbarigia una valigia e così via. Queste trasformazioni di nomi, dirette e indirette, ci forniscono dunque un'immagine concreta corrispondente al nome. Finiamo così con l'avere due immagini chiare che possiamo "visualizzare" come una sola: (1) quella del tratto dominante del viso e (2) quella della trasformazione del nome. L'ultima tappa, la più importante, consiste nel combinarle in una singola associazione di immagini.

NOTA. Con alcuni nomi potreste trovarvi a corto di idee e quindi rinunciare, ma non abbandonate questa tecnica prima di averla sperimentata abbastanza a lungo. Con l'esercizio potrete sviluppare la capacità di trovare un significato in qualsiasi nome (è come l'esercizio fisico: quando si avvia un programma di allenamento, l'obiettivo sembra impossibile da raggiungere, mentre con l'esercizio si progredisce a poco a poco).

L'associazione di immagini

A questo punto per riunire insieme le due immagini concrete dovete, del tutto arbitrariamente, sovrapporre l'immagine concreta estratta dalla trasformazione del nome al tratto dominante del viso e poi visualizzare questa immagine composita fino a che vi diventi familiare. Nel capitolo 8, "Tecniche di associazione", avete appreso come elaborare associazioni di immagini con due oggetti non correlati: ora ne vedete un'applicazione pratica. Dovete letteralmente sovrapporre un nome (o qualcosa che sta per esso) a un viso.

Osservazioni sull'associazione di immagini

Le osservazioni che farete sull'associazione di immagini che avete creato serviranno a fissarla ancora meglio nella memoria. Esprimendo un giudizio su come la trasformazione del nome si adatta al tratto dominante del viso, l'associazione viene rinforzata. Lasciate da parte qualsiasi criterio logico: dovrete procedere illogicamente, perchè l'associazione non può essere logica. Giocate con l'illogico, accettatelo invece di opporvi resistenza.

Per fissare l'associazione nella memoria, è fondamentale impiegare un po' di tempo (almeno 15 secondi) per visualizzare le due immagini riunite in una singola. Ad esempio,

Dr. SALVAGGI: Tratto dominante: le SOPRACCIGLIA
Trasformazione del nome: SELVAGGIO
Associazione di immagini: mettete un simbolo che stia per SELVAGGIO (per esempio un copricapo indiano di penne) sulle sue sopracciglia.

Visualizzate sulle sue sopracciglia le penne rituali delle tribù primitive. Dovete essere in grado di descrivere accuratamente il tratto dominante (scure, cespugliose, prominenti), altrimenti le sopracciglia potrebbero appartenere a qualche altra persona. Mentre visualizzate le penne sulle sopracciglia, pronunciate il nome: SALVAGGI. Assicuratevi di associare strettamente *selvaggio* e *penne*, altrimenti correreste il rischio, incontrando il dr. Salvaggi, di salutarlo con un festoso "Buongiorno, dottor La Penna". Visualizzate le penne, ma pensate e dite fra voi "Selvaggio, selvaggio, SALVAGGI".

Qualche volta si è fortunati e la prima associazione che viene alla mente si adatta perfettamente alla situazione. Qui, ad esempio, si potrebbe pensare all'uomo delle caverne, che aveva una fronte prominente con sopracciglia cespugliose e occhi infossati. Questa associazione di immagini è perfettamente adeguata: uomo delle caverne = sopracciglia prominenti = selvaggio. Tuttavia, dovete avere ben chiara una cosa: è facile proiettare dal nome un'immagine, che però non è chiaramente lì, proprio su quel viso. Supponete che una signora che si chiama Dal Core abbia un viso con un mento a punta. Voi trovate la forma della sua bocca inusuale e quindi questo è il tratto dominante ideale. Però, come cominciate a cercare una trasformazione del nome, ovviamente vi viene in mente "cuore"; di colpo il suo viso, con quel mento a punta, assume ai vostri occhi la forma di un cuore. Siete allora tentati di cambiare la scelta precedente del tratto dominante, di abbandonare l'associazione di immagini che stavate per fare e di dire: "Oh, ma è facile, è ovvio!". Invece, anche se sembra ovvio ora, non sarà affatto ovvio la prossima volta che incontrerete quella signora. Perché? Semplicemente perché è il nome che aveva evocato l'associazione e non viceversa. A voi serve un suggerimento più forte: un suggerimento obiettivo che possiate sovrapporre artificiosamente su quel viso, in modo che vi richiami il nome; una proiezione vaga non vi serve. La prossima volta che rivedrete quel viso non vi colpirà affatto la sua forma a cuore, come non vi aveva colpito prima che pensaste al "cuore" come trasformazione del nome. Insomma, non dovete cercare di accoppiare il suggerimento (la trasformazione del nome) con lo stimolo (il tratto fisionomico dominante).

Disporre artificiosamente un oggetto su un tratto marcato del viso è un metodo sicuro per memorizzare un'associazione di immagini efficace. Non dovete lasciare spazio alle proiezioni soggettive del tipo dinanzi menzionato; se ve ne viene una alla mente, mettetela da parte e continuate ad applicare la tecnica descritta, che vi garantisce una risposta sicura, perché è stata studiata proprio per evocare il richiamo del nome. Se proiettate sul viso della signora Dal Core una fila di cuoricini volanti che escono dalla bocca, la prossima volta che incontrerete quel viso la vostra attenzione sarà attirata da quella bocca come la prima volta e vedrete comparire la fila di cuoricini che vi richiameranno subito il nome Dal Core. Questo metodo si è rivelato molto efficace nei miei corsi sulla memoria, dove ho l'opportunità di insegnarlo con l'aiuto di diapositive: dopo aver visto 12 diapositive, la gente ricorda immediatamente i nomi, solo vedendo il viso. Io chiedo: "Qual è l'aspetto dominante? Che cosa vi abbiamo sovrapposto, cioè quale trasformazione del nome? Qual è il nome?". E tutti si meravigliano nel vedere con quanta facilità la catena dei richiami scorre dallo stimolo (il tratto del viso) al suggerimento (la trasformazione del nome), fino al nome.

Consigli per svolgere esercizi di riconoscimento di visi e nomi

Visi

Per ottenere una migliore immagine del viso, osservate specificamente ogni lineamento prima di decidere qual è quello dominante. Procedete dai capelli al mento. Ad esempio:

Capelli: analizzatene il volume, il colore, il tipo, la pettinatura e la lunghezza. Sono ricci, lisci o ondulati? spessi o fini? grassi o secchi?

Naso: analizzatene le dimensioni, la larghezza, la distanza dalla punta al labbro superiore. Guardate bene la narici: sono come le impronte digitali, diverse da una persona all'altra.

Bocca: analizzatene dimensioni e forma. Osservate anche i denti, le labbra, il sorriso.

Impressione generale: il viso è triangolare o rotondo? dolce o duro? Uno studio accurato dei tratti fisionomici vi impedirà di sbagliare al momento del riconoscimento.

Nomi

Dovreste crearvi uno schedario mentale di categorie di nomi con allegato un simbolo visivo. Ad esempio:

Nomi di mestieri: Muratori = una cazzuola; Molinari = la mola di un mulino.

Nomi di cose: Della Chiesa = visualizzatene una in particolare nella vostra città.

Nomi di luoghi: Pisani = la torre; Amalfitani = il chiostro di Amalfi.

Nomi di marche: Ferrari = il cavallino rampante; Bulgari = un gioiello.

Ricordate che tutte le associazioni che vi vengono in mente spontaneamente sono preziose per la memoria: prendetele come un aiuto supplementare. Tuttavia le associazioni visive che voi stessi cercate hanno un valore particolare: sono quelle che meglio evocheranno il richiamo e vi daranno un suggerimento nel momento in cui ne avrete bisogno. Continuate a cercare trasformazioni di nomi e a creare associazioni di immagini con oggetti che possiate visualizzare.

Associazioni di immagini

Siccome le immagini attive si ricordano meglio, aggiungete il movimento alle vostre; per esempio, visualizzate le penne sulle sopracciglia del dr. Salvaggi ondeggianti al vento.

Peraltro, contrariamente a quanto affermato da alcuni, le immagini ridicole non sono più facili da ricordare; ciò che è essenziale è che l'associazione di immagini sia chiara.

Se ricordate il tratto dominante senza però riuscire a rievocare subito l'immagine che avete sovrapposto, tornate di nuovo sul tratto dominante: analizzandolo nei particolari, vi torneranno alla mente tutte le osservazioni che avevate fatto la prima volta. Come abbiamo visto, inventare una piccola storia servendosi di associazioni personali è un metodo sicuro per rafforzare la connessione. Per esempio, supponiamo che della signora Forni, cha ha una bocca molto grande, abbiate pensato "Ci potrei infornare una pizza"; ebbene, questo commento vi tornerà alla mente quando noterete di nuovo quanto è grande quella bocca. Integrare i particolari del tratto fisionomico considerato è la chiave per una forte associazione. Usate l'immaginazione: una volta che avrete la trasformazione del nome, avrete il suggerimento per il nome di quella persona.

A questo punto, anche se non riuscirete a richiamare il nome esatto, ci sarete così vicini che non dovrete farvene un problema. Andate avanti e dite pure tranquillamente signor Materassi invece di Matarazzi e dr. Selvaggi invece di Salvaggi: molto spesso le assonanze fanno sì che la gente non se ne accorga neppure. Se qualcuno dovesse accorgersene, vi correggerà, e state sicuri che la prossima volta vi verrà in mente il nome esatto; comunque, esatto all'80% è sempre meglio che niente. Se siete a un ricevimento, chiedete il nome della persona prima di allontanarvi, cercate immediatamente una trasformazione del nome, andatevene in un'altra stanza e qui visualizzate il suggerimento del nome trasformato su un tratto del viso che vi aveva colpito quando parlavate con quella persona.

Nomi di battesimo e nomi di cose

Prendete l'abitudine di cercare un significato in tutti i nomi che volete memorizzare e di tradurre questo significato in un'immagine che lo rappresenti. In questo modo potrete servirvi del metodo delle associazioni di immagini anche per ricordare termini che non siano cognomi di persone, per esempio titoli di film o di libri, marche di prodotti, nomi di strade e così via.

Immaginate di voler ricordare il nome di un operaio che viene a riparare il vostro frigorifero. Sarebbe molto utile creare un'associazione tra il nome dell'elettrodomestico da riparare (il frigorifero) e quello del riparatore (mettiamo Alfredini). Alfredini vi ricorda un amico che si chiama Alfredo. Associate insieme le tre cose: il vostro amico, Alfredini e il frigorifero. Visualizzate quindi il vostro amico mentre ispeziona il frigorifero: la prossima volta che penserete al "frigorifero guasto", vedrete Alfredo che vi richiamerà Alfredini.

Se vi viene in mente un'altra associazione, usatela pure. Per esempio, a Roma c'è un famoso ristorante che si chiama "Alfredo" dove si mangiano le fettuccine alla Alfredo: potreste visualizzare un piatto di fettuccine dentro il frigorifero, e quando penserete a questo vi verrà in mente il piatto di fettuccine e quindi Alfredo e Alfredini.

Oppure potreste associare Alfredini con "al freddino" e visualizzare una scena in cui il riparatore resti chiuso dentro il frigorifero, "al freddino".

Le associazioni possibili sono migliaia. Troverete che vi verranno facilmente alla mente una volta che comincerete a cercarne. Prendetelo come un gioco! Abituatevi a chiedere il nome di tutte le persone con le quali avete a che fare: al ristorante, nei negozi, in banca, alla posta, vi basterà guardare i cartellini con i nomi degli impiegati. Quando andate al cinema, cercate di ritenere i nomi dei personaggi principali.

Potreste obiettare che ci sono persone che ricordano i nomi anche senza questa tecnica. Come fanno? Motivazione, concentrazione, qualche operazione mentale per imprimere il messaggio nella mente e soprattutto un esercizio costante. In uno dei miei corsi c'era una donna che riusciva a ricordare nome e cognome di 12 persone di cui avevo mostrato le fotografie. Questo fatto era così inconsueto da destare qualche sospetto, ma non riuscivo a capire come potesse barare. Quando le chiesi come facesse, non riuscì a spiegare la sua tecnica altro che accennando ad associazioni e a posizioni fisse. Ma mi disse che aveva fatto la maestra per 35 anni e si era sempre fatta un punto d'onore di ricordare il nome di tutti i suoi scolari fin dal primo giorno di scuola. E perché si era prefissato un obiettivo così arduo? Era il suo modo di ottenere subito un controllo completo della sua classe: "Non ho mai avuto problemi di disciplina: un bambino chiamato subito per nome recepisce il messaggio di essere stato notato personalmente". Il trucco aveva funzionato negli scolari e anche sulla memoria della maestra. Poche persone però hanno una motivazione così valida e questo è il motivo per il quale la maggior parte di noi trae vantaggio dai sistemi mnemotecnici destinati a facilitare il richiamo. Ve ne accorgerete voi stessi.

Sintesi rapìda

Per attribuire un nome a un viso, bisogna identificare un tratto dominante di questo, rendere concreto il nome (trasformazione del nome) e sovrapporre artificiosamente l'immagine estratta dal nome al tratto dominante. Questa tecnica specifica di associazione di immagini garantisce in ogni caso una buona memorizzazione e un buon richiamo (e non solo quando il nome di per sé si accorda col viso, ad esempio il dr. Rossi ha i capelli rossi).

Nel momento della memorizzazione fate molta attenzione ad effettuare le tre operazioni seguenti nell'ordine indicato:

1. *Viso:* cercate un solo tratto dominante (che colpisca, che sia inusuale).
2. *Nome:* trovate una trasformazione del nome ("Questo nome significa qualcosa?").
3. *Associazione di immagini:* visualizzate le due immagini insieme per 15 secondi. Usate l'immaginazione e divertitevi pure con le associazioni più illogiche: perché la tecnica funzioni occorre accettarne l'artificiosità.

Per rinforzare la traccia mnemonica, commentate emotivamente l'associazione di immagini che avete trovato, ponendo l'accento sul modo in cui la trasformazione del nome si adatta al tratto dominante della fisionomia. Sarete così in grado, alla sola vista di quel tratto fisionomico, di ritrovare il suggerimento (la trasformazione del nome) e vi torneranno alla mente i commenti che avrete fatto. In altri termini, per rammentare il nome dovete ripercorrere all'indietro le tappe della catena di associazioni, dallo stimolo al nome.

Nel momento del richiamo ponetevi queste domande:

1. Qual è il tratto dominante?
2. Che cosa ci ho sovrapposto? (la trasformazione del nome)
3. Qual è il nome?

Se il sistema non funziona vuol dire che non avete definito in termini concreti il tratto dominante o la trasformazione del nome. Di entrambi dovete avere un'immagine chiara. Può anche darsi che non abbiate dedicato abbastanza tempo a visualizzare le due immagini insieme. Per cominciare provate con 15 secondi. Aumentate la vostra motivazione scegliendo di memorizzare il nome di qualcuno che abbia per voi qualche interesse. E non cedete al primo insuccesso, continuate a provare e riuscirete.

Esercizi

Esercizio 1. Incontri

1. Quando incontrate una persona per la prima volta, *guardatela* in viso e stabilite qual è il tratto che più vi colpisce: questo è il tratto dominante che vi colpirà per primo la prossima volta che rivedrete quel viso.
2. *Ascoltate* il nome e analizzatelo per cercarvi un significato. Trasformate il nome astratto in una parola concreta che possiate visualizzare per elaborare la vostra associazione di immagini.
3. *Associate* nome e viso sovrapponendo l'immagine derivata dalla trasformazione del nome al tratto dominante. Cercate una storia o un'immagine vivida che associ le due cose e visualizzate insieme i due oggetti concreti in una singola immagine. È essenziale impiegare almeno 15 secondi per elaborare questa associazione; per concentrarvi meglio andate, se necessario, in un posto tranquillo. E abbiate fiducia, riuscirete!

Esercizio 2. Studio di fotografie e di nomi

La Figura 9.1 mostra 12 fotografie di persone con il relativo nome. Applicate la tecnica descritta nell'esercizio precedente, ponendo particolare attenzione alla trasformazione del nome. È una trasformazione diretta, già contenuta nel nome (come Pettirossi) o è una trasformazione che richiede l'intervento dell'immaginazione (come Salvaggi = selvaggio)? Guardate ora la Figura 9.2 e vedete quanti nomi riuscite a ricordare.

Esercizio 3. Trasformazione del nome

Scrivete i cognomi di 10 persone che conoscete. Cercate in ogni cognome un significato fino a trovare una trasformazione da poter visualizzare.

Esercizio 4. Simboli visivi per trasformazioni di nomi

Potete preparare un elenco di simboli visivi già pronti per l'uso. Per esempio, tutti i prefissi del genere *Di, De, Della, Degli,* ecc. potete visualizzarli con un 2 o con un dado. Lo stesso potete fare con alcuni suffissi: ad esempio *-oni* con degli omoni, *-ini* con dei bambini. Tenetevi pronti anche alcuni simboli per cognomi molto comuni, come Rossi, Russo, ecc. Lo stesso potreste fare con alcuni suffissi molto comuni di cognomi stranieri, come *-son* in cognomi anglosassoni, *-sen* in cognomi del Nord Europa; gli uni e gli altri potreste visualizzarli col sole ("sun", "sonne").

Esercizio 5. Differenze tra i visi

Allenatevi a trovare differenze. Ogni giorno scegliete un viso e analizzatelo lineamento per lineamento. Isolate il tratto dominante, osservatelo nei dettagli. Supponiamo che sia il naso: lo confronterete con tutti i nasi che vedrete quel giorno. Dopo una settimana sono sicura che sarete più consapevoli di quanto siano differenti i lineamenti delle diverse persone.

NOTA. Non vi preoccupate se all'inizio non trovate le parole per descrivere i particolari. Limitatevi ad osservarli attentamente e a crearvi una rappresentazione mentale delle loro differenze.

Esercizio 6. Ulteriore pratica

Fate questo esercizio: prendete nomi e visi da qualsiasi fonte, riviste, TV o persone reali che vi capiti di incontrare. Scrivete nel vostro quaderno per ognuna di queste persone: tratto dominante, trasformazione del nome, associazione di immagini, nome. Sforzatevi di applicare la tecnica.

Esercizio 7. Come ricordare i nomi di cose

Per ricordare i nomi di fiori, strade, prodotti, titoli di libri ecc. cercate di seguire i principi qui di seguito elencati:

1. Analizzate il nome e trovate una trasformazione concreta che abbia per voi un significato.

2. Ripetete questa trasformazione del nome tutte le volte che vedete quell'oggetto.
3. Associate questa trasformazione del nome con l'oggetto, visualizzandoli insieme.

Profittate di ogni occasione per allenarvi. Ad esempio, un giorno di primavera facendo una passeggiata, scoprii un fiore che non avevo mai visto prima. Lo osservai attentamente e ne cercai il nome in un libro sui fiori della regione: Godetia. Cercando un'associazione mi venne in mente Godiva, una marca di cioccolato; mi ricordai anche che in francese "godet" vuol dire cestino, scatola. Ripetendo "Godetia" tutte le volte che vedevo quel fiore, visualizzai una scatola di cioccolatini Godiva piena di quei fiori. E siccome dovevo ricordare il concetto in francese, aggiunsi alla mia associazione di immagini la Torre Eiffel. Ha funzionato: ora tutte le volte che vedo quel fiore, mi viene in mente subito il suo nome. Così pure, quando seppi di un nuovo parco chiamato Butano, pensai a una stufetta da camping a gas butano, con la quale immaginavo di riscaldarmi in quella costa ventosa dove si trova il parco. Potete sperimentare questa tecnica tutte le volte che vi imbattete in nomi per voi nuovi.

Un altro esempio: mi provai un costume da bagno in un negozio situato in una via di Cannes che volevo ricordare. Guardai il nome della strada, "rue Molière", il famoso commediografo francese. Avevo così un significato e anche un'immagine visiva, perché ero in grado di visualizzare il ritratto di Molière. Inoltre, data la mia familiarità con le sue commedie, lo trasportai con l'immaginazione nella situazione e lo immaginai mentre si prendeva gioco della vanità delle donne quando si provano un bikini: con la sua parrucca ricciuta del XVII secolo, aveva un aspetto piuttosto bizzarro nell'ambiente di quella boutique. Guardai poi il nome della prima traversa, che si chiamava "rue de la République", e aggiunsi alla scena un simbolo repubblicano. Non dimenticherò per tutta la vita dove si trova quella boutique, grazie alla mia associazione di immagini.

E ancora lo stesso principio può essere applicato per ricordare i titoli dei libri e il nome dell'autore, i titoli dei film e il nome del regista e così via. Chiunque di voi può fare qualche utile esercizio. Lo

1. Ada
Neri

2. Vincenzo
Testa

5. Gaetano
Fiore

6. Laura
Rinaldi

9. Antonio
Monti

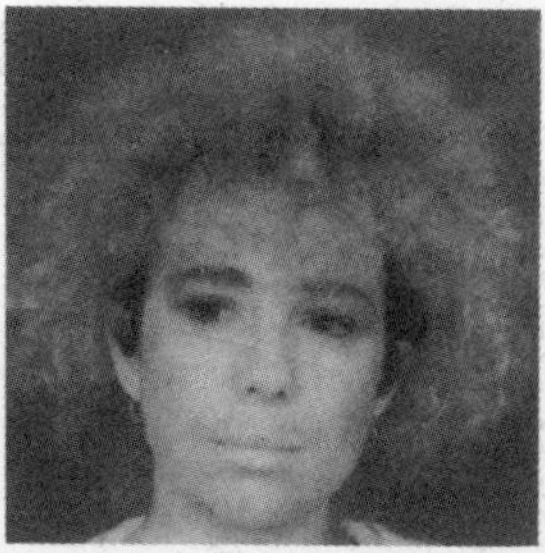

10. Barbara
Colombo

Figura 9-1

3. Giovanni
Basile

4. Anna
Battaglia

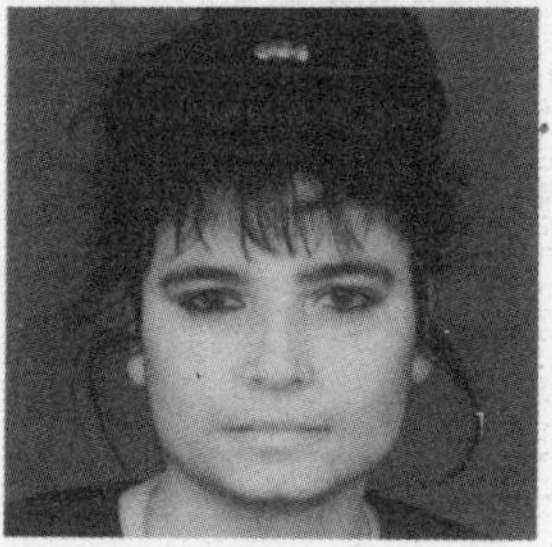

7. Ines
Carli

8. Margherita
Motta

11. Luciano
Molinari

12. Umberto
Zappa

Figura 9-1 (cont.)

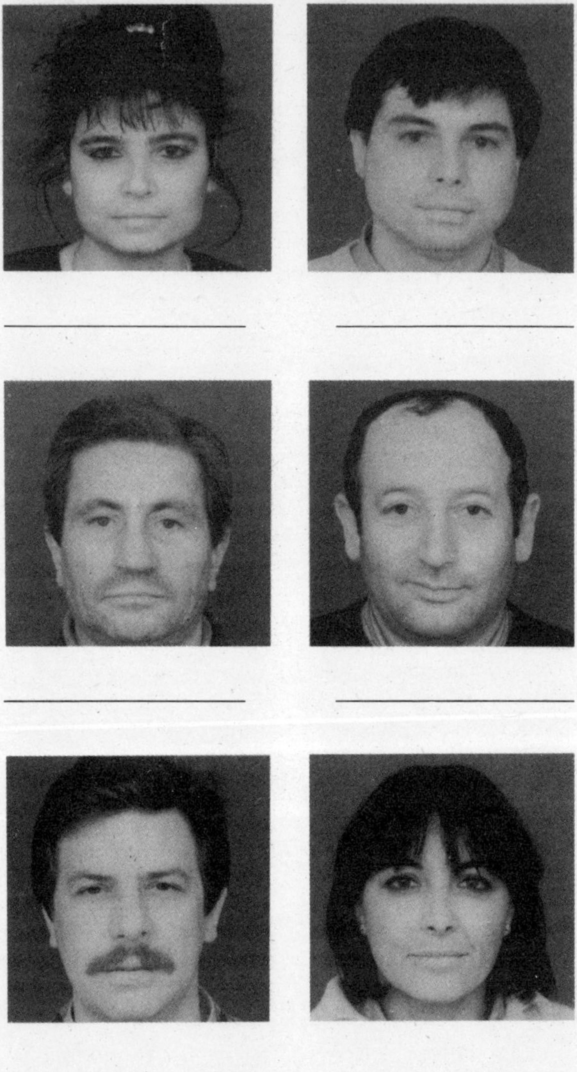

Figura 9-2

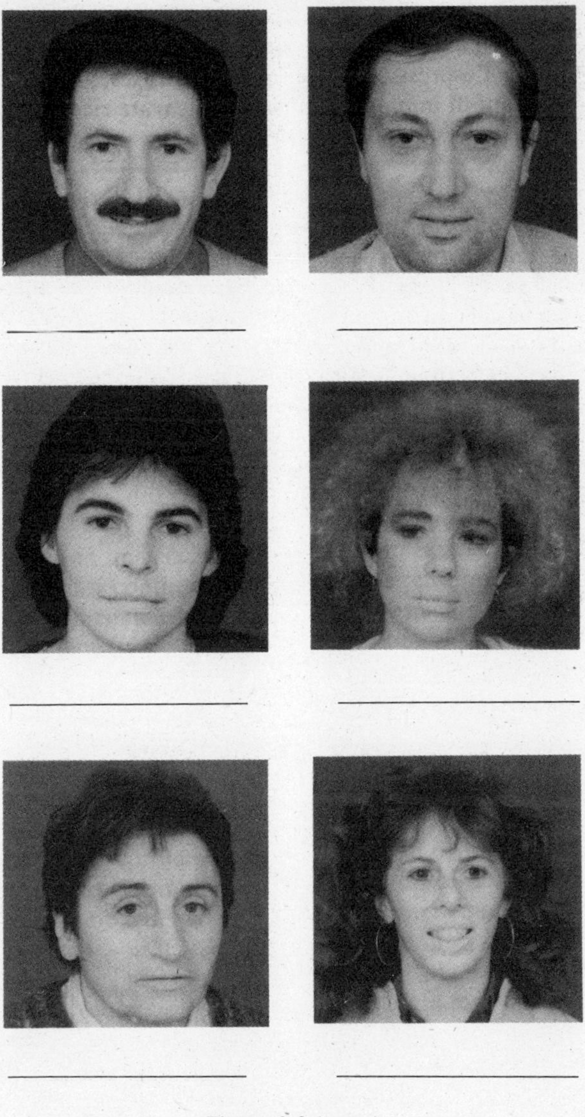

Figura 9-2 (cont.)

stesso dicasi a proposito di tante sigle e acronimi oggi di uso sempre più diffuso e il cui significato letterale sovente sfugge, anche perché molto spesso l'espressione originale è in lingua inglese. In questo caso associazioni di immagini potranno essere ricavate ricollegando alcune lettere della sigla alle iniziali del vostro nome o di quello di parenti o di amici.

Se nell'arco di qualche mese tutti i vostri sforzi di ricordare i nomi delle persone che incontrate falliscono, chiedetevi se ricordarli vi interessa realmente. Se siete sicuri di questo interesse, consolatevi con l'humour di Frederick Skinner: "Quando devo presentare mia moglie a qualcuno di cui non ricordo il nome, uso questo stratagemma: se c'è qualche lontana possibilità che mia moglie abbia già incontrato quella persona, le dico semplicemente: 'Tu conosci, vero?...' e lei, stringendo la mano che le viene tesa: 'Ma certo, come sta?' Quel conoscente potrebbe non ricordarsi affatto di avere già conosciuto mia moglie, ma sarà il primo a non essere sicuro della *sua* memoria!".

CAPITOLO 10

COME RICORDARE UN ELENCO IN UN CERTO ORDINE

"Inizia dall'inizio — disse gravemente il re — e vai avanti fino alla fine; quindi fermati".

Lewis Carrol

Nel capitolo 8, "Tecniche di associazione", avete appreso quanto sia più facile ricordare un elenco di voci raggruppandole in categorie e cucendole insieme con una breve storia. Aggiungete quello che avete appena appreso sull'importanza della presa di coscienza delle sensazioni e della visualizzazione e sarete ora in grado di rafforzare la vostra memoria elaborando un'immagine chiara e concreta delle voci da ricordare. Queste operazioni mentali, utilizzate insieme, vi daranno risultati soddisfacenti per la maggior parte degli elenchi con i quali avete a che fare nella vita quotidiana, sebbene non garantiscano un risultato sicuro. Può accadere che ricordiate solo una parte dell'elenco, a meno che non abbiate un modo per verificare e sollecitare il vostro ricordo con una riflessione preorganizzata.

Le mnemotecniche sono sistemi di pensiero ideati per accrescere il controllo sul richiamo delle informazioni. Avete già acquisito una certa familiarità con quelle che si usano per richiamare visi e nomi; ora apprenderete una tecnica, conosciuta da tanto tempo, per ricordare un elenco di voci secondo un certo ordine. Vi potrà essere molto utile per risparmiare benzina, tempo e denaro invece di girare a vuoto o per ricordare i tempi successivi di procedimenti come accendere il bruciatore della caldaia o pulire il filtro della lavatrice. Ne scoprirete molte altre applicazioni quando avrete capito come funziona questa tecnica che, dalle sfide personali ai giochi sociali, è stata popolare per secoli prima di cadere in disuso con l'invenzione della stampa.

Come la tecnica per i visi e i nomi, il *metodo dei loci* è un'applicazione pratica delle associazioni di immagini. Ricordate l'ultimo esercizio del capitolo 8? Si chiamava "Associazioni di coppie" e consisteva nel visualizzare due oggetti insieme in una singola rappresentazione (per esempio, lampada e orecchino). Era quello che dovevate fare per sovrapporre un oggetto (che simboleggia il nome) al tratto dominante del viso: associare le due cose insieme in una singola immagine. D'ora in poi, perciò, non troverete strano associare oggetti che di solito non hanno nulla a che fare uno con l'altro. Applicheremo lo stesso principio a molti altri settori. Alcune associazioni possono sembrare sciocche, ma che importa se vi aiutano a ricordare? Nella privacy della vostra mente non c'è nessun altro e se non sarete voi stessi a far trapelare il segreto, nessuno saprà delle vostre associazioni.

Le persone dotate di una memoria straordinaria si servono spontaneamente di associazioni di immagini. Se leggete la storia di una di queste persone, il russo Shereshevskii, in *The mind of a mnemonist* di A.R. Luria, entrerete in un mondo fantastico che vi lascerà sbalorditi. La sua mente era uno schermo; egli pensava in immagini con la stessa facilità con la quale respirava. Ma anche voi potete mettere a punto la stessa tecnica; non è necessario che ne diventiate un esperto, ma comincerete a sentirvi più padroni della vostra memoria e ad accettare la normale smemoratezza che ne è una parte essenziale. Il povero Shereshevskii soffriva molto perché non riusciva a dimenticare particolari di nessuna importanza; l'incapacità di selezionare l'essenziale era per lui un grave handicap: spesso per vedere gli alberi non vedeva la foresta. Questo spiega perché la memoria e l'intelligenza, per quanto possano essere abitualmente correlate attraverso una buona organizzazione, siano due facoltà distinte. È vero che la maggior parte delle persone intelligenti ha una buona memoria, ma le ricerche sull'argomento hanno dimostrato che non tutte le persone con memoria straordinaria hanno QI elevati. In effetti, memoria, conoscenze, esercizio e tecniche si dimostrano più importanti del QI, specialmente perché il QI serve a valutare quanto un individuo potrà rendere nel nostro sistema scolastico.

Nelle strategie di apprendimento si è affermata una nuova tendenza che dà risultati incoraggianti, specialmente negli adulti. La velocità del pensiero viene oggi considerata meno importante della sua flessibilità e della sua apertura a differenti opzioni: Einstein è stato un pensatore lento, ma uno dei più profondi. Se volete apprendere ciò che c'è di nuovo nel vostro campo in modo da non perdere terreno, fareste meglio a usare la memoria in maniera più efficace. In un episodio di *Una passeggiata attraverso il ventesimo secolo*, Bill Moyers ha riassunto il nostro dilemma di moderni: "Non c'è mai stata tanta gente che capisce così poco di così tante cose". Per tenere il passo col progresso e col flusso sempre più veloce di nuove informazioni, dovete migliorare la capacità di apprendimento. Nei capitoli seguenti imparerete, seguendo certi principi, a inventare i vostri personali sistemi di associazione; avrete un'opportunità di creare un vostro personale schedario di riferimento di associazioni e di immagini.

Memorizzare un elenco di voci in un certo ordine è più difficile quando avete a che fare con voci disparate, in quanto è spesso impossibile servirsi di raggruppamenti logici o di riflessioni analitiche per correlarle tra loro. Vi affiderete invece a un sistema artificiale basato su luoghi precisi e fissi, o *loci*, che vi serviranno da punti di riferimento per immagini e associazioni elaborate in rapporto alle voci da ricordare. Il principio è che non dovete preoccuparvi dell'ordine delle voci, perché i vostri loci sono luoghi familiari che potete rintracciare spontaneamente, il cui ordine sarà seguito dai vostri elenchi di voci.

Loci in latino significa luoghi. Il metodo dei loci era usato dagli oratori romani per memorizzare le differenti parti di un discorso. Un oratore sceglieva un edificio familiare, come il foro, e lo divideva in un certo numero di posti, o loci, uno dopo l'altro, dove doveva collocare oggetti associati con il suo discorso. Per esempio, se l'oratore doveva parlare della guerra, metteva (nella sua immaginazione) una lancia nel primo locus, che poteva essere la macelleria. Se il motivo della guerra era la conquista di nuove risorse alimentari, metteva un sacco di grano nel secondo locus, il negozio del calzolaio. E continuava così finché non aveva sistemato ogni parte del suo discorso. Quando doveva finalmente pronunciarlo, gli bastava fare un giro mentale seguendo i loci nel loro ordine naturale e collegare la prima argomentazione al primo luogo, la seconda al secondo e così via. Da ciò è derivato il modo classico di aprire un discorso dicendo: "In primo luogo".

Ogni oratore aveva i suoi particolari loci ordinati in sequenza logica e li seguiva sempre. Gli oratori romani trovavano questo metodo particolarmente efficace quando dovevano trattare argomenti non correlati tra loro, in quanto il pensiero analitico aiuta sì a organizzare le transizioni, ma solo quando c'è un nesso logico tra i due elementi. Il metodo dei loci risponde invece alla necessità di un ordinamento artificiale estraneo al pensiero analitico.

Sarà per voi facile girare per casa e, come facevano i romani, numerare i loci (in questo caso le stanze) in un ordine che vi sia naturale. Se la lista di voci è più lunga del numero dei loci, aggiungete un giro dentro ogni singola stanza. Ad esempio, il soggiorno può essere diviso in un certo numero di settori: il tappeto, il divano, il camino, lo stereo e la televisione. Seguite lo stesso schema in ogni stanza, muovendovi sempre nella stessa direzione, per esempio in senso orario. Poniamo che vogliate ricordare di fare le vostre commissioni in un certo ordine: dovete limitarvi a visualizzare ogni singola voce e a collegarla a ogni singolo luogo. Questo vi farà elaborare più rapidamente le associazioni di immagini ed evocare il richiamo nell'ordine considerato.

VOCI DA RICORDARE	LOCI
1. Garage	1. Porta di ingresso
2. Banca	2. Corridoio
3. Posta	3. Soggiorno
4. Tintoria	4. Sala da pranzo
5. Supermercato	5. Cucina

Da una parte avete una lista di cose da fare e la successione nella quale dovreste farle, dall'altra i loci, che potete ritrovare comodamente nell'ordine stabilito.

1. Pensate alla prima voce da ricordare: il garage. Costruite un'immagine mentale della vostra auto che blocca la porta di ingresso e

non si può muovere per un guasto. Soffermatevi alquanto sull'associazione garage-porta di ingresso.

2. Fate lo stesso per tutte le altre voci. Per l'associazione banca-corridoio, immaginate un cassiere che vi sorride nel corridoio o il pavimento ricoperto degli assegni che dovete depositare.
3. Ufficio postale-soggiorno: immaginate il pacco che volete spedire appoggiato sulla vostra poltrona preferita (un oggetto specifico nella stanza è più facile da visualizzare della stanza intera).
4. Tintoria-sala da pranzo: immaginate i vostri abiti appoggiati sul tavolo accuratamente avvolti nella carta della tintoria (oppure sporchi e spiegazzati se li stavate portando a lavare).
5. Supermercato-cucina: questa è un'associazione logica, sicché potete immaginare il frigorifero vuoto o, al contrario, strapieno dei cibi che dovete comprare (verdura, latte, ecc.).

Per ricordare la lista di commissioni in un certo ordine, dovete solo girare per i vostri loci, che conoscete bene, e le voci associate vi verranno in mente automaticamente. Ciò richiede un po' di tempo e di sforzo per visualizzare le associazioni di immagini che avete creato (le voci specifiche nei posti specifici). Dovete usare l'immaginazione e visualizzare le voci della lista in posti dove non siano situate abitualmente. Raramente vi capiterà un'associazione logica come quella supermercato-cucina, perché non potete scegliere di collocare le singole voci dove volete: l'ordine dei vostri loci è prestabilito e quello della lista di commissioni da ricordare l'avete stabilito voi e non conviene cambiarlo per creare associazioni logiche: così facendo verrebbe meno il principio stesso della tecnica; accettate come un gioco le associazioni strane che vi capiteranno. Quello che dovete fare è mettere la prima voce nel primo posto, la seconda nel secondo e così via. Impiegate almeno 15 secondi per visualizzare ogni voce nel posto giusto per rinforzare la vostra associazione di immagini. Ponete particolare attenzione alle associazioni troppo "facili", sulle quali tendiamo a non soffermarci: occorre sempre un tempo minimo per processare l'informazione. *Non date per scontato che ricorderete: fate in modo di esserne sicuri.*

In questo modo riterrete una lista per circa 24 ore, dopodiché si cancellerà. Il sistema funziona come una lavagna dove il nuovo elenco cancellerà quello precedente. Se per qualche motivo non volete usare la casa come serie di loci, ci sono varie alternative. Potreste usare, ad esempio, un altro edificio, una strada importante, un centro commerciale a voi ben noto, la camera da letto, l'automobile o le tasche di un vestito o di una borsa: come vedete, ci sono molte possibilità. L'idea basilare è scegliere una serie permanente di loci familiari, che possiate facilmente rintracciare in un ordine prestabilito.

In un tempo successivo potrete imparare a servirvi di molte serie di loci per ricordare permanentemente alcuni particolari elenchi. Ad esempio, potreste usare la cucina solo per tenere a mente l'elenco degli oggetti contenuti nella cassetta di sicurezza: questo può essere utile per sapere quello che vi avete depositato. Dopodiché non vi dispererete, come feci io una volta, quando pensai di avere smarrito la collana di perle. Elenchi di questo genere potranno mantenersi stabilmente nella memoria, purché li ripassiate spesso.

Il metodo dei loci

Il metodo dei loci è basato sull'associazione di immagini; in altri termini, dovete avere prima un'immagine mentale chiara delle voci che volete ricordare e associarla a quel particolare posto al quale possiate facilmente fare riferimento. Per servirvi del metodo dei loci, dovete rinunciare all'idea di elaborare associazioni logiche, proprio perché il metodo è fondato su associazioni di immagini illogiche.

Innanzitutto dovete trovare una serie di loci che vi siano familiari. Questa è la tappa più importante alla quale dovete dedicare un po' di tempo, assicurandovi di ottenere un quadro di riferimento chiaro e permanente sul quale lavorare. Per cominciare servono almeno 20 loci.

1. Visualizzate o disegnate una mappa della vostra casa o del vostro appartamento o di una stanza. Cominciate con la porta di ingresso e procedete da una stanza all'altra nell'ordine che vi viene naturale. Decidete una volta per tutte la direzione da seguire, per esempio in senso orario: dovrete infatti fare la vostra passeggiata

mentale attraverso i loci a voi familiari sempre in questo ordine, per creare le vostre associazioni di immagini con le voci da ricordare.

2. Date un nome e un numero progressivo ai vostri loci, usando una lista come la seguente (questi sono i miei loci).

1.	Cassetta delle lettere	11.	Antibagno
2.	Porta di ingresso	12.	Gabinetto
3.	Patio	13.	Doccia
4.	Porta a vetri	14.	Studio
5.	Corridoio	15.	Lavanderia e stireria
6.	Soggiorno	16.	Stanza blu
7.	Stanza della TV	17.	Bagno
8.	Cucina	18.	Stanza gialla
9.	Sala da pranzo	19.	Giardino
10.	Camera da letto	20.	Garage

Potete scegliere molti altri luoghi. Nell'esempio che vi ho dato non ho considerato i particolari di una singola stanza, perché, come vedete, ho una casa abbastanza grande. Ma se si trattasse di un appartamentino, avrei scelto i loci in questo modo: (1) cassetta delle lettere, (2) porta di ingresso, (3) corridoio, (4) stereo, (5) poltrona di cuoio, (6) giradischi e altoparlanti, (7) divano, (8) tavolino basso, (9) caminetto, (10) sedia arancione, (11) libreria, (12) televisore, (13) tavolo grigio, (14) sedie attorno al tavolo, (15) quadro, (16) divano-letto, (17) serie di tavolini, (18) lampada, (19) orologio a muro, (20) tappeto.

Come vedrete, trovare loci non è difficile: potete ricavarne una serie da ogni stanza. L'esperienza mi ha insegnato a visualizzare un solo oggetto come simbolo di una stanza: quanto più specifica è l'immagine di un posto, tanto più facile è elaborare un'associazione con la voce da ricordare. Per esempio quando penso alla cucina il primo (e più chiaro) oggetto che mi viene in mente è il frigorifero: il mio ha una bella patina di vecchiaia ed è molto più capiente di tutti i nuovi modelli che ho visto in giro. Scegliete i vostri loci con naturalezza e secondo le vostre preferenze. L'unica cosa cui dovete badare è selezionarli nel loro ordine naturale.

3. Ora fate una passeggiata mentale per i vostri loci nell'ordine e

nella direzione che avete stabilito: fatevi un'immagine chiara di ogni singolo posto e del corrispondente numero d'ordine. D'altra parte dovreste essere in grado di apprendere rapidamente la loro successione, perché state seguendo la disposizione naturale della vostra casa. Siccome i vostri loci sono permanenti e a voi familiari, li conoscete già e vi sarà facile, al momento opportuno, visualizzarli nell'ordine corretto.

Quando rileggete la vostra lista, verificate se vi riesce di visualizzare ogni posto chiaramente e distintamente. Scartate i posti difficili da visualizzare (una donna mi fece notare che dimenticava sempre le cose che localizzava su un tavolo nascosto in un angolo di una camera buia. Se non riuscite a "vedere" un determinato posto con chiarezza, scartatelo perché si rivelerà un punto debole del vostro sistema).

4. Non appena avrete stabilito la vostra serie di loci, sarete pronti a usare questo metodo per ricordare un elenco di voci in un ordine prestabilito. Tuttavia, leggete prima le seguenti due sezioni, che vi faciliteranno ulteriormente il compito.

Suggerimenti utili

1. *Non cercate di accelerare* il processo della formazione di immagini associate. Con l'esercizio diventerete più rapidi, ma vi ci vorrà sempre un po' di tempo, almeno qualche secondo: i ricordi non vengono mai registrati all'istante. Tempo e fatica sono sempre coinvolti in una processazione approfondita, anche se non ve ne accorgete.
2. *L'aggiunta di un'impressione emotiva* all'associazione di immagini rinforza la memorizzazione, rendendola più personale per il solo fatto di coinvolgere diversi aspetti della personalità. Ad esempio:

VOCE	POSTO	ASSOCIAZIONE DI IMMAGINI	IMPRESSIONE EMOTIVA
pane	cassetta delle lettere	non si riesce a farcelo entrare	che peccato pigiarcelo dentro!

3. *Divertitevi a fare associazioni irrazionali*, bizzarre, invece di evitarle. All'inizio potreste opporvi a questo metodo sul piano razionale ("ma è una stupidaggine!"). Provate lo stesso e vedrete che funziona.
4. *Abbiate pazienza, datevi una possibilità*. Ci vuole del tempo per capire il metodo, accettarlo come strumento valido e infine applicarlo.

Errori da evitare

1. *Non abbiate fretta quando mettete per iscritto i vostri loci*. Impiegate un po' di tempo per scegliere la serie di loci che dovrà essere permanente. Questa è la tappa più importante. Selezionate accuratamente i posti da visualizzare, metteteli alla prova con alcuni esercizi. Se i vostri loci non vi sono chiari e non sono disposti in un ordine "naturale", avrete difficoltà a rintracciarli. Quando avrete trovato una serie di loci che vi sembrano adatti, scriveteli nel vostro quaderno.
2. *Evitate di scegliere due loci simili* (per esempio due tavolini uguali, due armadi, due o più sedie simili); raggruppateli piuttosto in una singola immagine. Visualizzare lo stesso oggetto in due posti differenti crea confusione e potrebbe farvi perdere il vostro ordine così prezioso.
3. *Tralasciate le porte, a meno che non siano molto particolari*: per evitare confusioni, non includete le porte interne, che sono troppo neutre e simili tra loro; ignoratele come fanno i fantasmi.
4. *Scegliete loci di per sé permanenti*. Non scegliete oggetti che possano poi cambiare di posto come i libri, a meno che non si tratti di uno scaffale o della Bibbia sul vostro comodino. I fiori possono esserci oggi e non più domani; quindi eliminateli, a meno che non abbiate un mazzetto di fiori secchi sempre nello stesso posto.
5. *Evitate di sovraccaricare la vostra serie di loci* nel tentativo di ricordare troppi elenchi in una volta: per cominciare basta uno al giorno. Sebbene il tutto funzioni come una lavagna, dove il nuovo elenco "cancella" quelli precedenti, i primi tentativi vi rimarranno più a lungo nella memoria perché ad essi avete dedicato

più tempo e fatica. Col tempo e con sempre nuovi elenchi registrati più semplicemente, i primi tenderanno a scomparire. Se in principio da uno dei vostri loci saltano fuori due oggetti invece di uno, non ve la prendete: identificate quello più vecchio e quello nuovo e andate avanti. Se volete ricordare diversi elenchi lo stesso giorno, usate loci differenti per i singoli elenchi. Per esempio, per 12 articoli da comperare al supermercato, usate i primi 12 loci e per 5 commissioni da fare usate i successivi 5 (13-18).

Esercizi di prova

1. Compilate un elenco dei vostri loci su un foglio di carta, numerandoli chiaramente. Accanto scrivete e numerate un elenco di oggetti da comperare (i due elenchi devono essere uno di fronte all'altro).
2. Visualizzate il primo locus e il primo oggetto. Elaborate una chiara associazione di immagini che li comprenda entrambi (ad esempio, se vi servono delle carote, immaginatele spuntare dalla cassetta delle lettere).
3. Impiegate un po' di tempo a visualizzare i due oggetti insieme. Potreste finire con una breve storia con un tocco emotivo: umorismo, offesa, sorpresa, qualsiasi altro sentimento.
4. Chiudete gli occhi e commentate la vostra associazione di immagini. Procedete quindi alla voce successiva. L'intero procedimento richiederà circa 15 secondi per ogni voce.

Sintesi rapida

1. Il metodo dei loci rende più facile ricordare un elenco di voci in un determinato ordine.
2. Funziona come una lavagna e mantiene le informazioni per 24 ore.
3. Fondato sull'associazione di immagini, consiste nell'associare una voce da ricordare con un luogo familiare. La chiave del me-

todo è la visualizzazione contemporanea delle due cose (è lo stesso principio seguito per ricordare nomi e visi).

4. Siccome il vostro elenco di voci permanenti segue un ordine naturale, vi sarà facile rintracciarlo a piacere.
5. Visualizzate la prima voce nel primo posto, la seconda nel secondo posto e così via.
6. Una passeggiata mentale lungo i vostri loci vi riporterà alla mente l'elenco delle cose da ricordare.

Esercizi

Esercizio 1. Elenco di prova: preparativi per un viaggio

Scrivete il vostro elenco in colonna accanto a quello dei vostri loci. Visualizzate la prima voce nel primo posto e continuate fino alla fine. Richiamate questo elenco passando in rassegna i loci: (1) passaporto, (2) patente, (3) traveler's chèques, (4) biglietti dell'aereo, (5) agenda degli indirizzi, (6) macchina fotografica, (7) nécessaire da toilette, (8) asciugacapelli, (9) rasoio, (10) ombrello, (11) costume da bagno, (12) medicine, (13) tappi per le orecchie, (14) scarpe da passeggio, (15) borsa dell'acqua calda, (16) detersivo, (17) appendiabiti, (18) jeans, (19) occhiali da sole, (20) chiavi di casa.

Esercizio 2. Altri tipi di elenchi

Gli elenchi seguenti devono essere studiati gradatamente. Cominciate con l'elenco 1 e cercate di memorizzare 10 parole con il metodo dei loci; poi aggiungetene altre 5, infine provate con le 20 voci insieme. Fate lo stesso con l'elenco 2. Cercate di ricordare 15 voci dell'elenco 3 quindi aggiungete le ultime 5.

	Elenco 1	*Elenco 2*	*Elenco 3*
1.	Tronco	Cane	Maiale
2.	Tacchino	Fiammiferi	Sabbia
3.	Elefante	Piatto	Cucchiaio
4.	Forchetta	Libro	Rivista
5.	Computer	Fiore	Erba

6. Paglia	Edera	Ape
7. Tovagliolo	Caverna	Pino
8. Fuoco	Nebbia	Mais
9. Cambio	Monete	Pioggia
10. Sfortuna	Padre	Segale
11. Piede	Mano	Graffio
12. Dentista	Medico	Chirurgo
13. Fumo	Vento	Tappo
14. Mentale	Doppio	Astuto
15. Disco	Spina	Salamoia
16. Doccia	Suora	Infermiera
17. Vino	Bourbon	Cavallo
18. Croce	Stella	Prato
19. Triangolo	Piazza	Cerchio
20. Collera	Paura	Amore

Quando vi sembrerà di cavarvela bene con questi elenchi miscellanei, cercate di usare il metodo come gioco di società. Chiedete ai vostri amici di nominare una serie di oggetti, uno per volta; impiegate un po' di tempo per visualizzarli nei vostri loci, quindi ritornate sui vostri passi: gli oggetti balzeranno fuori dalla vostra memoria. Più tardi sarete addirittura in grado di ricordarli per il loro numero d'ordine.

Esercizio 3. Come ricordare le ricette di cucina (o altre istruzioni) col metodo dei loci

Galletto alla papaia (o a qualche altro frutto esotico)

1. Nel primo luogo visualizzate i galletti spalmati con una pasta fatta di margarina e polvere di curry (visualizzate il procedimento di mescolare gli ingredienti e di spalmare i galletti e anche il piatto pronto per il forno).
2. Nel secondo luogo visualizzate i galletti messi in forno a fuoco medio (visualizzate il numero 4 scritto in rosso sullo sportello del forno).
3. Nel terzo luogo visualizzate una piccola scodella in cui avrete mescolato del "chutney" e del succo di limone (regolate un orologio

da cucina sui 30 minuti e visualizzate la salsa da versare quando la sveglia suona).

4. Nel quarto luogo visualizzate una papaya matura, dorata, tagliata in cubetti e messa a guarnire i galletti finché non sia calda, 20 minuti dopo l'aggiunta della salsa (regolate di nuovo l'orologio sui 10 minuti e visualizzate i cubetti di papaya freddi che diventano sempre più caldi intorno ai galletti).
5. Nel quinto luogo visualizzate del riso alla pilaf pronto per essere servito con i galletti.

NOTA. Ripassate il tutto per essere sicuri di ricordare i tempi corretti. Per la cottura occorre in tutto un'ora, divisa in tre tempi a seconda degli ingredienti da aggiungere: dopo 30 minuti, dopo 50 minuti e alla fine prima di servire.

Questo è solo un esempio di una possibile applicazione del metodo. Potete provare a ripartire la ricetta in un numero maggiore di loci; trovo però che sia più pratico raggruppare i tempi come sopra indicato, perché in una singola associazione di immagini è facile visualizzare in una volta sola parecchi ingredienti mescolati insieme. Dovete arrivare a una rappresentazione molto precisa della consistenza, del colore e del profumo del piatto ottenuto. Il metodo vi dà anche una rappresentazione dinamica di come eseguire la ricetta e funziona per la maggior parte dei cuochi. Provate la prossima volta che vedrete una dimostrazione di arte culinaria alla TV o quando sarete ospiti di un'amica che abbia la passione della cucina (ricordatevi di annotare la ricetta entro 24 ore).

Esercizio 4. Apprendimento di elenchi di voci della vita quotidiana

Scrivete ogni giorno una lista di voci e analizzate come siete arrivati a memorizzarla. Prima di cominciare, leggete e visualizzate i vostri loci, che dovreste conoscere alla perfezione. Ai primi tentativi, quando collocate e richiamate alla mente le voci da ricordare, potete guardare la lista di loci, ma presto non avrete più bisogno di nessuna verifica. Cominciate con 10 voci, poi con 15 e quindi con 20. Oltre a imparare una lista al giorno, sarebbe bene che scriveste come ci siete riusciti e le difficoltà che avete incontrato. In questo capitolo avete trovato alcune liste semplici, ma è meglio che scegliate le vostre: avrete maggiori motivazioni per ricordarle.

Esercitatevi con le commissioni da sbrigare, con le liste della spesa, con l'elenco dei vostri beni o degli oggetti conservati nella vostra cassetta di sicurezza, con l'elenco dei vostri guai o delle vostre soddisfazioni, ecc. Insomma con quello che vi pare! Questo sarà per voi più interessante degli elenchi di prova, sui quali peraltro è utile che vi esercitiate.

È importante impiegare questo metodo a ogni occasione perché serve a mantenere allenata la memoria. Come la capacità di osservazione, anche questa tecnica può entrare a far parte della vostra vita: un esercizio quotidiano vi garantirà un facile successo e usando la memoria eviterete di perderla. Nel campo della gerontologia c'è un detto che emerge da tutti i campi della ricerca: "quello che non si usa va fuori uso".

CAPITOLO 11

LEGGERE PER RITENERE

"Ci sono libri da assaggiare, altri da inghiottire e pochi da masticare e da digerire".

Francis Bacon

Non sarebbe bello poter ricordare tutto ciò che abbiamo letto o studiato? Forse, ma non ne sono tanto sicura. Certamente vi sarà passata per le mani tanta carta stampata di nessun interesse o che potrebbe aver avuto un certo interesse una volta, ma ora non più. La memoria serve a soddisfare le necessità attuali. Eppure ci sono persone che leggono e ritengono a tal punto da essere un inesauribile schedario di notizie su qualunque argomento. Che cosa hanno di speciale queste persone?

Questi individui hanno una particolarissima curiosità intellettuale e una grande capacità di arrivare all'essenza delle cose. Sono sensibili a qualunque stimolo capace di attivare la memoria; sono selettivi e hanno una particolare flessibilità nel dosare lo sforzo necessario per ricordare. I loro sistemi di archiviazione sono bene organizzati e attraverso le moltissime schede conservate nel loro archivio hanno accesso a moltissimi ricordi. Ma soprattutto essi consultano continuamente queste schede, essendo dotati di una mente molto attiva. Tra di loro vi sono dei perfezionisti che si lamentano, del tutto ingiustificatamente, della loro memoria, come lo scrittore del Rinascimento francese Montaigne, che mostrava di non apprezzare la sua meravigliosa memoria associativa. Siccome rifiutava per principio di imparare a memoria meccanicamente, conosceva pochi testi a mente ma aveva una cultura immensa, basta leggere i suoi *Saggi* per rendersene conto. Il suo motto era "Meglio una mente ben costruita che un mente piena".

Anche le persone dotate di una eccellente memoria ricordano solo una piccola frazione di quello che leggono, il che peraltro sembra essere più che sufficiente. Ma d'altra parte sono dei lettori migliori degli altri: elaborano ciò che leggono, interrompendosi per riflettere, per commentare, per prendere appunti, rielaborano e riorganizzano il materiale che ritengono più interessante. Hanno tutti una passione in comune: il bisogno inestinguibile di comprendere il mondo che li circonda. Mortimer Adler in *Come leggere un libro* sottolinea l'importanza di leggere criticamente e al tempo stesso candidamente, con lo scopo dichiarato di comprendere: "Quando leggiamo per informarci, acquisiamo dei fatti. Quando leggiamo per comprendere, apprendiamo non solo i fatti, ma anche il loro significato". Ed è proprio questo che aiuta la memoria.

Se volete ricordare quello che avete appena letto, dovete soffermarvici un po' di tempo per fissarlo nella memoria. Ciò richiede uno sforzo, che può essere anche piacevole, e un certo metodo basato su nuove applicazioni di quei principi generali che avete già appreso.

Ricerche svolte presso il Carnegie-Mellon Institute for Learning hanno dimostrato che "le differenze nelle prestazioni che si osservano tra gli studenti di una classe non sono tanto una funzione di differenze del QI, quanto di differenze nelle strategie usate per acquisire l'informazione". Ciò significa che noi riteniamo di più o di meno a seconda di come leggiamo e quindi è la pedagogia, cioè l'arte di insegnare, quella che fa la differenza. Applicando la teoria alla vita pratica, vediamo che tutti noi apprendiamo meglio quando correliamo ogni nuova conoscenza all'esperienza. Invece di limitarci ad accumulare fatti, dobbiamo riflettere su di essi e cercare di comprenderli. La ricerca più recente ha verificato il concetto che la comprensione è una delle basi dell'apprendimento e della memoria; se non si attribuisce un senso all'informazione, non si riesce ad apprenderla. È per questo che i numeri si ricordano meglio con l'aiuto di codici o sistemi e le parole prive di senso si dimenticano subito perché non vengono processate a un livello che garantisca una ritenzione a lungo termine. Come abbiamo visto via via in questo libro, la ricerca del significato è la chiave per l'approfondimento della processazione.

In effetti è possibile imparare a leggere in maniera più efficace. Ma come? Disponendo la mente a un atteggiamento attivo, ponendosi domande, organizzando il materiale a mano a mano, soffermandosi a riflettere sulle idee fondamentali esposte nello scritto e rielaborandolo in modo creativo. Subito dopo la lettura è il momento migliore per discutere il materiale, svilupparlo e rielaborarlo secondo le vostre finalità. Se volete memorizzare soltanto un'idea per parlarne a un amico, non vi serviranno certo lo stesso tempo e lo stesso impegno di quando studiate per un esame. Anche in questo caso è normale dimenticare col tempo ciò che si è studiato se non ci si torna sopra continuamente. Ad esempio, potreste avere appreso un tempo una quantità di nozioni di chimica, di letteratura o, che so io, di aviazione, ma essendo venuto meno in voi l'interesse per quegli argomenti, potreste credere che non ve ne sia rimasto nessun ricordo. È verosimile che in effetti non ve ne sia traccia nello schedario della vostra vita attiva di tutti i giorni (la zona blu), ma che ve ne siano tracce nascoste nella zona grigia. Se avevate memorizzato l'argomento in maniera sistematica, con una piena comprensione dei principi fondamentali, sarete certamente capaci di recuperarne il ricordo quando ne avrete la necessità. A quel punto potrete richiamare una quantità ancora maggiore di materiale attraverso la deduzione e altre operazioni logiche. Se avete registrato alcune esemplificazioni o illustrazioni del principio, queste vi riappariranno come associazioni di immagini.

La cultura, del resto, è un processo di apprendimento cumulativo: quando ci imbattiamo in qualcosa di nuovo, lo integriamo con ciò che già conosciamo e, essendo la memoria di riconoscimento molto efficiente, è facile rievocare ciò che un tempo abbiamo studiato. Apprendere nuovamente qualcosa è più facile perché abbiamo già una scheda cui riferirci. Ma tutto ciò vale se l'apprendimento si è svolto correttamente la prima volta: affastellare nozioni per un esame può servire a breve termine, ma il risultato non resiste alla prova del tempo. Gli allievi migliori sono quelli che studiano con regolarità e in modo approfondito, perché danno al materiale il tempo di fissarsi; integrano in modo organizzato il nuovo nelle conoscenze precedenti; non sono pietre che rotolano, ma rocce sulle quali si accumula il muschio: in una parola, più cultura che nozioni. A mano a mano che aggiungono nuove conoscenze, essi rivedono ciò che già sanno, con la conseguenza che gli schedari della loro memoria sono più attivi di quelli della media delle persone. Trascorsi molti anni dall'apprendimento, tutti noi ricordiamo solo quello che abbiamo imparato metodicamente e in modo approfondito e che ci ha maggiormente interessato. È la combinazione della componente emotiva e di quella intellettiva che incide sulla memoria in misura più significativa. Voi stessi potrete verificare queste affermazioni domandandovi quali sono stati i corsi, gli autori e gli insegnanti che ricordate meglio.

Cercare di ricordare tutto ciò che si legge è impossibile e non servirebbe a nulla; è invece utile e possibile adoperarsi a ricordare ciò che più ci interessa, con il preciso scopo di dividerlo con qualcuno finché sia un argomento di attualità, cioè non troppo a lungo dopo l'avvenimento. Normalmente, 48 ore dopo una lettura, la gente ricorda soltanto circa il 20 per cento di quello che ha letto, e solo i concetti principali. Per migliorare questa percentuale, dovete seguire uno schema di presa di coscienza e di analisi. Per facilitarne il richiamo vi sono cose da fare prima, durante e dopo la lettura.

Prima ancora di cominciare bisogna concentrarsi, eliminando le fonti di distrazione e di interferenza. Spegnete la radio o la TV; mettetevi fuori della portata del vostro cagnolino petulante o dei vostri bambini, se è possibile; se no, c'è sempre la possibilità dei tappi nelle orecchie. Così pure, prefissando un limite di tempo per la lettura, si finisce col leggere più intensamente. Accertatevi insomma di potervi impegnare completamente nella lettura.

Prima di tutto vi mostrerò come integrare immaginazione e visualizzazione nelle vostre abitudini di lettore, seguendo il modello fondamentale, dall'informazione alla processazione, dai canali sensoriali ed emozionali a quelli intellettivi. Quindi enuncerò un principio generale, oltre ad alcuni suggerimenti specifici che vi aiuteranno a indirizzare la mente verso gli aspetti più importanti della lettura (pensiero finalizzato). Infine vi proporrò una strategia di apprendimento facile e sicura, l'SQ3R. Ognuna delle quattro sezioni sarà seguita da esercizi per l'applicazione di ogni singola metodica. Più tardi potreste volerle usare tutte insieme. Sono convinta che combinando insieme queste tecniche si possono ottenere risultati molto migliori.

Metodo delle immagini mentali: una nuova prospettiva di lettura

Abbiamo visto finora come l'immaginazione e la visualizzazione rafforzino la memoria e come la costruzione di immagini mentali favorisca il processo della loro elaborazione. L'applicazione di tutto ciò alla lettura è facile e gratificante: con la visualizzazione e con l'immaginazione potrete ottenere un'immagine chiara del soggetto. L'organizzazione vi garantirà poi di schedare i vostri ricordi nel modo più favorevole ai fini di un richiamo efficace, ad esempio in una serie di scene disposte in un determinato ordine.

Come regola generale, dovete procedere dalle immagini contenute nel testo al significato che esse illustrano (dalla forma al contenuto). A questo fine la mente deve essere come una macchina fotografica e registrare ogni cosa in termini di immagine: il testo diventa allora un palcoscenico, con scene, personaggi, azione e intreccio.

1. Visualizzate il testo via via che lo leggete, concentrandovi sulla situazione specifica, sui sentimenti e sull'ambientazione. Queste immagini concrete saranno idee rivissute nei personaggi e nella trama del racconto.
2. Osservate come si succedono le immagini e le scene, pensatele come una successione di immagini specifiche.
3. Visualizzate questa serie di immagini nell'ordine in cui compaiono nel testo. Prendetene nota coscientemente nel momento stesso in cui le leggete e anche dopo. In questo modo registrerete l'intero brano attraverso una successione di immagini.
4. Valutate l'originalità dell'autore, la sua particolare visione artistica: le immagini, nel momento stesso in cui veicolano un messaggio pregno di significato, riflettono lo stile dell'autore. Considerate l'effetto che la lettura ha su di voi e commentatelo.

Esercizio 1. Leggere con l'immaginazione

Cominciate con i testi seguenti e poi scegliete quelli che più vi piacciono. Visualizzate immagini e scene nel momento stesso in cui leggete. Quando avrete letto l'intero brano, mettete per iscritto tutte le immagini che ricordate, annotandole con la massima precisione possibile, come vi vengono alla mente. Dopodiché cercate di ricostruire la successione delle scene, così come figurano nel testo. Verificate il vostro ricordo dando di nuovo uno sguardo al testo. Prendete nota di ciò che vi è sfuggito, ma anche di ciò che avete ricordato e continuate ad applicare questo metodo qualunque cosa leggiate. Ci vuole del tempo per sviluppare queste nuove abitudini di lettura, ma vi piacerà certamente imparare a leggere attraverso l'immaginazione: le scene resteranno vivide per anni nella memoria e vi rievocheranno il testo. Ricorderete immagini e frasi particolari, vi si riveleranno più chiaramente lo stile dello scrittore e la sua particolare visione artistica, non soltanto i temi trattati (inutile sottolineare che trarranno vantaggio dall'applicazione di questo metodo soprattutto gli studiosi di materie letterarie).

La casa Buonarroti e il bambolaio

Dieci anni prima della fine dell'Ottocento si vedeva in Firenze, in via Ghibellina, proprio accanto alla casa Buonarroti, la botteghina dove si fabbricavano e si vendevano bambole e bambolotti di cencio. Mi fermavo volentieri davanti al vetro polveroso dietro il quale stavano non del tutto ritte e non del tutto distese alcune ingenue e vilie bambole fatte in quella bottega. La testa era coperta di una capigliatura di crine animale o forse di capelli veri tolti a una vecchia parrucca; gli occhi erano fatti con le perline di vetro azzurro appiccicate con un punto; le gote floride erano segnate da due macchie rotonde di pastello roseo; la bocca era formata da due fili sovrapposti di grossa lana rossa. Queste bambole avevano abiti strani e fantastici, che pretendevano a una specie di lusso esotico, forse orientale, ed erano in generale di seta finta e stinta ma arricchiti sempre da ritagli di galloni dorati e di frange d'argento. Facevano in quella penombra impressione di creature d'un altro mondo, perché non somigliavano alle idiote faccine delle bambole di porcellana con gli occhi mobili e le labbra atteggiate a un eterno sorriso di meraviglia senza ragione, e tanto meno somigliavano a persone vere e vive.

Io mi fermavo spesso a guardarle, non avendo né il denaro né il coraggio di entrare nella bottega per comprarne una e contemplavo anche certe stravaganti maschere di cartapesta, mostruosamente imbecilli, pitturate con tinte violente e assurde, che erano l'unica compagnia dei fantocci femmine riempiti di segatura. Mi allontanavo soltanto quando si faceva sull'uscio il bambolaio, un vecchio magro, pensoso con spinosi sopraccigli e il cranio pelato, che mi fissava crudelmente con due occhi di un celeste duro di maiolica. Io, allora, intimidito da quello sguardo severo di artefice e di giudice, mi allontanavo lungo il marciapiede e mi trovavo subito dinanzi alla porta della casa Buonarroti. E ora soltanto, a distanza di tanti anni, mi stupisce e mi diverte il pensiero di quella singolare vicinanza tra la veneranda casa dove sono accolte le prime opere del più grande scultore del mondo e quella dimessa e misera officina, dove un povero artigiano da strapazzo fabbricava con le sue vecchie mani quei ridicoli bambolotti di cencio e di stoffa che mi incantavano inutilmente coi loro occhi di vetro, alla fine degli stanchi crepuscoli d'estate.

Giovanni Papini
(da *Il muro dei gelsomini*)

La volpe e la cicogna

Un giorno la cicogna invitò a pranzo la volpe.

Andò a prendere una brocca di latte, la mise su un sasso, vi infilò il becco e bevve. Quando estrasse il becco per respirare, ne caddero poche gocce, che la volpe si affrettò a leccare.

Quando la cicogna ebbe bevuto tutto il latte, disse alla volpe: "Hai bevuto, cara? Ne hai avuto a sazietà?". "Sì — disse la volpe — e ora vorrei che tu fossi mia ospite a pranzo domani".

E così il giorno dopo si incontrarono, alle prime luci del giorno, in un luogo roccioso. La volpe, a sua volta, aveva portato una brocca di latte; la mise su una pietra piana, la ruppe, cosicché il latte si versò sulla pietra; si chinò e lo leccò tutto, mentre la cicogna batteva il becco sulla pietra senza riuscire a nulla.

Disse allora la volpe: "Bene, cara, hai bevuto il tuo latte? Ne hai avuto a sazietà?"

"Ah, cara, mi hai battuto".

"Ti ho solo trattato, mia cara, come tu avevi trattato me".

Dalle *Favole* di Esopo

Come memorizzare la poesia

Quantunque ogni testo possa essere visualizzato, la poesia è l'ideale per leggere attraverso le immagini. Le poesie sono fatte di immagini (metafore), che colpiscono l'immaginazione, evocano sensazioni, sollecitano lo spirito, e chiedono solo di essere ricordate. Ecco poche regole perché ne possiate godere appieno.

Esercizio 2. Come leggere una poesia

1. Leggete la prima strofa della poesia ad alta voce, concentrandovi sulle immagini.
2. Chiudete gli occhi e cercate di visualizzarle.
3. Fate lo stesso con la seconda strofa. Continuate fino a che non avrete letto e visualizzato l'intera poesia.
4. A questo punto dovreste avere una rappresentazione chiara delle immagini che vi sono espresse. Verificate leggendo ad alta voce l'intera poesia. Questa volta le immagini si formeranno spontaneamente nella mente, rinforzando concretamente le idee.
5. Cercate di ricostruire la poesia con l'immaginazione. Chiudete gli occhi e visualizzate le immagini che vi tornano alla mente. Scrivetele con le parole che ricordate.
6. Verificate rileggendo un'altra volta ad alta voce la poesia. Se necessario, correggete le immagini riguardando il testo con attenzione; correggete anche l'ordine nel quale ve le siete rappresentate.
7. Ultimo punto, ma non per questo il meno importante: porgete attenzione al suono delle parole, al ritmo e alle rime.

Esercizio 3. Parlare di una poesia

Parlate a un amico della poesia, descrivendola e poi esprimendo l'effetto che ha avuto su di voi.

Esercizio 4. Come imparare a memoria una poesia

Infine, ammettiamo che vogliate imparare a memoria una poesia. In questo caso dovete seguire il metodo dell'*apprendimento cumulativo*: imparate una strofa al giorno, ripassando ogni volta quelle precedenti. Cercate di integrare tutto ciò che avete imparato finora — la visualizzazione, il valore del sentimento, il contesto, il coinvolgimento emozionale, la presa di coscienza sensoriale — e imparate la poesia come farebbe un attore, con un misto di pensiero e di sentimento.

Tanto gentile e tanto onesta pare

Tanto gentile e tanto onesta pare
la donna mia quand'ella altrui saluta,
ch'ogni lingua divien tremando muta
e li occhi no l'ardiscon di guardare.

Ella si va, sentendosi laudare
benignamente d'umiltà vestuta;
e par che sia una cosa venuta
da cielo in terra a miracol mostrare.

Mostrasi sì piacente a chi la mira,
che dà per li occhi una dolcezza al core
che intender non la può chi non la prova:

e par che da le sue labbia si mova
uno spirto soave pien d'amore,
che va dicendo a l'anima: Sospira.

Dante Alighieri
(da *La vita nova*)

San Martino

La nebbia agl'irti colli
piovigginando sale,
e sotto il maestrale
urla e biancheggia il mar;

ma per le vie del borgo
del ribollir de' tini
va l'aspro odor dei vini
l'anime a rallegrar.

Gira sui ceppi accesi
lo spiedo scoppiettando;
sta il cacciator fischiando
su l'uscio a rimirar

tra le rossastre nubi
stormi d'uccelli neri,
com'esuli pensieri,
nel vespero migrar.

Giosuè Carducci
(da *Rime e Strofe*)

Il gelsomino notturno

E s'aprono i fiori notturni,
nell'ora che penso a' miei cari.
Sono apparse in mezzo ai viburni
le farfalle crepuscolari.

Da un pezzo si tacquero i gridi:
là sola una casa bisbiglia.
Sotto l'ali dormono i nidi,
come gli occhi sotto le ciglia.

Dai calici aperti si esala
l'odore di fragole rosse.
Splende un lume là nella sala.
Nasce l'erba sopra le fosse.

Un'ape tardiva sussurra
trovando già prese le celle.
La chioccetta per l'aria azzurra
va col suo pigolìo di stelle.

Per tutta la notte s'esala
l'odore che passa col vento.
Passa il lume su per la scala;
brilla al primo piano: s'è spento...

È l'alba: si chiudono i petali
un poco gualciti; si cova
dentro l'urna molle e segreta,
non so che felicità nuova.

Giovanni Pascoli
(da *I canti di Castelvecchio*)

Autunno

Autunno. Già lo sentimmo venire
nel vento d'agosto,
nelle piogge di settembre
torrenziali e piangenti,
e un brivido percorse la terra
che ora, nuda e triste,
accoglie un sole smarrito.
Ora passa e declina,
in quest'autunno che incede

con lentezza indicibile,
il miglior tempo della nostra vita
e lungamente ci dice addio.

Vincenzo Cardarelli

Maestrale

S'è rifatta la calma
nell'aria: tra gli scogli parlotta la maretta.
Sulla costa quietata, nei broli, qualche palma
appena svetta.

Una carezza disfiora
la linea del mare e la scompiglia
un attimo, soffio lieve che vi s'infrange e ancora
il cammino ripiglia.

Lameggia nella chiarìa
la vasta distesa, s'increspa, indi si spiana beata
e specchia nel suo cuore vasto codesta povera mia
vita turbata.

O mio tronco che additi
in questa ebrietudine tarda
ogni rinato aspetto coi germogli fioriti
sulle tue mani, guarda:

sotto l'azzurro fitto
del cielo qualche uccello di mare se ne va;
né sosta mai: perché tutte le immagini portano scritto:
"più in là!".

Eugenio Montale
(da *Ossi di seppia*)

Leggere per idee e significati personali

Principio generale. Procedere dal generale al particolare

1. Prendete nota innanzitutto del soggetto, o tema, e delle idee conduttrici. Cercate il messaggio essenziale contenuto nel testo. Su che argomento verte?

   Soffermatevi sul titolo, sui sottotitoli, sul sommario, sulle citazioni o su qualsiasi altra indicazione fornita dall'autore. Tutti questi elementi concorreranno a chiarirvi l'idea conduttrice.

Ponetevi dei quesiti: essi nascono dal riconoscimento dell'idea conduttrice.

Cercate di rispondere a questi quesiti, sia durante che dopo la lettura.

Seguite il filo conduttore dell'idea. Prendete nota di come si dipana e di come viene illustrata: vi guiderà, come il filo di Arianna, fuori dal labirinto. Afferratevi ad essa e non perdetevi in digressioni e in dettagli superflui.

2. Notate i particolari che vi colpiscono di più: immagini, parole, dialoghi, personaggi. Analizzate come vi viene trasmesso il messaggio del testo: che effetto ha su di voi?

   Mentre leggete, prendete nota delle parole chiave, delle immagini che ricorrono più spesso e degli esempi con i quali viene illustrata l'idea conduttrice. Rendetevi conto dell'originalità del pensiero, della bellezza dell'espressione e dell'impatto che entrambe hanno su di voi.

3. Analizzate la struttura del brano che state leggendo. Quanti paragrafi ci sono? Di solito c'è una sola idea per paragrafo: trovatela e mettetela per iscritto; fate come se fosse il titolo del paragrafo: cercare un titolo costringe a riassumere l'idea.

   Le idee conduttrici sono quelle che determinano la struttura del testo: il filo di Arianna vi mostrerà la via. Infine rivedete le diverse tappe e gettate uno sguardo prospettico all'insieme del testo.

Prima di iniziare la lettura, dovete avere già un'idea di ciò che vi aspetta. Il soggetto vi permetterà di stabilire quanta concentrazione e quale tipo di organizzazione vi richiederà quella particolare lettura.

Durante la lettura, dovete vedere l'idea conduttrice che la anima. Leggete in modo attivo, cercando i particolari, le parole, le immagini più significative e analizzando le vostre impressioni.

Dopo la lettura, dovete ricatturare l'idea conduttrice, il modo in cui essa vi viene comunicata e commentare il testo se ritenete che ne valga la pena. La capacità che svilupperete in questa opera di revisione sarà il fattore determinante del ricordo che serberete di quel testo.

Esercizio 5. Come leggere secondo un principio generale

Scrivete un breve commento su ogni testo che volete ricordare, seguendo le linee guida precedentemente esposte. Cominciate con quelli che sono stati scelti per voi in questo capitolo. Alla prima lettura cercate le idee conduttrici e annotate le parole chiave e le immagini; a mano a mano che procedete, raggruppatele. Cercate di farvi un'idea d'insieme del testo. Alla seconda lettura, occupatevi della struttura e dei particolari, cercando di approfondire la comprensione del testo. Soffermatevi dopo ogni paragrafo e ponetevi alcune domande: Vi piace? perché, o perché no? Che effetto ha su di voi? L'autore ha reso efficacemente la sua idea? Siete d'accordo con l'autore? Commentate.

Dal *Trecentonovelle*[1]

Nella città di Genova io scrittore trovandomi già fa più anni, essendo nella piazza de' mercatanti in uno gran cerchio di molti savi uomeni d'ogni paese, tra' quali era messer Giovanni dell'Agnello e alcuno suo consorto e alcuni Fiorentini confinati da Firenze, e Lucchesi che non poteano stare a Lucca, e alcuno Sanese che non potea stare in Siena, e ancora c'era certi Genovesi; quivi si cominciò a ragionare di quelle cose che spesso vanamente pascono quelli che sono fuori di casa loro, cioè di novelle, di bugie e di speranza, e infine di astrologia; della quale sì efficacemente parlava uno uscito di Pisa che avea nome Fazio, dicendo pur che per molti segni del cielo comprendea che chiunque era uscito di casa sua, fra quello anno vi dovea tornare, allegando ancora che per profezia questo vedea; e io contradicendo che delle cose che doveano venire, né elli né altri ne potea esser certo; ed elli contrastando, parendogli essere Alfonso o Tolomeo, deridendo verso me, come egli avesse innanzi ciò che dovea venire, e io del presente non vedesse alcuna cosa. Onde io gli dissi:

— Fazio, tu se' grandissimo astronomaco, ma in presenza di costoro rispondimi a ragione: qual è più agevole a sapere, o le cose passate o quelle che debbono venire?

[1] In luogo di una novella dell'Eptamerone che, tradotta in inglese, figura nell'edizione originale di questo libro, il T. propone qui un racconto di uno dei più grandi novellieri italiani del Trecento, Franco Sacchetti: racconto quant'altri mai aderente al tema di questo libro e, sia consentito l'azzardo, testimonianza che nella Toscana del Trecento dovevano essere già di uso popolare... i test mentali per la valutazione della memoria recente...! (N.d.T.).

Dice Fazio:

— Oh! chi nol sa? ché bene è smemorato chi non sa le cose che ha veduto adrieto; ma quelle che debbono venire non si sanno così agevolmente.

E io dissi:

— Or veggiamo come tu sai le passate che sono così agevoli: Deh, dimmi quello che tu facesti in cotal dì, or fa un anno.

E Fazio pensa. E io seguo:

— Or dimmi quello che facesti or fa sei mesi.

E quelli smemora.

— Rechianla a somma: Che tempo fu or fa tre mesi?

E quelli pensa e guata, come uno tralunato. E io dico:

— Non guatare; ove fusti tu già fa due mesi a questa ora?

E quelli si viene avvolgendo. E io il piglio per lo mantello e dico:

— Sta fermo, guardami un poco. Qual navilio ci giunse, già fu un mese? e quale si partì?

Eccoti costui quasi un uomo balordo. E io allora dico:

— Che guati? Mangiasti in casa tua o in casa d'altrui oggi fa quindici dì?

E quelli dice:

— Aspetta un poco.

E io dico:

— Che aspetta? io non voglio aspettare! Che facevi tu oggi fa otto dì a quest'ora?

E quelli:

— Dammi un poco di rispitto.

E io dico:

— Che rispitto si de' dare a chi sa ciò che dee venire? Che mangiasti tu il quarto dì passato?

E quelli dice:

— Io tel dirò.

— Oh che nol di'?

E quelli dicea:

— Tu hai gran fretta.

E io rispondea:

— Che fretta? di' tosto, di' tosto: Che mangiasti iermattina? oh ché nol di'?

E quelli quasi del tutto ammutolòe. Veggendolo così smarrito, e io il piglio per lo mantello e dico:

— Diece per uno ti metto che tu non sai se tu se' desto o se tu sogni.

E quelli allora risponde:

— Alle guagnele, che ben mi starei, se io non sapessi che io non dormo.

— E io ti dico che tu non lo sai e non lo potrai mai provare.

— Come no? o non so io che io sono desto?

E io rispondo:

— Sì ti pare a te; e anche a colui che sogna par così.

— Or bene — dice il Pisano — tu hai troppi sillogismi per lo capo.

— Io non so che sillogismi: io ti dico le cose naturali e vere; ma tu vai drieto al vento di Mongibello; e io ti voglio domandare d'un'altra cosa: Mangiastù mai delle nespole?

E il Pisano dice:

— Sì, mille volte.

— O tanto meglio! Quanti noccioli ha la nespola?

E quelli risponde:

— Non so io, ch'io non vi misi mai cura.

— E se questo non sai ch'è sì grossa cosa, come saprai mai le cose del cielo? Or va' più oltre — diss'io — Quant'anni se' tu stato nella casa dove tu stai?

Colui disse:

— Sonvi stato sei anni e mesi.

— Quante volte hai salito e sceso la scala tua?

— Quando quattro, quando sei, e quando otto.

— Or mi di': Quanti scaglioni ha ella?

Dice il Pisano:

— Io te la do per vinta

E io gli rispondo:

— Tu di' ben vero che io l'ho vinta con ragione, e che tu e molti altri astronomachi con vostre fantasie volete astrologare e indovinare, e siete tutti più poveri che la cota; e io ho sempre udito dire: "Chi fosse indovino sarebbe ricco". Or guarda bello indovino che tu se', e come la ricchezza è con teco.

E per certo così è, che tutti quelli che vanno tralunando, stando la notte su' tetti come le gatte, hanno tanto gli occhi al cielo che perdono la terra, essendo sempre poveri in canna. Or così co' miei nuovi argomenti confusi Fazio pisano. Essendo domandato da certi valentri uomeni se le ragioni che io avea vinto Fazio avea trovato mai in alcun libro, e io dissi che sì, che io le avea trovate in uno libro che io portava sempre meco, che avea nome il Cerbacone[2]; ed eglino rimasono per contenti, facendosene gran maraviglia.

Franco Sacchetti

[2] Scherzoso, per cervello (cerebrum) (N.d.T.).

Come leggere rispondendo a domande specifiche: il metodo 5W + H

Ecco un metodo facile che vi potrà aiutare a trovare le idee conduttrici, i particolari e la struttura di qualsiasi testo che leggiate o film che vediate. Cercate di rispondere alle sei domande: *Chi* ha fatto *che cosa, quando, dove, perché* e *come*?[3]. È un metodo che si insegna nelle scuole di giornalismo perché gli allievi imparino a prendere in considerazione tutti gli aspetti di una vicenda. Potrete servirvene per concentrare la vostra attenzione su una conversazione, su un programma radiofonico, o su qualsiasi messaggio.

Esercizio 6. Come leggere con il metodo 5W + H

Leggete la storia seguente e cercate di rispondere ai seguenti quesiti: dove e quando si svolge la storia? chi sono i protagonisti? che cosa succede? perché? come? Soffermatevi su ogni quesito e rispondete a mano a mano che procedete nella lettura.

Come Candido fu allevato in un bel castello e come ne fu cacciato

C'era in Vestfalia nel castello del Barone di Thunder-ten-tronck un giovinotto che dalla natura aveva ricevuto il carattere più mite. Dalla sua fisionomia traspariva l'anima. Giudicava le cose con sufficiente chiarezza, pur essendo della massima ingenuità; ed è per questo, io credo, che lo chiamavano Candido. I vecchi domestici di casa lo sospettavano figlio della sorella del Barone e di un bravo e onesto gentiluomo del vicinato, che madamigella non volle mai sposare, non avendo egli potuto documentare altri che settant'un quarti di nobiltà, poiché il resto del suo albero genealogico era andato perduto per l'ingiuria del tempo.

Il Barone era uno dei più potenti signori della Vestfalia, giacché il suo castello aveva porte e finestre, e la sala grande era ornata da un arazzo. Coi cani dei rustici arrivava, in caso di necessità, a formare una muta; i ragazzi di stalla gli servivano da bracchieri, e il curato del paese era il suo Grande Elemosiniere. Lo chiamavan tutti Monsignore, e ridevano ai suoi racconti. La Baronessa, che pesava all'incirca trecentocinquanta libbre, godeva per questo titolo di una grandissima considerazione, e faceva gli onori di casa con una dignità che la rendeva ancora più rispettabile. Sua figlia

[3] Who did what, when, where, why and how? Intraducibile in italiano la sigla 5W + H (N.d.T.).

Cunegonda aveva diciassette anni, era di colorito acceso, fresca, grassa e appetitosa. Il figlio del Barone appariva in tutto degno del padre. Pangloss, il precettore, era l'oracolo della casa; e il giovane Candido ascoltava le sue lezioni con tutta la buona fede della sua età e del suo carattere. Pangloss insegnava la metafisico-teologo-cosmologo-scemenzeria. Egli mirabilmente dimostrava che non poteva esserci effetto senza causa, e che in questo migliore dei mondi possibili, il castello di Monsignor barone era il più bello dei castelli, e Madama la migliore delle baronesse possibili.

"È provato, diceva, che le cose non possono essere altrimenti da quel che sono, perché tutto essendo fatto per un fine, tutto è necessariamente fatto per il fine migliore. Notate bene che i nasi sono fatti per portare gli occhiali; perciò noi abbiamo gli occhiali. Le gambe sono evidentemente fatte per essere imbracate, e noi abbiamo le brache. Le pietre sono state create per essere tagliate, e farne dei castelli; e infatti Monsignore possiede un bellissimo castello; il più gran Barone della Provincia deve essere di tutti il meglio alloggiato; e i maiali essendo fatti per essere mangiati, per tutto l'anno noi mangiamo porco. Di conseguenza, coloro che hanno affermato che tutto va bene, hanno detto una sciocchezza; bisognava dire che tutto va per il meglio".

Candido ascoltava con attenzione, e credeva con innocenza, poiché egli trovava madamigella Cunegonda estremamente bella, pur non avendo mai avuto l'ardire sufficiente per dirglielo. Ne concludeva che, dopo il primo grado di felicità di esser nato Barone di Thunder-ten-tronck, il secondo era quello di essere Madamigella Cunegonda; il terzo di vederla tutti i giorni; il quarto di ascoltare il dotto Pangloss, il più gran filosofo della Provincia, e perciò del mondo intero.

Un giorno Cunegonda, passeggiando nelle vicinanze del castello, in un boschetto ch'era chiamato parco, vide tra le frasche il dottor Pangloss intento a dare una lezione di fisica sperimentale alla cameriera di sua madre, una brunetta graziosa e docile. Madamigella Cunegonda aveva molta disposizione per le scienze; essa osservò, senza fiatare, le ripetute esperienze di cui fu testimone. Vide chiaramente la ragion sufficiente del dottore, gli effetti e le cause, e se ne partì tutta agitata e pensierosa, tutta presa dal desiderio di istruirsi, pensando di poter essere lei la ragion sufficiente del giovane Candido, ed egli la sua.

Rientrando al castello incontrò Candido, e arrossì; Candido si fece pure rosso. Ella gli diede il buon giorno con voce alterata, e Candido le parlò senza sapere quel che diceva. L'indomani, mentre si alzavano da tavola, dopo il pranzo, Cunegonda e Candido si trovarono dietro un paravento; Cunegonda lasciò cadere il fazzoletto, e Candido glie lo raccolse; essa gli prese innocentemente la mano; il giovinotto innocentemente baciò la mano della giovinetta, con una vivacità, una sensibilità e una grazia tutte particolari; le bocche si incontrarono, gli occhi si accesero, le gambe tremarono, le mani si smarrirono. Il Barone di Thunder-ten-tronck passò vicino al paravento, e vedendo quella causa e quell'effetto, scacciò Candido dal castello a gran calci nel sedere. Cunegonda svenne, e fu schiaffeggiata dalla Baronessa appena ritornò in sé; e tutto fu costernazione nel più bello e più piacevole dei castelli possibili.

Voltaire
(da *Candido o dell'ottimismo*)
traduzione di Camillo Giussani

Il metodo SQ3R: una strategia di apprendimento per letture impegnative

Durante la Seconda guerra mondiale questo metodo fu ideato come addestramento ad acquisire rapidamente capacità di studio; si potrebbe intitolare *Come studiare meglio, in minor tempo e con migliori risultati*. Questa tecnica si è dimostrata così efficace da figurare tuttora nei programmi di molte scuole e università degli Stati Uniti: come strategia di studio, vanta una percentuale di richiamo dell'80 per cento dopo 8 ore, invece del normale 20 per cento. È fondata sulla conoscenza del processo col quale si dimentica e consiste nel focalizzare l'attenzione sui punti di maggiore interesse attraverso l'estrapolazione delle idee conduttrici e la rilettura del testo alla luce della sua struttura. Il principio generale è quello che abbiamo già esposto, ma articolato in tappe specifiche che devono essere seguite in un certo ordine. SQ3R sta per

S =	(*Survey*)	sguardo generale
Q =	(*Question*)	quesiti
	(*Reading*)	leggere
3R =	(*Reciting*)	ripetere
	(*Reviewing*)	rivedere

Esercizio 7. Come leggere col metodo SQ3R

Scegliete un testo o un libro che vi interessi: è importante essere motivati per raggiungere la massima concentrazione. Per cominciare potete servirvi dei testi contenuti in questo capitolo oppure potete scegliere di studiare un capitolo specifico di questo libro, ad esempio il capitolo 2. Il metodo SQ3R si applica nel modo seguente:

— Date uno *sguardo generale* al testo per farvi un'idea generale dell'argomento

— Ponetevi dei *quesiti* riformulando i titoli o le testatine sotto forma di domande e cercate nel testo stesso le relative risposte.

— *Leggete* molto attentamente, ricercando attivamente le idee conduttrici, che sono poi le risposte alle domande che avevate formulato prima.

— *Ripetete* a voi stessi le idee conduttrici, soffermandovi alla fine di ogni paragrafo. Prendete qualche breve appunto.

— *Rivedete* immediatamente il testo, per meglio afferrare le idee conduttrici e l'ordine in cui sono esposte (cioè la struttura del testo stesso): controllate i vostri appunti. A questo punto dovreste avere in mente uno schema generale nel quale inserire i particolari significativi. Per rinforzare l'apprendimento verificate i vostri appunti rivedendo l'intero testo. Prendete nota di ciò che vi è sfuggito, ma anche di ciò che avete ricordato. Infine, cosa non meno importante, esprimete qualche commento e qualche critica. Tutti i quesiti che vi eravate posti hanno avuto risposta? Assicuratevi di avere ben compreso il pensiero dell'autore. Giudicate le sue affermazioni dal contesto e mettetele nella loro giusta prospettiva. Cercate le eventuali obiezioni, i dati erronei, le prese di posizione aprioristiche, i pregiudizi.

Potrete adattare questa tecnica alle vostre necessità saltando la tappa *ripetere*. La rapida scorsa di quotidiani, riviste, fascicoli e libri vi farà risparmiare tempo e fatica, perché vi permetterà di concentrarvi sugli argomenti che vi interessano veramente. Altrettanto importante è ritornare sulle vostre letture immediatamente: non riuscirete a rinsaldare il vostro ricordo se non discutendo e commentando subito dopo la lettura. Concedetevi il tempo necessario a raccogliere i vostri pensieri quando avete il testo ancora fresco nella mente. Non vi limitate ad essere d'accordo o in disaccordo con l'autore: cercate di chiarirvene i motivi e di definire con precisione ciò che vi piace e ciò che non vi piace: così, oltre a diventare un lettore più attento, svilupperete un più vigile senso critico. E infine, se parlerete delle vostre letture agli amici, le manterrete più a lungo nelle schede attive della vostra memoria.

Sintesi rapida

1. Leggere in maniera più efficace significa leggere per ritenere.
2. Visualizzate quello che leggete con la tecnica della costruzioni di immagini.
3. Leggete secondo un principio generale. Cercate idee e significati personali e procedete dal generale ai particolari di vostra scelta.
4. Leggete rispondendo a domande specifiche, seguendo il metodo 5W + H.
5. Applicate all'apprendimento il metodo SQ3R.
6. Ritornate immediatamente sulle vostre letture, esternando ad altri i vostri commenti.

CAPITOLO 12

NUMERI

"Non potete fidarvi del vostro giudizio quando la vostra immaginazione è sfocata".

Mark Twain

In questo capitolo tutto quello che abbiamo appreso lo applicheremo ai numeri. L'associazione di immagini è una tecnica che si può generalizzare facilmente una volta integrata al modo di pensare. Ricordate che la memoria non è frutto di miracoli, ma solo di operazioni mentali adeguate.

Quante volte ci sentiamo frustrati per non riuscire a ricordare il numero civico della casa dove stiamo andando o il numero di targa di un'automobile che ha commesso qualche infrazione o il numero di telefono di una zia? Anche se odiate i numeri, che è ovviamente il motivo principale per il quale non vi siete mai presi il fastidio di occuparvene, potete però trovare un sistema per ricordarli che sia di vostro gradimento. Prendetelo come un gioco e provatelo, prima di rifiutarlo perché troppo complicato, troppo stravagante o perché vi fa perdere troppo tempo.

È provato da tempo che le tecniche mnemoniche sono un potente aiuto alla memoria: molti però non ne hanno mai sentito parlare e alcuni se ne servono a scuola sotto la guida di un buon insegnante. (Per esempio la filastrocca "Ma Con Gran Pena Le Reca Giù" che ci insegnavano a scuola per farci ricordare i nomi delle regioni delle Alpi, da quelle occidentali a quelle orientali: Marittime, Cozie,

Graie, Pennine, Lepontine, Retiche, Carniche, Giulie). Comunque, una volta lasciata la scuola, smettono di usarle perché non ne hanno più la necessità. Altri, pensando di non riuscire ad apprenderle, non ci provano nemmeno e altri ancora nascondono dietro un apparente scetticismo la loro pigrizia o la loro insicurezza.

Penso di essere stata una di queste persone e mi ci è voluto del tempo per imparare e per esercitarmi nel sistema che preferisco. Ora però lo utilizzo anche come gioco mentale per mettere alla prova la mia memoria. Siccome tutto comincia con la motivazione, prima di tutto cercatevi un obiettivo stimolante: prendete un numero che avreste sempre voluto ricordare, ad esempio quello del vostro conto in banca o il numero di telefono di un vostro caro amico. È noto a tutti che le persone che ricordano i numeri sono quelle interessate, qualche volta affascinate da essi. Queste persone possono servirsi di diversi sistemi.

Il sistema più semplice e più largamente usato consiste nel suddividere la voce da ricordare, sia che si tratti di un numero o di una frase o di un paragrafo, in un certo numero di frammenti. È il modo in cui si scrivono e si pronunciano i numeri di una certa lunghezza, come quelli della tessera sanitaria, del conto corrente, della carta di credito e telefonici. La mente registra meglio piccole unità di informazione, combinandole poi insieme; del resto si tratta della maniera più semplice per organizzare il materiale. Mi ricorda il principio per cui per cucire bisogna usare brevi gugliate: potrebbe sembrare fastidioso fare un nodo, tagliare il filo, stare continuamente a infilare l'ago, ma è senza dubbio il modo migliore. Narra una leggenda che il diavolo, angelo caduto, sempre avido di provare la sua superiorità, schernì una volta Dio che cuciva con piccole gugliate di filo. Sfidò allora Dio a una gara di velocità. Sempre sicuro di sé, il diavolo non usò il rocchetto, certo di poter lavorare con un'unica lunghissima gugliata, ma si trovò subito avviluppato in un tale groviglio di fili che non riuscì a dare nemmeno un punto; con una maschera di collera e di vergogna sul viso, abbandonò la gara. Analogamente, possiamo essere certi di un fallimento se cerchiamo di ricordare numeri di molte cifre senza dividerli in frammenti. La semplice ripetizione della sequenza di questi frammenti è sufficiente: è così che impariamo il nostro numero di telefono e quelli che ci servono continuamente.

Anche la visualizzazione del numero, affidata alla memoria fotografica, dà ottimi risultati: le persone che hanno molto sviluppato questo tipo di memoria visualizzano con la stessa facilità con la quale respirano. Inoltre, molti analizzano il numero suddividendolo in un certo numero di calcoli matematici semplici su base logica. Ad esempio, per ricordare 10248, basta scomporre il numero in 10 e 2, più i multipli di 2 ($2 \times 2 = 4$; $4 \times 2 = 8$). Questo sistema è molto semplice per chi ha una mentalità matematica, ma per coloro che la matematica non la amano e non hanno alcuna disposizione naturale per queste operazioni, risultano molto più efficaci i sistemi fondati sull'immaginazione. I numeri possono essere convertiti in immagini concrete che a loro volta possono essere combinate in associazioni di immagini: in questo capitolo troverete dunque un'ulteriore opportunità di servirvi della vostra immaginazione. Noterete che alla base dei diversi sistemi vi sono principi che debbono già esservi familiari:

— sostituire un'astrazione con un'immagine concreta
— elaborare un'associazione di immagini mediante la visualizzazione
— inventare un contesto creando una breve storia intorno all'associazione.

Per ricordare più facilmente i numeri bastano pochi simboli, di solito 10: sono quelli che poi dovete associare in una breve storia, che risulterà esclusiva del numero che volete ricordare. A seconda che abbiate una mentalità più verbale o più visiva, potete scegliere un sistema o l'altro; chi ha una spiccata capacità a ricordare i numeri può ricorrere a entrambi i sistemi. Leggete dunque questo capitolo per familiarizzarvi con le diverse tecniche: poi fate la vostra scelta oppure, se avete una mente creativa, potete anche mettere a punto un vostro sistema personale.

Associazioni fisse e codici

Gli individui verbali sono sensibili ai suoni e interessati alle parole: trovano istintivamente rime, giochi di parole o altre analogie verbali. Questi individui potrebbero trovare utile ricordare un elenco di riferimento come il seguente:

zero = cero	cinque = pingue
uno = luna	sei = secchio
due = bue	sette = fette
tre = treno	otto = rotto
quattro = quadro	nove = uova[1]

Per ricordare questi numeri nello stesso modo in cui si ricordano nomi e visi, bisogna formare un'associazione tra il numero e la sua rappresentazione. Per formare numeri di molte cifre, si tratta di mettere insieme una combinazione: per esempio, se dovete ricordare che il numero del vostro volo è 328, usando l'elenco di riferimento di cui sopra, avrete:

3 = treno 2 = bue 8 = rotto

A questo punto dovete associarli in una ministoria. Immaginate, per esempio, un treno che investe un bue fermo a un passaggio a livello; il bue ovviamente ne uscirà un po' rotto. Naturalmente la storiella deve essere congegnata in modo da conservare la sequenza dei numeri, per evitare di imbarcarvi sicuri sul volo 823 per Bombay, invece che sul 328 per Londra.

Le persone che hanno invece una mentalità visiva riescono a visualizzare molto facilmente e ricordano meglio quello che vedono: forme, figure geometriche, colori; alla loro mente si presentano immagini chiare e precise. Pensando, ad esempio, ad una squadra di calcio di 11 giocatori, riescono a visualizzarli tutti e 11 sul campo. Perciò questi individui dovranno ricorrere a un altro elenco di riferimento che fa appello alla loro particolare sensibilità visiva:

uno = un palo	cinque = il Pentagono
due = una coppia di gemelli	sei = le facce di un dado
tre = un triangolo	sette = i sette nani
quattro = un quadrato	otto = l'otto volante

[1] Ovviamente le assonanze proposte nel testo inglese (ad esempio one = sun; two = shoe) sono intraducibili. Il T. propone, del tutto arbitrariamente, queste; il lettore potrà trovarne delle altre (N.d.T.).

nove = una squadra di baseball	undici = una squadra di calcio
dieci = le dita delle mani	dodici = una dozzina di uova

Questi oggetti visibili possono essere associati facilmente al numero in questione e servire per creare associazioni e relative ministorie. Per esempio, per ricordare il numero del volo dell'esempio precedente, potreste creare una ministoria in cui in un triangolo ci sono due gemelli che fanno i capricci perché vogliono salire sull'otto volante. Un po' tirato per i capelli, forse, ma vi resterà nella memoria. Con l'esercizio vi sarà facilissimo estrarre da questa scenetta il numero 328. Provate con l'esercizio seguente.

Esercizio di prova: richiamo verbale o visivo di un numero

Usando o il codice verbale o quello visivo, elaborate le associazioni necessarie per ricordare il numero delle voci dell'elenco seguente. Per esempio, volete ricordare che c'è una sola mucca nella stalla. Prima di tutto, scegliete tra l'elenco di riferimento verbale e quello visivo. Quindi immaginate una di queste due scenette:

1. Codice visivo: una mucca legata a un palo
2. Codice verbale: una mucca sotto la luna

Ciascuna di queste due immagini evocherà il numero 1: una mucca. Aggiungendo un commento personale tipo "Buffa quella mucca che si gratta sul palo" o "Romantica quella mucca sotto la luna", includerete nell'immagine una nota emozionale, oltre al contesto ambientale, e rafforzerete la traccia nella vostra memoria.

Elenco di prova:

una mucca	cinque soldati
due automobili	sei matite
tre camicie	sette registratori
quattro macchine da scrivere	otto lampadine

nove anelli

dieci bicchieri

undici laghi

dodici colombe

Ora coprite l'elenco e scrivete i numeri dei differenti oggetti sopraindicati, cioè quanti oggetti di ogni categoria ci sono. Gli oggetti erano camicie, colombe, soldati, matite, registratori, mucche, anelli, laghi, macchine da scrivere, lampadine, bicchieri e automobili.

Questi codici vengono spesso indicati come sistema "appiglio" perché ci si possono "appendere" le cose come nel sistema dei loci. La sezione seguente descrive alcune altre tecniche menzionate da Young e Gibson. Come vedrete, esse combinano talvolta associazioni verbali e visive.

Sistemi di codificazione

Codificazione numerica e analogie visive

Attraverso associazioni logiche, ogni numero viene riferito a un'associazione di immagini.

1 = t (1 somiglia a una t: una lineetta verticale con una sbarretta)

2 = n (n ha due gambette)

3 = m (m ha tre gambette)

4 = r (r è la consonante più sonora di quattro)

5 = L (in numeri romani L era 50)

6 = G dolce come in gelato e per analogia di suono C dolce come in cero (6 somiglia a una G maiuscola)

7 = K e per analogia di suono Q, G dura come in gara, C dura come in cane (K somiglia a una barra verticale con un 7 capovolto, come: <)

8 = f e per analogia di suono v (f in corsivo ha due anse, come l'8)

9 = p, b (9 somiglia a una p invertita e a una b capovolta)

0 = z, s (0 è zero)

Per memorizzare un numero con questo sistema di codificazione, bisogna trasformarlo in una successione di consonanti e aggiungere a piacere le vocali mancanti per formare parole o frasi di senso compiuto. Fate appello alla vostra immaginazione e fate come facevate con i nomi: pronunciate le consonanti ad alta voce fino a che non vi "suoni un campanello". Per esempio, poniamo che vogliate ricordare questo numero di telefono:

7	2	3	4	7	1	1
c	n	m	r	g	t	t
cane		morde		gatto		

Può essere utile anche in questo caso procedere in maniera sistematica:

1. Copiate le consonanti corrispondenti ai numeri.
2. Cominciate a inserire le vocali in ordine alfabetico (ca, che, chi, co, cu) finché ne trovate una che si possa combinare con la seconda consonante.
3. Pensate a tutte le vocali prima di decidere quali sono le migliori in funzione del contesto. Per esempio, provando in successione mar, mer, mir, mor, mur, quando si arriva a mor viene subito in mente "morde".
4. Elaborate una breve storia ed eventualmente scegliete le ultime vocali in funzione del contesto che sta emergendo. Un cane può mordere tante cose, ma con le tre consonanti g t t è assai più probabile che morda un gatto.

A questo punto visualizzate il cane che morde il gatto e associatelo con il proprietario di quel numero di telefono. Per rammentare il numero non dovete fare altro che riconvertire le lettere in numeri. Ovviamente farete presto a imparare a memoria le equivalenze: più vi eserciterete e più presto imparerete.

Non è divertente contrassegnare ognuno dei vostri conoscenti con una storiella che illustri il suo numero di telefono? Se siete uno scettico e un diffidente, potreste obiettare che ho scelto a bella posta un numero facile da illustrare e che non è sempre così facile. Ma vi assicuro che ho preso il primo numero che mi è venuto in mente; ho collaudato prima il sistema con molti numeri e vi garantisco che è raro imbattersi in una successione di consonanti alla quale non si riesca a dare un significato. La capacità di immaginazione è la chiave per elaborare queste associazioni: quello che occorre è solo tanto esercizio per svilupparla.

Codice numerico fonetico

Ogni numero corrisponde al suono di una consonante o di più consonanti che appartengono allo stesso gruppo fonetico (ad esempio le dentali d,t). Come principio questo sistema deriva dal codice visivo che abbiamo già descritto. Per ogni consonante corrispondente a una cifra c'è una parola chiave che la illustra; queste parole sono brevi e non devono contenere altre consonanti, per mantenere puro il suono della consonante illustrata:

1 = t	tè	6 =	c dolce	ciao
2 = n	Noé	7 =	k,q, c dura ecc.	cuoco
3 = m	mamma	8 =	v	via
4 = r	re	9 =	b	bue
5 = L	lillà	0 =	z	zoo

Avrete notato che questo sistema combina insieme associazioni verbali e visive. Del resto, per accrescere le loro capacità, le persone con memoria eccezionale combinano molte modalità sensoriali. La sinestesia è un raro fenomeno per il quale un singolo stimolo evoca diverse espressioni sensoriali; coloro che la sperimentano regolarmente sono in genere dotati di memoria eccezionale. Questo è il motivo per cui chiunque è in grado di ottenere migliori risultati se, oltre a visualizzare, ascolta anche il suono delle parole. Se le parole che ho suggerito non vi soddisfano, potete sceglierne altre a vostro piacere, purché siano preferibilmente monosillabiche e non contengano altre consonanti.

Questo sistema di parole chiave può essere usato come un altro sistema di loci per ricordare una lista in un determinato ordine; si tratta di associare la prima voce con il tè, la seconda con Noé e così via. Dopo il 9 potete combinare le immagini, ad esempio 10 = 1 (tè) + 0 (zoo): dovrete allora visualizzare una tazza di tè all'ingresso dello zoo. Oppure potete mettere a punto nuove associazioni, per esempio 10 = 1(t) + 0(s) = TASS (l'agenzia giornalistica sovietica): dovrete allora visualizzare una bandiera sovietica su un giornale in caratteri cirillici.

Altri codici tra i quali scegliere

Questi sistemi mnemotecnici fondati su codici di associazione di immagini sono stati messi a punto nel secolo diciassettesimo; da allora numerosi libri su questo argomento sono stati pubblicati in Francia, in Inghilterra e negli Stati Uniti. Qui vi presenterò i codici scelti da Young e Gibson. Il primo è basato sulla visualizzazione; il secondo usa le lettere dei quadranti telefonici. Si tratta di sistemi relativamente semplici e di facile impiego.

Il metodo dei 10 disegni. Questo codice è fondato sulla visualizzazione di ogni numero sotto forma di un oggetto. Ricorrendo all'immaginazione, non è difficile visualizzare i seguenti simboli:

1 = giavellotto	6 = serpente
2 = oca	7 = semaforo
3 = forca	8 = clessidra
4 = veliero	9 = lumaca
5 = mano tesa	0 = piatto

Questo metodo è ideale per memorizzare rapidamente numeri composti da poche cifre. Provate con i numeri di telefono; per esempio, per ricordare 856-3210 dovete visualizzare una clessidra, una mano tesa e un serpente, e poi una forca, un'oca, un giavellotto e un piatto. Dedicate un po' di tempo a visualizzare questi disegni nell'ordine: immaginateli in un cartone animato, costruendo una breve storia che li colleghi tra loro nel giusto ordine. Lasciatevi trasportare dall'immaginazione.

Alfabeto telefonico. Sui quadranti telefonici di molti paesi stranieri ogni numero, eccetto 1 e 0, ha tre lettere stampate sopra. Queste lettere sono state usate come codici, che si sono dimostrati facili da memorizzare. Ad esempio, tutti i numeri telefonici di Kearny, nel New Jersey, cominciavano con KE: così restavano solo cinque numeri da ricordare. A Parigi le prime tre lettere stavano per il nome di una strada o di una località (ad esempio DAN = Danton; MOL = Molitor), tanto che la gente usava indicare un numero di telefono pronunciando per intero il nome: MOLitor-16-85. Era un metodo pratico e simpatico, che oltre a tutto serviva a localizzare la zona sulla pianta di Parigi.

1 = (Q)*	6 = MNO
2 = ABC	7 = PRS
3 = DEF	8 = TUV
4 = GHI	9 = WXY
5 = JKL	0 = (Z)*

NOTA. Le lettere indicate con l'asterisco in genere non si trovano sui quadranti e bisogna inserirle mentalmente in corrispondenza di 1 e 0. Ci si può aiutare pensando al QI per ricordare l'associazione tra 1 e Q e al mago di OZ per ricordare quella tra 0 e Z.

Applicazioni pratiche delle associazioni di numeri

Molto spesso nella vita di tutti i giorni dobbiamo ricordare dei numeri e il metodo delle associazioni può rendere questo compito facile e anche divertente. Supponiamo che vogliate tenere a mente che lo studio del vostro avvocato si trova all'ottavo piano. Prendete il vostro elenco di riferimento, immaginate una clessidra e associatela all'avvocato: sarà sufficiente visualizzarlo seduto alla scrivania con davanti una clessidra (per calcolare la vostra parcella a minuti!).

La cosa più importante è seguire la vostra associazione spontanea e creare un'immagine che colleghi l'oggetto col numero. Potete usare il vostro elenco di riferimento o improvvisare con un'immagine chiara e pregnante. Ad esempio, otto anni potrebbe essere l'età di una vostra nipotina: visualizzatela nello studio dell'avvocato, dicendo a questi che la vostra nipotina ha 8 anni e quando sarete un'altra volta nell'ascensore vi ricorderete che lo studio dell'avvocato si trova all'ottavo piano.

Per ricordare più numeri, analizzateli separatamente e create associazioni tra loro. Supponiamo che vogliate comprare per il vostro salotto un quadretto che misuri cm 10 × 12. Innanzitutto immaginatene la forma: un rettangolo. Ma come ricordare le dimensioni? Facendo riferimento al primo elenco valido per le persone con mentalità visiva, la larghezza corrisponde alle dieci dita e la lunghezza a una dozzina di uova. Larghezza = 10 dita × lunghezza = una dozzina di uova. Così ricorderete le dimensioni del quadretto attraverso un'associazione di immagini: le vostre dieci dita impegnate a non far cadere una dozzina di uova.

Associazioni personali libere

Abbiamo visto come sia molto più facile ricordare i numeri creando un'associazione di immagini concrete che li rappresenti. Il modo tradizionale di procedere consiste nell'uso di sistemi di codici del genere di quelli soprariportati, ma ho cercato di estendere la teoria alle associazioni spontanee personali e ho trovato che la cosa funziona, almeno per me. Si tratta di usare la propria immaginazione per proiettare nei numeri un significato concreto. Qualunque numero vogliate ricordare, chiedetevi se vi "suona un campanello", se cioè quel numero vi ricorda qualcosa.

Supponiamo che vogliate memorizzare il numero telefonico 539-3689.

1. Guardate l'insieme delle cifre.
2. Dividete il numero in tre numeri più piccoli:

   539 36 89

   Qualcuno di questi gruppi di cifre vi dice qualcosa?

3. Con la vostra immaginazione createvi un'associazione personale, impiegando un po' di tempo. Fatelo con elasticità e se non vi riesce di associare 539 a qualcosa, scomponetelo in 53 e 9 oppure in 5 e 39. Ad esempio, in me questo numero ha evocato un'associazione di episodi storici:

39: l'inizio della Seconda guerra mondiale

36: la Guerra civile spagnola

89: la Rivoluzione francese

Tre momenti storici di importanti sconvolgimenti in Europa.

E alla vostra mente quali associazioni si affacciano? Potreste avere una moglie di 53 anni o una figlia di 36 o esservi sposati nel '39 o la vostra ipoteca potrebbe scadere nell'89.

Osservate che con la mia associazione bisogna aggiungere 5 prima di 39. È abbastanza facile: visualizzo la mia mano sollevata e aperta nel tentativo di fermare la Seconda guerra mondiale. Così 539 diventa un'associazione di immagini chiara. Da notare anche che i tre numeri 39, 36, 89 sono in ordine storico inverso, quasi che io avessi il potere di fare andare all'indietro la macchina del tempo!

5: le dita della mia mano tesa a fermare

39: la Seconda guerra mondiale, preceduta di poco dalla

36: Guerra civile spagnola, rivoluzione popolare che ricorda per certi aspetti

89: la Rivoluzione francese.

Tutto ciò può sembrare alquanto stiracchiato, ma in effetti funziona perché voi impiegherete del tempo per creare un'associazione di numeri che sarà esclusivamente vostra. In questo modo i numeri perdono il loro carattere impersonale e lasciano nella memoria una traccia più duratura. L'associazione di numeri con immagini personali stimola il richiamo. Cercate associazioni di storie e ne troverete. Come diceva Somerset Maugham, "L'immaginazione si sviluppa con l'esercizio e, contrariamente a ciò che si crede comunemente, è più viva negli uomini maturi che nei giovani".

Visualizzazione pura

Un'attenzione concentrata seguita da visualizzazione può bastare per ricordare la maggior parte dei numeri di poche cifre. Soffermatevi e createvi un'immagine mentale del numero: visualizzatelo in rosso brillante contro una parete bianca o in luce gialla al neon contro un cielo scuro; assicuratevi di proiettarlo sullo schermo della vostra mente per almeno 15 secondi e immaginatelo nell'ambiente di cui fa parte, perché è più facile visualizzarlo nel suo contesto. Ad esempio, se si tratta di un numero civico, visualizzatelo accanto al portone, sul muro esterno del fabbricato oppure, se si tratta del numero del piano, visualizzatelo sulla porta dell'ascensore. Ripetere il numero ad alta voce può essere utile perché introduce un'altra modalità sensoriale.

Sintesi rapida

1. L'associazione di immagini si presta molto bene a essere generalizzata ed è molto efficace se applicata ai numeri.
   a. Convertite i numeri astratti in simboli concreti, scegliendo il sistema col quale vi trovate meglio.
   b. Cercate di fare associazioni libere spontanee.
2. Un'attenzione concentrata associata alla visualizzazione può da sola assicurare una soddisfacente memorizzazione, specialmente se non avete in simpatia i sistemi di cui sopra. Ma comunque provateli: come molte cose della vita, si può imparare ad apprezzarle.

Esercizi

Esercizio 1

Cercate di ricordare il numero della targa della vostra auto e di quella dei vostri amici e parenti, eventualmente provando con diversi metodi (in questo modo vedrete qual è quello che va meglio per voi). Ad esempio, imparate il vostro numero col metodo dei 10 disegni, un altro col metodo dell'associazione libera e un altro ancora col codice visivo.

Esercizio 2

Cercate di memorizzare con un metodo di vostra scelta il numero della vostra tessera sanitaria.

Esercizio 3

Cercate di memorizzare il numero di telefono di un vostro amico col metodo delle associazioni personali libere; se non ci riuscite, provate con un altro numero o con un altro metodo di memorizzazione. Date una possibilità all'immaginazione: per riflettere su qualcosa ci vuole un po' di tempo e di esercizio.

Esercizio 4

Cercate di memorizzare i numeri di telefono più utili, per esempio quelli dei vostri genitori, del medico, dell'avvocato, dell'agente di viaggi, dei servizi di emergenza, utilizzando il vostro metodo preferito: esercitatevi e ripassateli spesso.

Esercizio 5

Cercate di ricordare i prezzi dei vari articoli col metodo della visualizzazione. Fatevi un quadro mentale del prezzo segnato sul prodotto, visualizzate le due cose assieme commentandone il valore. Se volete aumentare la difficoltà dell'esercizio, confrontate il prezzo con quello di un articolo simile.

Esercizio 6

Scegliete alcuni numeri che incontrate spesso nella vita di tutti i giorni e fate di tutto per ricordarli con un metodo di vostra scelta: per esempio, i numeri civici, i piani degli edifici dove andate abitualmente, il numero delle pietre di un gioiello, il numero di piante sul davanzale di una finestra, il numero di lampadine di un lampadario e così via.

Esercizio 7

Cercate di memorizzare con il metodo da voi prescelto il numero del vostro conto corrente o del vostro libretto di risparmio.

Esercizio 8

Cercate di memorizzare col vostro metodo preferito il numero della patente o del passaporto. Più tardi potete cercare di memorizzare anche quelli dei vostri familiari.

Esercizio 9

Utilizzando il vostro metodo preferito, memorizzate il vostro numero di codice segreto del Bancomat.

Esercizio 10

Quando viaggiate, fate di tutto per memorizzare, con il metodo prescelto, i numeri dei voli e dei treni e i relativi orari precisi.

NOTA. Noterete che i differenti metodi funzionano meglio per numeri di differente lunghezza; siate perciò elastici nella scelta del metodo, a seconda del numero da memorizzare.

Infine tenete presente che qualunque sistema di parole chiave può essere usato in combinazione con i vostri loci: ad esempio, per la 89ª strada, visualizzate una clessidra nel vostro primo locus e una lumaca nel secondo.

CAPITOLO 13

LINGUE STRANIERE

"La somma della sapienza umana non è contenuta in nessuna lingua, e nessuna lingua è in grado di esprimere tutte le forme e tutti i gradi dell'intelligenza umana"

Ezra Pound

Le lingue straniere risultano spesso difficili da imparare in quanto non sembrano avere alcun fondamento in comune con la lingua materna: ci sono molti vocaboli da memorizzare e nessuna cornice di riferimento nella quale inserirli. Possiamo però rendere più facile questa impresa usando le nostre capacità di osservazione e di organizzazione: ne è un esempio il libro di C. Peter Rosenbaum per autodidatti, *L'italiano per indovini istruiti*. Analizzando le forme Rosenbaum dimostra come chiunque possa trovare principi generali utili per memorizzare lingue straniere con un minimo di apprendimento a memoria. La semplice osservazione vi può trasformare in un "indovino istruito". Il metodo è molto stimolante e funziona.

Come per qualsiasi altra forma di conoscenza, dobbiamo confrontare il nuovo con ciò che già sappiamo. Per imparare una lingua straniera la cosa fondamentale è costruire un ponte tra la nostra cultura e quella nuova; inoltre sono utili la visualizzazione, la presa di coscienza sensoriale, l'attenzione selettiva, l'associazione di immagini e la costruzione di brevi storie nell'ambito di un contesto. Anche il rilassamento si è dimostrato utile: vi permetterà, ogniqualvolta cercherete con ansia le parole nel tentativo di comunicare nella nuova lingua, di parlare più liberamente e perciò di acquistare più rapidamente una certa fluidità.

La *visualizzazione* consente di evitare la traduzione fornendoci una rappresentazione concreta immediata. Si tratta di visualizzare l'oggetto ripetendo il termine corrispondente il più accuratamente possibile. Per esempio, "il sole splende" in inglese si dice "the sun shines": provate a lasciar perdere le parole italiane e concentratevi nel visualizzare il sole che splende, ripetendo ad alta voce "the sun shines". Prendete coscienza anche della qualità del suono: potreste ad esempio fare un vostro commento personale sul suono un po' strascicato della parola inglese "shines", in contrapposizione al suono pieno della parola "splende" o a quello ancora più vivo della parola "brilla", e pensare che quel suono si adatta meglio al pallido sole dell'Inghilterra. Naturalmente — lo sappiamo bene — si tratta di pure speculazioni, tuttavia questi commenti personali sono utili per fissare nella memoria il suono delle nuove parole: in queste operazioni si utilizzano al meglio la coscienza sensoriale e l'immaginazione.

Subito dopo viene l'*attenzione selettiva*. Il punto fondamentale è rappresentato dal significato e dalla struttura: un'attenta analisi di una parola o di un'espressione idiomatica vi procurerà diverse informazioni, con riferimento a conoscenze che già possedete. Comincerete aprendo il vostro schedario per accogliere e conservare in modo efficace questo nuovo materiale. Questo è ciò che hanno imparato a fare spontaneamente le persone che conoscono molte lingue. Un buon insegnante vi aiuterà mostrandovi come confrontare e analizzare le differenze tra la nuova lingua e quella materna, ponendo l'accento sugli elementi comuni, che ovviamente saranno schedati più facilmente. Un esempio è la ricerca della radice di una parola per vedere se già la conoscete: essa ve ne fornisce l'idea centrale. Ad esempio, la parola inglese "mankind" (genere umano) si ricorda più facilmente se la si analizza (come combinazione di "man", uomo, e "kind", genere, specie) e si visualizza di conseguenza un mappamondo ricoperto di uomini e donne di tutti i generi e di tutte le razze. Inserita in un contesto specifico, la parola "kind", pur essendo un termine astratto, prende un significato concreto che si ricorda più facilmente. Del resto l'equivalente italiano "genere umano" è molto simile per struttura e significato. Incidentalmente si può notare che in inglese la parola "man" ha, come il corrispondente italiano "uomo", un doppio significato, quello generico di specie umana e quello più specifico di maschio della specie umana, in contrapposizione a donna ("female" in inglese).

Suono e significato. Prendete l'abitudine di chiedervi se una parola straniera vi suscita qualche somiglianza con la vostra lingua madre. Ad esempio, l'inglese "human" ha praticamente lo stesso suono dell'italiano "umano". "Genere" in inglese si dice anche "gender": le due parole hanno la stessa radice latina *gen-us* e una pronuncia piuttosto simile. Una volta analizzata questa similitudine di suono, osserviamo le differenze che troveremo soprattutto nelle desinenze. Visualizzate e compitate le parole, così come si scrivono: da *gen-us* latino è derivato "gen-der" in inglese e "gen-ere" in italiano; quanto a "umano", deriva dal latino *humanus*, dal quale deriva anche l'inglese "human"; qui la differenza, a parte l'*h* iniziale che l'inglese ha conservato, è la *o* finale dell'italiano. Tra l'altro non posso fare a meno di fare un'associazione tra "umano" e "mano", tra i corrispondenti francesi "humain" e "main" (in inglese "human" e "hand"): l'uso della mano è un carattere esclusivo della specie umana[1]. In questo modo abbiamo elaborato un'associazione di immagini che collega due parole differenti in un preciso contesto comune.

Quando sentite un nuovo suono o una nuova parola, cercate di afferrarne la pronuncia corretta trovando una parola che nella vostra lingua abbia un suono simile. Alcune persone lo fanno automaticamente e questo aiuta molto la loro memoria. Questo sistema, peraltro, non sempre funziona e anche quando funziona si tratta di un'approssimazione alquanto grossolana. Tuttavia, chiunque si accinga per la prima volta allo studio di una lingua straniera lo troverà efficace: qualsiasi punto di riferimento è meglio di niente. Ad esempio, l'inglese "money" (soldi, denaro) ha un suono abbastanza simile all'italiano "mani". A questo punto, per meglio fissare quel suono e il suo significato, si può ricorrere a un'associazione di immagini e visualizzare le due mani chiuse a conca e piene di monete. Può sembrare stravagante, ma funziona come suggerimento visivo: ve-

[1] Beninteso, l'associazione proposta dall'A. è puramente fonetica: il latino *homo*, da cui *humanus* si ricollega a *humus* (terra), mentre *manus* deriva da una specifica radice indo-europea (N.d.T.).

dendo delle monete, vi verranno subito in mente le mani, e quindi la pronuncia quasi corretta dell'inglese "money".

Il *vocabolario* è il primo grosso ostacolo nell'apprendimento di una lingua straniera. Si tratta di uno "shock fonetico": dobbiamo infatti abituare le nostre orecchie a suoni che non ci sono familiari, imparare nuovi modi di articolarli, aggiungere un significato alle nuove parole e infine studiare la grammatica e la struttura della nuova lingua. Questa struttura rispecchia il modo di pensare della gente di quel particolare paese; infatti la lingua è una chiave per comprendere comportamenti e spesso punti di vista. Il metodo moderno, cosiddetto diretto, di insegnamento delle lingue straniere immerge fin dall'inizio lo studente nella nuova lingua: non bisogna pronunciare nemmeno una parola nella lingua madre, in modo da evitare la traduzione (che è un esercizio da riservare a una fase ulteriore). In questa maniera viene privilegiata la ripetizione delle strutture idiomatiche; il laboratorio linguistico permette allo studente di esercitarsi fino all'assimilazione delle nuove strutture. Questa tecnica, basata sull'imitazione e sulla ripetizione, è solo un complemento a un corso in cui vengano impartite e applicate le regole fondamentali di grammatica e di pronuncia. L'esatta comprensione, l'analisi, l'integrazione e la revisione saranno infine le operazioni mentali che assicureranno la ritenzione a lungo termine. La fluidità dell'espressione viene con l'esercizio ulteriore e può essere ottenuta e mantenuta artificialmente con l'aiuto di sistemi di registrazione, ma ne deriva una lingua alquanto stereotipa: con questi sistemi può essere facile sciorinare un dialogo prefissato, ma difficile improvvisare senza alcun aiuto risposte a domande non familiari. Per quanto vi sia un gran numero di sussidi di tutti i generi per esercitarsi, nulla come una vera conversazione con un interlocutore di madre lingua è in grado di mettere alla prova e di stimolare la fluidità di espressione.

Nell'apprendimento di una lingua straniera vi sono due tappe fondamentali: *una passiva* e *una attiva*. Corrispondono al riconoscimento, che è una forma passiva di memoria, e al richiamo, che è invece una forma attiva, fondata su suggerimenti e pertanto più difficile. Il primo stadio comporta la comprensione di ciò che si sente e di ciò che si legge, fino a percepire come familiari suoni, parole e strutture; nel secondo stadio si partecipa attivamente, parlando e scrivendo con facilità e soprattutto pensando nella lingua straniera:

da passivi, si diventa attivi. Tuttavia, è solo con l'esercizio che si può mantenere una vera fluidità di espressione. Così, se non si presenta più l'occasione di parlare la lingua straniera, si ha l'impressione di perdere la fluidità raggiunta; la velocità e il grado di questa perdita dipendono in gran parte da come era avvenuto l'apprendimento. Se si era giunti a una solida base di comprensione della lingua e della sua struttura, questa tornerà immediatamente non appena si presenta di nuovo l'occasione di immergersi nella sua cultura. Peraltro, senza un po' di apprendimento formale, tutto ciò risulterà molto più difficile. Per fare un esempio: due bambini di uguale livello di istruzione avevano passato 5 anni in Sudamerica, dai 4 ai 9 anni. Jane aveva scelto di perfezionare la conoscenza dello spagnolo frequentando il liceo, imparando la grammatica ed esercitandosi nella lettura, mentre Joe si era rifiutato di farlo. Dieci anni dopo solo Jane poteva dire di conoscere lo spagnolo, mentre Joe aveva dimenticato quasi tutto: capiva ancora qualche parola, ma trovava più difficile imparare di nuovo le strutture necessarie per comunicare in spagnolo.

La probabilità di riuscire a richiamare alla mente le informazioni acquisite dipende in larga parte da come le abbiamo elaborate. Le scuole migliori cercano di assumere insegnanti esperti in pedagogia, oltre che nella loro specifica materia: insegnando a pensare, si insegna anche a ricordare. Attraverso appropriate operazioni mentali possiamo ritrovare alcune conoscenze di base da adattare al nuovo materiale che stiamo apprendendo. Montaigne, pedagogo francese del XVI secolo, diceva "Meglio una mente ben costruita che una mente piena".

Arricchire il proprio vocabolario è un gioco complicato come comporre un puzzle: solo dopo un po' di tempo si impara a incastrare i nuovi pezzi tra quelli già collocati al posto giusto. Avete già appreso che prendere coscienza delle sensazioni significa aprire la strada all'osservazione; così, dovete ascoltare attentamente i nuovi suoni ed essere pienamente consci di come li avvertite: questa tappa, in sé stessa molto semplice, vi eviterà molta fatica in seguito. Ad esempio, vi renderete subito conto di quanto sia sgradevole e difficile da imitare il suono tedesco *ch* duro (come in "ach" so!): dovrete spendere un po' più di tempo in qualcosa che vi è difficile; cercate qualche associazione con la vostra lingua e analizzate le eventuali lievi differenze. Se avete un orecchio molto musicale, potrete ottenere una pronuncia corretta di questo suono così particolare per semplice imitazione, ma probabilmente sarete costretti a studiare molto attentamente come fa un tedesco a pronunciarlo.

Oggi sono disponibili audiovisivi che rendono possibile questo apprendimento anche a casa vostra; potrete diventare molto bravi a servirvene purché seguiate alcune regole fondamentali. Chiedetevi innanzitutto se il nuovo suono ve ne richiama qualcuno della vostra lingua, poi concentratevi su di esso e analizzatelo. Ad esempio, la *o* spagnola è una vocale aperta, molto diversa dalla *o* francese che è chiusa: in spagnolo bisogna rilasciare le labbra e aprire la bocca, in francese contrarre le labbra e aprire appena la bocca formando una *o* stretta. Questo può essere facile per gli italiani che hanno entrambi i suoni: *o* aperta come in "mobile", *o* chiusa come in "morale". Questi richiami fonetici vi saranno di aiuto per procedere da soli analizzando attentamente i suoni e confrontandoli con quelli che vi sono familiari. Procedendo nello studio delle lingue scoprirete anche le differenti famiglie linguistiche: le lingue anglosassoni (inglese, tedesco, olandese), romanze (francese, italiano, spagnolo, portoghese), scandinave (danese, svedese, norvegese) e così via.

Qualora abbiate già una buona conoscenza di una lingua straniera, vi sarà più facile impararne un'altra se saprete ricercare analogie, somiglianze e punti comuni e schedarli nello stesso posto nella memoria. Vi renderete conto che solo le differenze, le peculiarità di ogni singola lingua, costituiscono qualcosa di veramente nuovo da imparare. Classificare un vocabolo simile o uguale a uno noto significa riprendere coscienza di qualcosa che già si conosce: esso verrà registrato facilmente purché vi ci soffermiate per notarne l'analogia. Ad esempio, la stessa *o* spagnola si ritrova in italiano ma, come abbiamo visto prima, è diversa dalla *o* francese chiusa e molto diversa dalla *o* inglese. Se conoscete l'inglese, vedrete che anche in questa lingua ci sono due *o* o piuttosto ce n'è una inglese e una americana. Né l'una né l'altra sono vocali pure, perché entrambe sono piuttosto dei dittonghi, nel senso che sono influenzate da un'altra vocale, e finiscono col diventare quasi un *ou* come in "boat". Ma mentre l'inglese tende ad esagerare l'*o-ou*, l'americano tende ad attenuarlo. Vedete quante cose si possono imparare da soli con la semplice osservazione?

Per imparare le *espressioni idiomatiche*, i verbi e le altre parole, prima di tutto dovete prendere l'abitudine di analizzarle. Poi scrivetele su un foglio di carta e procedete a integrarle in un contesto mediante una breve storia. Questo sistema va bene per 10 parole, anche se conviene che cominciate con 5. Supponiamo che siate uno straniero e vogliate imparare l'italiano. Sotto troverete un elenco di nuove espressioni prese da un libro di testo. Prima di tutto dovete assicurarvi di averne capito il significato nel contesto nel quale le avete trovate, poi dovete inserirle in un nuovo contesto, la vostra associazione di storie. Scrivete allora un breve paragrafo che riunisca insieme queste espressioni. Più breve è, meglio è.

Ad esempio,

essere consapevoli di
imprevedibile
una talpa
rincorrere
siccità
sarebbe stato... se
cosicché
tanta brigata, vita beata
telefilm

Leggete questo elenco e concentratevi sull'espressione più difficile, in questo esempio probabilmente *telefilm*. Una volta trovata un'idea per integrare questa parola, siete a posto e la breve storia vi verrà facilmente. Mettete alla prova la vostra immaginazione; tenete presente che lo scopo di questo esercizio è quello di far rivivere queste parole e queste espressioni inserendole in un contesto che ne illustri chiaramente il significato. Scrivere semplicemente "l'altra sera c'era un *telefilm* in TV" non basta. Dovete specificare di che si trattava: "Ieri alla TV ho visto un *telefilm*, cioè un film di breve durata realizzato appositamente per la televisione e generalmente comprendente un ciclo di diversi episodi. Era una storia molto sentimentale di una famiglia americana, che non *era consapevole* dei danni prodotti da un bambino *imprevedibile*. Era un periodo di *siccità* e da tempo non pioveva. La terra secca si screpolava e le *talpe* andavano scavando allegramente gallerie per ogni dove. *Sarebbero state* assetate *se* il bambino non avesse lasciato un secchio d'acqua nel giardino, *cosicché* quelle venivano a bere. E così ogni giorno ne venivano sempre di più e il bambino disse: '*Tanta brigata, vita beata*'. Il giardino finì col diventare un grande campo da gioco dove le talpe *si rincorrevano* allegramente."

Questo tipo di esercizio è adatto a qualsiasi livello di apprendimento della lingua: ovviamente i principianti useranno frasi semplici e strutture limitate. Nell'ambito di una classe di studenti è interessante vedere quante storielle diverse si possono costruire con un certo numero di parole o di espressioni. Quando si procede alla correzione dell'esercizio, i significati delle nuove parole risultano più chiari nei differenti contesti delle differenti storielle. Ogni studente viene poi invitato a scrivere la versione del suo elaborato corretta dall'insegnante e a impararla a dovere: la revisione aiuta a fissare nella memoria le parole nuove e a mantenerne vivo il significato nel contesto dell'elaborato.

Trovo che questo è uno degli esercizi più efficaci nell'apprendimento di una lingua straniera. Potete migliorarlo visualizzando la scena e leggendo il testo ad alta voce mentre lo imparate; potete farlo da soli, ma sarebbe meglio avere qualcuno vicino che corregga gli errori. *Non ripetete mai gli errori!* Se state imparando una lingua straniera, avrete verosimilmente un insegnante o conoscerete qualcuno di madre lingua che vi aiuti.

Scrivere aiuta la memoria in molti modi, perché si tratta di un'attività creativa che integra molte funzioni mentali. Siccome si ricorda meglio quello a cui possiamo riferirci, la scrittura è un buon mezzo per memorizzare più accuratamente. Materiali visivi come illustrazioni, videoregistrazioni e schemi possono servire a evitare la traduzione, che dovrebbe essere un esercizio da riservare ad uno stadio successivo. Guardando le illustrazioni si possono fissare i ricordi direttamente nella lingua straniera; ad esempio, l'espressione idiomatica inglese *let's shake hands*, che corrisponde all'italiano "stringiamoci la mano", la dimenticherete difficilmente se la imparerete dalle vignette di *Asterix in Britannia*: l'immagine del povero Asterix scrollato vigorosamente (il significato letterale di *to shake* è "scrollare") dal suo enorme cugino britannico vi resterà impressa per sempre.

La *grammatica* è più facile da imparare disegnando qualche schema che rappresenti tutte le forme di un determinato soggetto;

questo metodo, combinato col principio di sostituire la parola in un contesto, è molto efficace. Dovete andare avanti e indietro, dall'intero schema al dettaglio specifico, e personalizzare il più possibile il nuovo materiale. È stato sottolineato che la strategia di organizzazione più universalmente efficace è la ricerca attiva da parte dello studente di schemi e di principi o di altre relazioni significative presenti nei soggetti in studio. Questo è il motivo per cui, a parte le regole, dovete stabilire i vostri collegamenti personali. Ad esempio, nelle lingue romanze il verbo sperare deve essere seguito dal congiuntivo. Il francese è un'eccezione: *espérer*, a differenza di altri verbi che esprimono un pensiero ipotetico, non è seguito dal congiuntivo. Immaginate i francesi così sicuri di sé da pensare che i loro desideri debbano sempre avverarsi: essi sperano nel modo della realtà, nell'indicativo. Quando dicono "j'espére que tu viendras" sono sicuri che tu verrai. Nessuno dei miei studenti ha mai sbagliato la costruzione di *espérer*, quando ho suggerito loro questa associazione[2]. Potete elaborare le vostre associazioni sfruttando l'immaginazione: sarà ad un tempo utile e divertente.

L'*umorismo* è particolarmente difficile da tradurre perché spesso basato su giochi di parole o su doppi sensi quasi sempre intraducibili. Una barzelletta tradotta da una lingua straniera perde molto del suo gusto, ma almeno si potrà intuire perché è divertente nella lingua originale.

Tutti questi principi vi aiuteranno a imparare le lingue straniere in modo efficace e divertente. Ma non dovete prendervela se dimenticate una cosa di cui non vi servite mai, perché è perfettamente normale. Andate a rileggere nel capitolo 2, "Come funziona la memoria", il paragrafo sui sistemi di immagazzinamento. Nessuno può rievocare attivamente ciò che è nascosto nel profondo e a cui non si ricorre mai; una lingua che credevate di avere "perduto" vi tornerà sulle labbra pochi giorni dopo esservi immersi nuovamente nella sua cultura; rilassatevi, se siete certi di averla imparata nel migliore dei modi.

[2] In italiano si dovrebbe dire "spero che tu venga" con il congiuntivo ma, nell'evoluzione che sta subendo la nostra lingua, capita di sentire "spero che verrai" o addirittura "spero che vieni". Anche gli italiani stanno forse acquistando la stessa sicurezza di sé dei francesi? (N.d.T.).

Leggere e ascoltare dischi e nastri è un ottimo mezzo per mantenere viva una lingua nello schedario attivo della memoria.

Sintesi rapida

1. La visualizzazione aiuta a evitare la traduzione: dovete pensare, vedere e sentire nella lingua straniera, usando soltanto vocaboli di questa.
2. Imparate i vocaboli e la loro pronuncia associando i nuovi suoni a quelli che vi sono familiari nella vostra lingua materna.
3. Scrivete le nuove parole in un contesto, elaborando una breve storia di non più di un paragrafo.
4. Confrontate le strutture, raggruppando le somiglianze, isolando le differenze e concentrandovi su queste ultime, che devono essere conservate in una nuova scheda mentale.
5. Siate sensibili ai suoni, alle sfumature (ad esempio ai suoni delle vocali) e alle espressioni idiomatiche. La consapevolezza apre i cancelli della memoria.

Esercizi

Esercizio 1

Ricordare i vocaboli in una lingua non familiare diventa più facile se si applica il principio delle associazioni di immagini. Scegliete alcuni nomi di strade o di località, ascoltateli attentamente e cercate un significato che vi sia familiare nella vostra lingua; poi analizzate le differenti parti della parola ed elaborate un contesto sotto forma di una breve storia da memorizzare. Infine ripetete la parola molte volte ad alta voce (se possibile con la pronuncia corretta). Per esempio, mettiamo che in Germania troviate un villaggio che si chiama Klosterreichenbach e supponiamo che non conosciate una parola di tedesco, ma che per qualche motivo vogliate ricordare questo nome. Ascoltatene il suono e scomponete questa parolona:

Klo — sterrei — chen — bach

Suona un po' come: Cloe (una delle Muse) — stereo — che — Bach! Potete allora visualizzare la Musa che si estasia ascoltando al suo stereo un pezzo di Bach! E cominciando col ricordare il nome di quel villaggio, comincerete a orientarvi in un paese la cui lingua ignorate del tutto.

NOTA. Per le lingue che usano un alfabeto differente (il russo, il cinese, il giapponese, il greco) dovete riportare nel vostro alfabeto le parole che sentite pronunciare, compitate foneticamente, e quindi procedete a trovarne un significato nella vostra lingua.

Esercizio 2

Imparate alcuni nuovi vocaboli integrandoli in una breve storia, come abbiamo già visto. Cominciate con cinque parole, passate poi a dieci e a quindici. Fate verificare la vostra pronuncia da una persona di madre lingua o da un insegnante; infine ripetetele e visualizzatele più volte.

Esercizio 3

Migliorate la pronuncia sviluppando la capacità di ascolto e di analisi, come suggerito in questo capitolo. Scegliete un numero di parole che vi impegni ai limiti delle vostre possibilità e mettetene a punto la pronuncia esatta; quindi analizzatele alla ricerca di suoni simili nella vostra lingua, visualizzatele, ecc.

Esercizio 4

Ripetete, seguendo i suggerimenti di cui sopra, qualche frase che vi potrebbe servire in occasione di un viaggio all'estero. Ascoltando prima qualche cassetta vi troverete immersi nei suoni propri di quella lingua. Ad esempio, alcuni cantanti hanno una buona pronuncia, per cui potreste unire l'utile al dilettevole. Ottimi esempi sono Barbara Streisand o Frank Sinatra per l'inglese, Yves Montand o George Moustaki per il francese.

Esercizio 5

Preparatevi per un eventuale viaggio all'estero cominciando almeno un mese prima a leggere giornali del paese dove dovete recarvi.

Esercizio 6

Una volta all'estero, cercate di vincere l'ansia e cominciate a rinfrescare la memoria dedicando alcuni giorni solo ad ascoltare. Non mettetevi in testa l'obiettivo irragionevole di parlare correttamente e con una esatta scelta dei vocaboli il primo giorno che arrivate nel paese straniero; accettate le vostre incertezze e procedete per tentativi. Un'ottima maniera per acquisire presto un ricco vocabolario è vedere la televisione o ascoltare la radio (io lo faccio dovunque vada, e trovo che il mio linguaggio parlato ritorna fluido molto più rapidamente per il solo fatto di ascoltare molte più parole di quelle che si usano in una normale conversazione). Un consiglio: non siate troppo esigenti nella scelta dei programmi. Ciò che conta a questo punto è la lingua corrente; è più facile imparare dai film e dai serial televisivi che non dai telegiornali, che danno spesso le notizie in forma succinta e con un linguaggio stereotipo.

Esercizio 7

Rinfrescate continuamente nella vostra mente la lingua straniera leggendo regolarmente in quella lingua. A questo scopo le riviste sono l'ideale.

CAPITOLO 14

LA DISTRAZIONE

"L'abitudine riduce l'attenzione cosciente che guida le nostre azioni"

William James

I rimedi alla distrazione

Essere distratti significa essere assenti con la mente nel momento in cui si dovrebbe essere presenti. Quando si è distratti si è "tirati" da una cosa all'altra senza alcun controllo cosciente su ciò che si sta facendo precisamente nel momento in cui si dovrebbe soffermarsi e riflettere. L'unico modo sicuro di combattere la distrazione è la presa di coscienza delle interferenze che si frappongono tra voi e il vostro obiettivo. A questo punto dovete ignorare queste interferenze e fare quello che stavate facendo, rifiutando di prestare attenzione a qualsiasi altra cosa.

Fare una cosa per volta

Immaginate di essere nel soggiorno a cucire e di avere bisogno delle forbici che sono rimaste in camera da letto. Cominciate allora ad attraversare il soggiorno e vi accorgete che c'è una macchia sul tappeto; nel frattempo arriva il gatto e miagola; lo prendete in braccio e forse gli date da mangiare, dopodiché realizzate che non vi eravate affatto alzate per dar da mangiare al gatto. Perché vi siete alzate? Non ve lo ricordate. Solo tornando al punto di partenza — il vostro cucito — rammentate per associazione che avevate bisogno delle forbici, che ovviamente sono rimaste in camera da letto. A questo punto, se volete evitare un altro giro a vuoto per casa, dovete fare uno sforzo cosciente per tirare diritto verso il vostro obiettivo.

Fermatevi sull'idea di andare a prendere le forbici, visualizzatele e pensate a dove le troverete: anticipando la scena, manterrete la mente occupata con il vostro obiettivo del momento. Se sopravviene un'interferenza, ignoratela (e continuate a ripetere "prendi le forbici!" fino a che non le avrete in mano). Non fermatevi mai a metà strada. La tecnica del "binario unico" è molto efficace se applicata sistematicamente.

Invecchiando, diventa sempre più difficile resistere in modo efficace alle interferenze. Perciò, invece di fare tante cose insieme, decidete di portarne a compimento una alla volta, senza deviare dal vostro obiettivo originario: seguite un binario unico e, evitando le interferenze, ricorderete l'essenziale.

Avete difficoltà a ricordare dove avete parcheggiato la macchina? Quando la lasciate, fermatevi un momento e guardatevi intorno; prendete nota dei segnali stradali e visualizzate la strada e la vostra macchina insieme. Leggete il nome della via o del negozio vicino, è l'unico modo per formare nella vostra mente un'immagine chiara di dove siete. Quando dimenticare ha conseguenze molto fastidiose, per esempio nei grandi piazzali di parcheggio o nei grandi aeroporti, allora sì che la maggior parte delle persone fa attenzione a dove lascia la macchina. Tenete il tagliando per tutto il tempo e scriveteci il numero della vostra area di parcheggio: questo servirà a tranquillizzarvi e avrete la sorpresa di vedere che, concentrandovi, ricorderete il numero anche senza guardare il tagliando. Per assicurarvi una migliore memorizzazione, visualizzate il colore della zona dove si trovano gli ascensori, le scale, i pilastri. Cercate una cosa qualsiasi che possa farvi orientare: un fabbricato in vista o magari un sistema di ventilazione. Prendete coscienza di tutto ciò che vedete mentre uscite; subito prima di entrare nell'ascensore o comunque di lasciare l'area di parcheggio, guardatevi intorno ancora una volta e createvi una rappresentazione mentale di dove avete lasciato la macchina dalla prospettiva che avrete al vostro ritorno. Uno dei motivi per cui la gente perde la strada è la difficoltà di riconoscere un percorso già fatto ripercorrendolo in senso inverso. In effetti, un viale o una strada sembrano molto diversi a seconda della direzione in cui vengono percorsi (proprio per questa ragione le strade panoramiche o pittoresche dovrebbero essere percorse nei due sensi). Inoltre, se andate di fretta o camminate chiaccherando con qualcuno, potreste non registrare nulla di ciò che vedete perché la vostra mente è impegnata in qualcos'altro. Sviluppate le vostre capacità di osservazione: soffermatevi, riflettete e fatevi una rappresentazione mentale di qualche punto di riferimento sicuro. Ne vedrete immediatamente i benefici: ricorderete direzioni e luoghi, e in generale acquisterete un migliore senso di orientamento.

Utilizzazione di associazioni di immagini

Ora è il momento di applicare alla smemoratezza comune il principio delle associazioni di immagini. Ricordate il principio che si è dimostrato tanto efficace per i visi, i nomi e per i loci? Bene, esso ha molte altre applicazioni. Se avete la tendenza a dimenticare dove mettete le cose e vi capita spesso di lasciare oggetti importanti nei posti più disparati, questa tecnica è quella che fa per voi.

Innanzitutto soffermatevi: guardate l'oggetto e il posto dove lo mettete. Questa presa di coscienza è la tappa più importante perché vi impedisce di fare un gesto automatico del quale non siate consapevoli: quel gesto dovete invece registrarlo con precisione cosciente. In secondo luogo, dovete creare un'associazione di immagini tra l'oggetto e il posto. Per rimediare a una smemoratezza abituale, dovete creare associazioni di immagini con oggetti che non possiate fare a meno di vedere tutte le volte che avrete bisogno di ricordare qualcosa. Un tale dimenticava regolarmente il portafoglio dovunque andasse: questo fatto lo infastidiva alquanto e lo costringeva ogni volta a lunghe ricerche. Gli suggerii di associare il portafoglio col sedile della sua macchina. Lo fece, visualizzando il portafoglio sul sedile del passeggero accanto a quello di guida, creando un'immagine cosciente dei due oggetti insieme; sviluppò anche il riflesso di guardare il sedile accanto al suo, prima di avviare il motore: se il sedile era vuoto, doveva tornare indietro a cercare il portafoglio dimenticato. In questo modo, accorgendosi in tempo della dimenticanza, riuscì a eliminare quella seccatura.

Un altro esempio è quello di una donna che dimenticava sempre la borsa alla cassa dei negozi e dei supermercati. Le suggerii di prendere l'abitudine di guardarsi le mani prima di lasciare uno di questi posti, e di associare mani e borsa, visualizzandole insieme; un momento di riflessione doveva dare il tocco finale. Quella donna imparò a interrompere la successione delle sue azioni e divenne consapevole della necessità di completarne una prima di iniziarne un'altra. L'associazione di immagini è una tecnica straordinariamente efficace: le mani di quella donna rimasero per sempre associate a qualsiasi cosa essa portasse, la borsa, il borsellino, ecc. e non le capitò più di dimenticarli.

Anch'io ho trovato molto utile questa abitudine; se la prenderete anche voi, riuscirete a non perdere più le cose. Una sera, prima di lasciare la casa di un amico, mi guardai le mani: la borsa c'era, ma mancava il mio braccialetto d'oro. Mi guardai intorno e lo trovai sul pavimento, dove era probabilmente caduto nel togliermi il soprabito: avevo passato l'intera serata senza accorgermi di non avere al polso il mio braccialetto. Sono sicura che l'avrei perso se non fosse stato per questo riflesso condizionato di associazione di immagini.

Un ultimo esempio si riferisce al problema di ricordare che giorno è della settimana. Trovate un avvenimento specifico che di solito si verifica in un particolare giorno della settimana e associatelo col giorno. Per esempio,

lunedì mattina	=	raccolta delle immondizie
mercoledì pomeriggio	=	passeggiata nel parco

Poi, invece di cercare un lunedì o un mercoledì astratti, quando volete sapere che giorno è della settimana, pensate all'avvenimento specifico di ogni giorno: "Ho sentito il rumore del camion della nettezza urbana questa mattina?". Organizzate il vostro calendario di avvenimenti quotidiani che ricorrono regolarmente nella vostra vita; potrete anche utilizzare a questo scopo i programmi della TV o qualsiasi altra attività organizzata a ritmi settimanali: potrebbe essere il giovedì del tè o del caffè con le amiche o il giorno in cui praticate un certo sport o frequentate un corso o giocate a bridge. Vedrete come diventerà più facile in questo modo mantenersi al corrente del tempo.

Un altro metodo consiste nell'usare un elenco di simboli, uno per ogni giorno della settimana. Elaborate un'associazione di immagini ogni giorno della settimana. Elaborate un'associazione di immagini tra il simbolo del giorno e un oggetto che portate sempre, per esempio la fede. Spendete ogni mattina un minuto a visualizzare la vostra fede col simbolo del giorno. Soffermatevi a riflettere sull'associazione. Ogni volta che guarderete la fede, rivedrete la vostra più recente associazione di immagini. Ecco un elenco di simboli visivi, che hanno una certa assonanza con i nomi dei giorni, tratti da una vecchissima filastrocca per bambini. Ovviamente, se non vi piace, potete farvi un vostro elenco personale.

lunedì = lune, la fune

martedì = marte, le scarpe

mercoledì = mercole, le nespole

giovedì = giove, le more

venerdì = venere, la cenere

sabato = il soprabito

domenica = la predica

Spero che ormai abbiate preso gusto a servirvi di queste tecniche mnemoniche. In caso contrario, abbiate pazienza e continuate lo stesso ad applicare il principio delle associazioni di immagini.

L'utilizzazione di richiami visivi

Dimenticare qualcosa nel forno o nella lavatrice può essere motivo di disappunto, ma qualche volta anche di disastri: un orologio da cucina con la suoneria può essere utile se non siete duri d'orecchio; un altro metodo consiste nel mettervi vicino un oggetto che vi richiami quello che dovete fare. Per esempio, se dovete ricordarvi del vostro bucato in corso, lasciate la scatola del sapone sul tavolo vicino alla poltrona dove state leggendo o guardando la TV: anche se non sentite la lavatrice che si ferma, ci penserete subito non appena vi cadrà lo sguardo sul detersivo.

Disponete dei richiami visivi in un posto bene in vista, dove non possiate fare a meno di vederli. Dovete però tenere presente che l'abitudine si sostituisce presto alla novità, con la conseguenza che ogni nuovo elemento tende a entrare nel vostro ambiente abituale: in questo caso non noterete più il vostro richiamo visivo, nemmeno se ce l'avrete sotto il naso. Per esempio, ero solita usare un prodotto per la pelle due sere di seguito, una volta la settimana: in un caso del genere può essere sufficiente stabilire due giorni fissi, il venerdì e il sabato. Avevo lasciato il prodotto sulla mia toilette e presto mi divenne abituale vedercelo, talché per due volte dimenticai di farne uso quei due giorni. Ora, la mattina del venerdì e del sabato, lo metto bene in vista sul lavabo: lì non posso fare a meno di vederlo.

Se dovete spostarvi spesso, potete ricorrere a una "tasca della memoria": si tratta di mettersi in tasca piccoli oggetti che vi ricordino altre cose. Per esempio, potreste strappare un pezzettino del coperchio della scatola del detersivo e infilarvelo in tasca. Può essere utile anche un taccuino su cui prendere qualche appunto o su cui scrivere la data. Naturalmente dovrete prendere l'abitudine di frugare spesso nella vostra "tasca della memoria".

Avete la tendenza a dimenticare se avete chiuso la porta, spento il gas o la luce, staccata la coperta elettrica, chiusa l'acqua in giardino? Vi capita di essere incerti e in ansia per cose del genere fino al punto di tornare indietro a controllare? Può darsi che vi manchi la fiducia in voi stessi, donde il dubbio continuo se avete fatto le cose per bene. Quando poi andate a controllare, trovate tutto a posto. C'è un modo sicuro per risolvere questo problema: siate perfettamente consapevoli di ogni vostra azione nel momento stesso in cui la fate; visualizzatevi mentre fate il movimento in questione e commentatelo: "sto chiudendo la macchina, tutte le portiere sono chiuse e il freno a mano è inserito". Anche in questo caso quello che conta è soffermarcisi un momento. Interrompete la conversazione o il corso dei vostri pensieri e usate la tecnica del monologo per essere sicuri di registrare coscientemente la vostra azione. Non è sciocco parlare tra sé: chiunque di noi lo fa continuamente, sia pure in silenzio e senza quasi rendersene conto. La presa di coscienza ha un effetto evidentissimo sulla registrazione dei ricordi; basta pensare che tra tutte le impressioni che riceviamo durante la giornata, si distinguono solo gli episodi dei quali siamo diventati consapevoli. Riflettendoci e commentandoli, ne imprimerete una traccia nella memoria: quando cercherete di ricordare se avete chiuso la macchina, vi rivedrete mentre lo fate e vi sentirete mentre lo commentate. L'immaginazione è un potente alleato: usatela! Combinata con la presa di coscienza, vi darà la certezza di cui avete bisogno per sentirvi tranquilli.

Lo stesso metodo servirà ad alleviare l'ansia che può derivare dalla tendenza a lasciare gli oggetti fuori posto. Quando siamo indaffarati o distratti o abbiamo fretta, tendiamo a fare le cose senza pensare; la mente è fissa a quello che dobbiamo fare dopo e quindi non prestiamo la dovuta attenzione a un'azione che talvolta collochiamo già nel passato. Per quanto questo comportamento abbia una sua giustificazione, dobbiamo tuttavia riconoscerne l'inefficacia. Si spreca più tempo a cercare le cose lasciate fuori posto che a registrare coscientemente le proprie azioni.

Avevo l'abitudine di precipitarmi a nascondere gli oggetti di valore come i soldi o i gioielli tutte le volte che veniva in casa un operaio per qualche riparazione o l'addetto al lavaggio delle finestre. Appena sentivo il campanello, agguantavo ogni oggetto di valore che fosse in vista e lo mettevo in qualche altro posto, di solito nel posto più vicino. Non so quante volte mi è capitato poi di arrabbiarmi per avere "perduto" qualcosa. Mio marito prendeva allora un atteggiamento più rilassato e con calma mi diceva: "Cara, un giorno o l'altro lo troverai; sono sicuro che tu sai di non averlo perso!". Ma siccome era molto seccante non trovare quello che mi serviva nel momento in cui mi serviva, così mi risolsi ad applicare quello che ora insegno agli altri.

Innanzitutto ho smesso di fare le corse. Dopo tutto, che fretta c'è? Chiunque può aspettare qualche momento alla porta e d'altra parte ho chiesto a tutti i miei amici e parenti di lasciare squillare il telefono almeno sei volte prima di riagganciare, per darmi il tempo di completare quello che sto facendo in quel momento. In secondo luogo, ho imparato a soffermarmi a visualizzare ogni oggetto mentre lo metto in qualche posto, commentando l'associazione di immagini: "Ecco, metto gli orecchini d'oro, le catenine e l'anello di ametista nella mia borsa da toilette". Mi ci vogliono solo pochi secondi, ma quando poi penso ai gioielli, subito mi viene in mente l'associazione di immagini e vedo letteralmente gli oggetti nella mia borsa da toilette. Avendo ormai integrato queste pause nella mia vita, sono molto più rilassata e raramente lascio fuori posto o "perdo" qualche cosa. Molti miei allievi arrivano alla stessa conclusione una volta che si sono impadroniti di queste tecniche. È sorprendente come pochi secondi di concentrazione e un po' di riflessione organizzata abbiano un effetto così evidente. Provate e vedrete.

Come ritrovare un'idea persa per strada? Ripercorrendo le tappe che il vostro pensiero ha appena percorso e cercando suggerimenti visivi. Se stavate leggendo, rileggete la pagina precedente. Se stavate camminando, tornate dove eravate o ripercorrete mentalmente i vostri passi. Se stavate conversando, tornate sugli argomenti di cui si stava discutendo (cambiare argomento spesso fa sorgere nuove idee con associazioni logiche più vaghe; queste associazioni personali spontanee sono motivo di digressioni e le digressioni sono il motivo principale per cui si perde il "filo del discorso"). Visualizzate la conversazione che si stava svolgendo, cercate di ricordarvi chi ha detto una certa cosa, ricostruendo così la catena dei pensieri. Ponetevi molti quesiti, che è un modo per stimolare direttamente il richiamo. Siate aperti e attenti e troverete qualche suggerimento visivo. Con lo sviluppo di una buona capacità di osservazione, le vostre registrazioni diventeranno sempre più precise e parallelamente migliorerà la vostra capacità di richiamo. Prendervela con voi stessi quando la memoria vi viene meno non serve a niente; serve che vi rilassiate e cerchiate richiami visivi.

Servitevi regolarmente di posti fissi

Per curare la smemoratezza non c'è niente come l'ordine. Se avete la tendenza a perdere le chiavi, decidete una volta per tutte un unico posto dove metterle quando arrivate a casa, per esempio accanto al telefono o appese a un apposito gancio nel muro. Quando state per uscire, prendete l'abitudine di metterle sempre in una particolare tasca della giacca o nella borsa. Comunque, scegliete un posto, e che sia sempre quello. Assicuratevi di mettercele coscientemente, fino a che non diventi per voi un riflesso condizionato. Quantunque in linea generale si debba evitare di acquisire riflessi condizionati, che eliminano la riflessione e la presa di coscienza, tuttavia possono risultare utili in caso di azioni molto ripetitive.

I trucchi di B.F. Skinner

Quando aveva 78 anni B.F. Skinner tenne all'Associazione Americana di Psicologia una conferenza dal titolo "L'organizzazione mentale nell'età avanzata". Ecco una sintesi delle sue riflessioni.

Presto detto, presto fatto! Dimenticare ogni giorno qualche cosa capita a tutti noi in qualche periodo della vita in cui siamo preoccupati o assorbiti dal lavoro, da dispiaceri o da qualche intenso impegno emotivo. Ecco un tipico esempio di quelle dimenticanze che tanto irritano la gente perché possono verificarsi in ogni momento: dimenticare di prendere l'ombrello, pur avendo deciso di farlo perché avete sentito le previsioni meteorologiche. Avete avuto l'idea, ma ad essa non avete fatto seguire quel comportamento che avrebbe aiutato la memoria, per esempio mettere subito l'ombrello davanti alla porta come richiamo visivo. Abituatevi a fare le cose quando vi vengono in mente. Se potete, pagate le fatture il giorno stesso in cui vi arrivano; affrettatevi a rinnovare gli abbonamenti non appena vi perviene la cartolina di preavviso; se vi viene in mente di scrivere una lettera a un amico, fatelo subito; se avete qualche cosa da riparare, prendete subito il telefono e chiamate l'operaio. Perdete la disgraziata abitudine di procrastinare passando all'azione: vi sentirete più tranquilli ed eviterete il senso di colpa che spesso accompagna i rinvii. Ricordate che è meglio un uovo oggi che una gallina domani: quindi cogliete al volo le idee quando vi si affacciano. Ricorrete a tutto ciò che avete appreso da questo libro e aggiungete questo principio fondamentale: fate in modo di predisporre un riferimento mnemonico, un richiamo visivo, nel momento stesso in cui vi viene in mente una cosa. Dopo potrebbe essere troppo tardi.

Datevi dei suggerimenti. Succede a tutti di non trovare le parole, specialmente quando siamo stanchi o ansiosi. Ma è soprattutto col passare degli anni che la frequenza di questi episodi si fa preoccupante. Il motivo è che con l'età le parole diventano meno accessibili. Skinner invita a ricorrere ad un bravo "suggeritore". Si tratta di disporre suggerimenti verbali invece che visivi: ad esempio, prima di andare a una riunione, rivedete la lista delle persone che incontrerete; prima di un concerto, leggete il programma. Per darvi più tempo per ricordare, servitevi di intercalari del tipo "come stavo dicendo", "come saprete", "a questo punto è interessante osservare che".

La ripetizione. Se volete dire a un amico per telefono qualcosa di molto specifico, ripetetelo prima di comporre il numero. Usate la tecnica della visualizzazione e in caso aggiungete qualche gesto. Se poi ripeterete prima ad alta voce quello che dovete dire, aggiungerete l'effetto potente della memoria cinestesica. Inoltre, spendete un po' di tempo a pensare a come quella persona reagirà: sarà meno facile perdere per strada quel messaggio importante che volevate comunicare. Se si tratta di un discorso complicato, o se le cose che dovete dire sono molte, scrivete un appunto e mettetelo vicino al telefono. Ovviamente, la ripetizione è fondamentale se dovete tenere un discorso o anche dire poche parole davanti a un uditorio. Mentre ripetete, vi passerà un po' dell'apprensione per la prova che vi attende. Quando il vostro modo di esprimervi diventerà un riflesso, avrete vinto la vostra battaglia, come si insegna in una famosa scuola di recitazione: sarà meno probabile che dimentichiate le vostre battute o che siate costretti a variare la vostra interpretazione.

Lasciare riposare la mente. Per ottenere il massimo dell'efficienza la mente deve essere riposata quando intraprendete un compito impegnativo dal punto di vista intellettuale. Fate come se fosse un muscolo che può lavorare solo alternando contrazione e rilasciamento. Skinner ha posto l'accento sull'utilità del riposo della mente. Questo riposo deve essere qualcosa di rilassante, un cambiare attività. Mentre alcune attività — la pesca, il lavoro a maglia, la pittura — sono per se stesse rilassanti, altre non lo sono: una partita a scacchi o la lettura di un saggio di filosofia politica non sono quanto di più raccomandabile per un intellettuale che voglia interrompere un lavoro molto impegnativo. Queste stesse attività sono invece molto adatte a chi è in vacanza o a chi non è impegnato intellettualmente per la maggior parte del tempo. Molte persone non si rendono conto di quanta tensione vadano accumulando e vanno incontro a un vero esaurimento mentale. Invecchiando ci stanchiamo più facilmente e dobbiamo imparare a darci un ritmo di lavoro. "Potrebbe essere necessario accontentarsi di meno ore di lavoro al giorno" — afferma Skinner.

Tocca a voi organizzare la vostra vita in modo da avere una stimolazione intellettiva continua, senza però sovraccaricare la mente. Quando sentite di non avere più le idee chiare o quando cominciate a commettere errori, fermatevi. Mettetevi a fare qualcosa di radicalmente differente: guardate la televisione, andate a fare una passeggiata, leggete un romanzo leggero o schiacciate un pisolino. Un brillante professore universitario di mia conoscenza aveva l'abitudine di fare un sonnellino di 10 minuti quando si sentiva stanco, dopodiché era capace di riprendere il suo lavoro fresco come una rosa. Non sembrava mai sotto sforzo, eppure pubblicava continuamente.

Come si spiega la distrazione

A coloro che desiderano saperne di più su come e perché si verificano i vuoti di memoria, raccomando la lettura di un libro molto interessante dal titolo *D·stratto?* di James Reason e Klara Mycielska. Manca niente nel titolo? (la i ha perso la gambetta). La maggior parte delle persone non l'avrebbe notato, perché la mente tende a riempire i vuoti, cosa molto pratica quando leggiamo un giornale pieno di refusi, ma un po' meno quando rivediamo le bozze di un nostro scritto. Il libro di Reason e Mycielska tratta dei lapsus e degli errori da disattenzione. Hanno trovato che questi errori si verificano

quando facciamo azioni o gesti automatici

quando siamo distratti o preoccupati

in ambienti familiari e monotoni

nelle persone più sensibili allo stress

negli anziani perché maggiormente soggetti alle interferenze.

L'abitudine e la consuetudine riducono l'attenzione cosciente. Che fare allora, se le abitudini e i riflessi condizionati sono utili e dannosi al tempo stesso? Sembra ragionevole accettare quelle piccole distrazioni che fanno parte della vita: tutti noi accettiamo volentieri la possibilità di incidenti minori, pur di scampare a quelli più gravi. Una cosa è certa: eviteremo più facilmente i disastri sviluppando riflessi di attenzione cosciente, che ci permettano di eliminare la maggior parte delle distrazioni catastrofiche, o almeno di ridurne la frequenza. Verifiche routinarie, come quella della chiusura della porta di casa, dovrebbero essere fatte coscientemente non meccanicamente. Più la gente è abitudinaria e più è soggetta a distrazioni; sorridete pure se al supermercato vi sorprendete a spingere il carrello di qualcun altro, ma assicuratevi di avere spento i fari quando parcheggiate la macchina: diffidate dei gesti familiari che date per scontati.

La routine elimina la necessità dell'attenzione: combinata con lo stress, con l'ansia e con la stanchezza, può essere disastrosa. Tutte le volte che intraprendete qualcosa di importante, fate appello a tutta la vostra attenzione. Tuttavia, anche l'eccesso di attenzione, come la disattenzione, può essere causa di errori: per esempio, se guidate continuando a guardare il tachimetro, potreste non vedere la macchina della polizia che vi segue o, peggio, un camion che svolta improvvisamente davanti a voi. In altre parole, concentrandovi su una cosa soltanto, correte il rischio di perdere di vista il quadro complessivo, l'essenziale. La soluzione consiste nel registrare coscientemente ogni tappa di qualsiasi operazione importante. Come osservava William James, "un oggetto al quale abbiamo prestato attenzione rimarrà nella memoria, mentre un altro che lasciamo passare distrattamente non lascerà traccia".

Gli errori di distrazione sono spesso dovuti a una imperfetta razionalità piuttosto che all'irrazionalità. Analizzando le cause degli incidenti del traffico (ferroviario, aereo, ecc.) Reason e Mycielska hanno osservato che erano sempre il risultato di una erronea valutazione. Ad esempio, in un grave incidente aereo avvenuto all'aeroporto di Tenerife, il pilota dell'aereo della KLM diede per scontato, in una condizione di visibilità quasi zero, che la pista di atterraggio fosse sgombra. Perché l'abbia fatto e non abbia aspettato che la torre di controllo gli desse l'autorizzazione per l'atterraggio, non lo sapremo mai. Credette forse di sentire quell'ordine che aveva atteso a lungo?

Gli errori di percezione sono molto comuni, specialmente quando siamo sotto stress e stanchi: spesso sentiamo quello che ci aspettiamo o vogliamo sentire. Una volta un convoglio della metropolitana di Londra finì contro un muro in una stazione di testa. Probabilmente il conduttore aveva commesso un errore di percezione uscendo dall'ultima curva che precedeva la stazione: era un curva molto simile a una precedente, che evidentemente egli doveva aver dimenticato per una frazione di secondo; molto semplicemente, aveva creduto di essere ancora alla curva precedente. La perdita dell'esatta nozione del tempo e del luogo è una fonte frequente di errori, specialmente nell'età avanzata. La conclusione è che, invece di dare per scontato che tutto sia a posto, bisogna controllare e ricontrollare, specialmente quando si è ansiosi o stanchi.

Un ultimo esempio è il mistero del triangolo delle Bermude, dove sembrò che fosse scomparso nel nulla un intero stormo di aerei da addestramento della Air Force degli Stati Uniti. L'inchiesta concluse che, a causa di un errore di rotta, gli aerei avevano finito il carburante ed erano precipitati in mare. Il pilota che comandava lo stormo aveva preso un'isola per un'altra e aveva deciso di prendere per buona la sua percezione piuttosto che l'indicazione dei suoi strumenti. Nessuno degli altri piloti, tutti inesperti, aveva osato mettere in dubbio la sua autorità. Incidenti aerei simili si sono verificati perché i secondi piloti non sono intervenuti in momenti cruciali per correggere errori del comandante. Gli psicologi raccomandano una stretta associazione tra i membri dell'equipaggio come un modo per ridurre gli incidenti di questo tipo.

Un'ultima osservazione a proposito di incidenti. La maggior parte di essi sono dovuti a scarsa attenzione, a un difetto di giudizio o a entrambi i fattori. Se avete seguito un corso di perfezionamento sulla guida, avrete probabilmente sentito che la maggior parte degli incidenti avvengono in zone familiari, entro 20-30 chilometri dalla propria abitazione, dove la gente conosce le strade e quindi allenta la vigilanza. Bisogna saper riconoscere le altre situazioni che possono interferire con l'attenzione, come l'essere adirati, eccitati, assonnati, intossicati, stanchi o distratti, e stare più attenti tutte le volte che si è soggetti a qualcuno di questi fattori. In generale, se non potete prestare tutta la vostra attenzione a un'operazione importante, è meglio che la rinviate a quando potrete.

E quando si perde il filo della conversazione? Succede a tutti quando scade l'interesse per quello che viene detto, ma succede soprattutto a chi sogna ad occhi aperti, ai narcisisti che sono più interessati a quello che pensano loro che a ciò che dicono gli altri, e, per un motivo differente, agli anziani, che con l'età tendono a perdere quel meccanismo di controllo col quale tutti noi procediamo nella routine della vita di tutti i giorni. Gli anziani usano in modo meno efficace le informazioni recenti e tendono ad attaccarsi ad alcuni schemi preferiti anche quando questi non hanno nessuna attinenza con l'argomento della discussione. In uno studio di Patrick Rabbit a Oxford, soggetti giovani e anziani furono invitati ad ascoltare la registrazione di una conversazione alla quale avevano partecipato molte persone. Gli anziani ricordavano un minor numero di affermazioni quando queste erano state fatte da più di un interlocutore. Essi davano risposte meno corrette dei giovani quando si trattava di rammentare ciò che era stato detto da ciascuno, mentre rammentavano perfettamente ciò che essi stessi avevano detto, pur ricordando poco o nulla di quella parte della conversazione che aveva preceduto le loro argomentazioni. Questo avviene anche nei giovani quando sono preoccupati per qualche ragione.

Bisogna dunque fare uno sforzo particolare per seguire il filo del discorso, naturalmente se ne vale la pena, e questo lo deciderete voi. Potrebbe essere il caso di un dibattito interessante o di uno spettacolo cui assistete e sul quale volete discutere più tardi o semplicemente di una conversazione stimolante alla quale partecipate. Soffermarsi a commentare qualche punto che in quel momento trovate interessante può essere una buona maniera per memorizzare. E se vi rivolgete proprio alla persona che ha sollevato quella particolare questione, vi ricorderete più facilmente che è stata proprio lei a porla. Ma ciò che è soprattutto importante è ricordare quello che abbiamo detto noi stessi, dal momento che possiamo sempre chiedere agli altri ciò che hanno detto loro. Nessuno può ricordare tutto ciò che viene detto in una conversazione; conviene perciò ricordare ciò che ci preme di più.

Come regola generale, dimenticare è normale quando non accade troppo spesso: si tratta di scegliere il materiale da scartare momentaneamente in favore di qualche altra cosa che attira maggiormente la nostra attenzione. La cosa migliore è accettare un sano equilibrio tra il controllo o la resa alle interferenze piacevoli. La vita sarebbe atroce se dovessimo programmarcene ogni momento, senza più sorprese di sorta! Immaginate che cosa diventerebbe se ciascuno di noi ricordasse ogni particolare del passato. Se non dimenticassimo tante cose, ci porteremmo appresso tanti rancori da soffocare i nostri sentimenti positivi; naturalmente è difficile dimenticare a comando, ma possiamo almeno cercare di ricordare la maggior parte delle cose importanti, purché ci mettiamo nelle condizioni migliori per sfruttare la nostra memoria. E ora che avete imparato come si fa, applicatevi con fiducia alle nuove tecniche che avete appreso.

È peraltro importante anche mettere nella giusta prospettiva i vostri occasionali vuoti di memoria. Siete sempre stati distratti, tra le nuvole? Richiamate alla mente gli eventuali episodi di smemoratezza che in passato vi abbiano creato situazioni spiacevoli e imbarazzanti. Tendete a scaricare le responsabilità sugli amici, sul coniuge o sui colleghi di lavoro? Siete stati di recente così impegnati da avere sempre tante cose da ricordare e quindi più cose da dimenticare? Sovraccaricare la memoria è altrettanto sbagliato quanto lasciarla scarica; in entrambi i casi vi troverete male; invece la sfrutterete al meglio caricandola nel modo giusto. E proprio a questo deve tendere il vostro addestramento.

Sintesi rapida

Per combattere la distrazione si può ricorrere a varie tecniche basate sulla presa di coscienza e sull'associazione di immagini.

A. I rimedi alla distrazione

1. Fare una cosa per volta (tecnica del "binario unico")
2. Usare le associazioni (associazioni di immagini)
3. Servirsi di richiami visivi (la "tasca della memoria")
4. Servirsi regolarmente di posti fissi (un posto per ogni cosa o ogni cosa al suo posto)
5. I trucchi di B.F.Skinner
   — farlo subito
   — fare appello al suggeritore interno
   — ripetere
   — lasciare riposare la mente

B. Come si spiega la distrazione

1. "L'abitudine riduce l'attenzione cosciente"
2. Diffidare
   — dei gesti automatici
   — degli ambienti familiari
   — dello stress

— della fatica
— delle interferenze
— delle supposizioni infondate

3. Verificare più volte quando si debbono ricordare cose importanti.

Esercizi

Esercizio 1

Definite il tipo di distrazione che vi affligge e fissatevi l'obiettivo di risolvere un problema per volta. Datevi una settimana di tempo per correggere ogni singolo tipo di distrazione. Applicate i principi esposti in questo libro e state a vedere cosa succede: dovreste diventare più consapevoli, più pazienti e cominciare a sviluppare una maggiore varietà di strategie.

Esercizio 2

Abituatevi ad essere più coscienti soffermandovi un momento prima di fare qualsiasi cosa: guardatevi intorno, pensate dove state andando, che cosa vi serve, e verificate di avere tutto ciò che vi occorre.

Esercizio 3

Cercate di prendere coscienza dei vostri gesti automatici. Dapprima li noterete dopo averli fatti, ma a poco a poco sarete in grado di fermarvi in tempo.

Esercizio 4

Quando siete stanchi o sotto stress, fate due volte più attenzione a ciò che fate. Ancora meglio, in questi casi rimandate quella certa cosa, a meno che non vi troviate nella assoluta necessità di farla subito.

Esercizio 5

Tutte le volte che vi viene in mente qualche cosa che non dovete dimenticare di fare, fatela subito. Se non potete, collocate un segnale che serva da suggerimento nel momento e nel posto dove dovete ricordare quella cosa: servitevi di segnali sia uditivi che visivi.

Esercizio 6

Prima di andare a un ricevimento, a una riunione di lavoro, a vedere un film, ripassate i nomi delle persone che vedrete e visualizzatele nel contesto in cui le conoscete. Se vi sarete preparati prima, vi sentirete più rilassati e ricorderete un maggior numero di informazioni importanti.

Esercizio 7

Tutte le volte che andate in un posto nuovo, fate di tutto per ricordare la strada. Mentre andate, cercate punti di riferimento, createvi rappresentazioni mentali del percorso e ripassatele spesso.

Esercizio 8

Controllate più volte le istruzioni importanti. Visualizzate più volte i tempi successivi della procedura prima di passare a svolgere realmente un compito complesso.

Esercizio 9

Se avete la tendenza a fare molte cose contemporaneamente, scegliete le priorità e cercate di fare le cose in successione, una dopo l'altra.

Esercizio 10

Se siete un distratto senza speranza — di quelli cui capita spesso di infilarsi i calzini spaiati — prendete l'abitudine di fare una pausa, di guardarvi intorno e di rivolgervi qualche domanda. Questo vi aiuterà a sviluppare la consapevolezza di ciò che vi circonda.

Conclusione

Leggendo questo libro avete appreso nuovi modi di considerare la memoria e di migliorarla. Ora sapete come identificare gli atteggiamenti mentali e le variabili psicosociali che influenzano la funzione mnesica. La memoria non dovrebbe essere più per voi un meccanismo misterioso e dovreste essere in grado di distinguere i difetti dell'attenzione da quelli della ritenzione; non ve la prenderete più con la memoria quando è l'attenzione a essere in difetto. Avete anche imparato come innalzare il livello della concentrazione attraverso una più elevata presa di coscienza, il rilassamento e l'attenzione selettiva. Vi siete esercitati a usare tutti i sensi per formare immagini chiare delle cose che volete ricordare. Vi siete addestrati a ottenere una buona registrazione dei ricordi attraverso un'osservazione e un'analisi accurate. Infine, avete imparato a usare il metodo delle associazioni per fissare suggerimenti per un facile richiamo di visi, di nomi, di elenchi, di numeri e di qualsiasi altra cosa vogliate ricordare. Avrete certamente notato come, integrando le risorse emozionali, sensoriali e intellettuali, avete acquisito un migliore controllo della memoria.

Tenete sempre presenti i principi generali dell'addestramento della memoria:

— pausa
— rilassamento
— presa di coscienza
— selezione
— concentrazione
— rappresentazioni mentali
— commenti (con associazioni personali e partecipazione emotiva)

— quesiti
— organizzazione (secondo categorie, principi, strutture)
— revisione
— utilizzazione dell'informazione per meglio conservarla nello schedario attivo della memoria.

E adesso è giunto il momento di confrontare il giudizio che ora voi stessi date della vostra memoria con quello che avevate dato prima di iniziare questo addestramento. Riprendete il test della memoria che avete trovato all'inizio di questo libro e confrontate le vostre risposte di allora con quelle di adesso: credo che sarete soddisfatti dei risultati raggiunti.

Spero che questo viaggio nel regno della memoria vi sia piaciuto. Continuate ad applicare i principi che avete appreso, integrateli nelle vostre attività quotidiane e conservate le buone abitudini che avete acquisito. Variate il ritmo, se necessario, ma mantenete sempre la curiosità e l'interesse per la vita. Come bravi giardinieri, sarete d'ora in poi in grado di coltivare la vostra memoria gioiosamente e con maggiore soddisfazione.

Identificate i vostri problemi di memoria

	Eccellente			Media			Scarsa
a. Memoria in generale	1	2	3	4	5	6	7
b. Nomi e visi	1	2	3	4	5	6	7
c. Appuntamenti	1	2	3	4	5	6	7
d. Dove si mettono le cose, per esempio le chiavi	1	2	3	4	5	6	7
e. Parole	1	2	3	4	5	6	7
f. Quello che si è letto	1	2	3	4	5	6	7
g. Che cosa si stava facendo prima di essere interrotti	1	2	3	4	5	6	7
h. Che cosa ci dice la gente	1	2	3	4	5	6	7
i. I luoghi dove si è stati	1	2	3	4	5	6	7
l. Indicazioni e istruzioni	1	2	3	4	5	6	7

Bibliografia

Adler, Mortimer: *How to Read a Book*, Touchstone Books (Simon & Schuster), New York, 1972. (lettura)

Baddeley, Alan D.: *The Psychology of Memory*. Harper & Row, New York, 1976.

Bolen, Jean Schinoda: *Goddesses in Everywoman*, Harper & Row, New York, 1985. (personalità e invecchiamento)

Cermak, Laird: *Improving Your Memory*, McGraw-Hill, New York, 1976. (immaginazione)

Ivanov, Serghei: *Les Mystères de la Memoire*, Editions MIR Moscou, 1977.

Lewis, David, James Greene: *Thinking Better*, Rawson Associates (Scribner), New York, 1982. (organizzazione e atteggiamenti).

Loftus, Elizabeth: *Memory*, Addison-Wesley, Reading, Massachusetts, 1980. (testimoni oculari e distorsione)

Lucas, Jerri, Harry Lorayne: *The Memory Book*, Ballantine, New York, 1985. (mnemotecniche)

Nicholson, JoAnne, Judy Lewis-Crum: *Color Wonderful 1*, Bantam, New York, 1986. (presa di coscienza delle sensazioni)

Peters, Thomas, Robert Waterman: *In Search of Excellence*, Harper & Row, New York, 1982. (motivazione e successo)

Proust, Marcel: *Remembrance of Things Past*, Random House, New York, 1981. (memoria involontaria)

Reason, James, Klara Mycielska: *Absent-minded?* Prentice-Hall, Englewood Cliffs, New Jersey, 1982. (vuoti di memoria)

Robinson, Francis P.: *Effective Study*, Harper & Row, New York, 1970. (lettura, SQ3R)

Skinner, B.F.: "Skinner at 78", Lecture given at 90th annual American Psychological Association, Washington, D.C., August 1982.

Watslawick, Paul: *The Situation Is Hopeless but Not Serious: The Pursuit of Unhappiness*, Norton, New York, 1983. (identificare atteggiamenti e comportamenti)

Young, Morris N., Walter B. Gibson: *How to Develop an Exceptional Memory*, Wilshire, North Hollywood, California. (mnemotecniche)

Indice analitico

Sommario

Parte terza: Come migliorare l'organizzazione

Finito di stampare nel mese di maggio 1990
dalla RCS Rizzoli Libri S.p.A. - Via A. Scarsellini, 17 - 20161 Milano

Printed in Italy

BUR
Periodico settimanale: 6 giugno 1990
Direttore responsabile: Evaldo Violo
Registr. Trib. di Milano n. 68 del 1°-3-74
Spedizione abbonamento postale TR edit.
Aut. n. 51804 del 30-7-46 della Direzione PP.TT. di Milano

BIBLIOTECA UNIVERSALE RIZZOLI
Ultimi volumi pubblicati

703. Georgette Heyer, *Frederica*
pp. 468

704. Maria Fagyas, *La fabbricante di vedove*
pp. 272

705. Harold H. Bloomfield, *Come trovare l'amore e essere felici*
pp. 240

706. Giorgio Montefoschi, *La felicità coniugale*
pp. 284

707. Anya Seton, *La turchese*
pp. 458

708. Josette Lyon, *Tutto sugli alimenti*
A cura di Paola Varani
pp. 304

709. Charles M. Schulz, *Elementare, Woodstock*
pp. 128

710. Earl Mindell, *La bibbia delle vitamine*
pp. 384

711. Giovanni Arpino, *Il fratello italiano*
pp. 176

712. Alfred Hitchcock, *I maghi del brivido.*
13 racconti del mistero scelti per voi da Hitchcock
pp. 282

713. Pierre-Jean Remy, *Orient-Express*
pp. 448

714. Georgette Heyer, *Una ragazza per bene*
pp. 448

715. Fulco Pratesi, *I Cavalieri della Grande Laguna*
disegni dell'autore
pp. 264

716. Montanelli - Cervi, *Storia d'Italia*
L'Italia della guerra civile
11 illustrazioni
pp. 176

717. Norma Klein, *Il gioco degli amanti*
pp. 416

718. Carlo Cassola, *L'amore tanto per fare*
pp. 192

719. Daphne Du Maurier, *Non sarò più giovane*
pp. 340

720. Michele L. Straniero, *Don Bosco rivelato*
pp. 202

721. Ugo Pirro, *Per scrivere un film*
pp. 240

722. Jessica Stirling, *Il negozio dell'antiquario*
pp. 584

723. Vanna de Angelis, *L'avventuriera*
pp. 370

724. Alfeo Zanette, *Azzeccatredici*
pp. 218

725. Michele Prisco, *Gli eredi del vento*
pp. 544

726. Silvio Valseschini, *Come comportarsi con i figli*
pp. 268

727. Montanelli-Cervi, *Storia d'Italia*
L'Italia della liberazione
11 illustrazioni
pp. 272

728. Charles M. Schulz, *No, tu no!*
pp. 128

729. Giorgio Scerbanenco, *Anime senza cielo*
pp. 336

730. Nantas Salvalaggio, *Fuga da Venezia*
pp. 254

731. Leslie Waller, *Al di là dei sogni*
pp. 436

732. Giovannino Guareschi, *La scoperta di Milano*
Introduzione di Oreste del Buono
pp. 218

733. Mary Westmacott (Agatha Christie), *Il pane del gigante*
pp. 428

734. Carlos Castaneda, *Il fuoco dal profondo*
pp. 320

735. Giuseppe Berto, *Oh, Serafina!*
pp. 146

736. Marilyn French, *Cuori*
pp. 504

737. Aleksandr Kuprin, *La fossa*
Introduzione di Giovanna Spendel
pp. 376

738. Vera, *Il nuovo Annabella in cucina*
Disegni di Agata Benedetti
pp. 422

739. Charles M. Schulz, *Sei zero*
pp. 128

740. Anna Bartolini, *Dimagrisci mangiando*
pp. 336

741. Matizia Maroni Lumbroso (a cura di), *Giochi descritti e illustrati dai bambini delle regioni d'Italia*
Con una nota di Giampaolo Dossena
pp. 432

742. Theodore Isaac Rubin, *Vincere l'indecisione*
pp. 240

743. Achille Campanile, *Tragedie in due battute*
pp. 208

744. Livia De Stefani, *La stella Assenzio*
Introduzione di Ruggero Guarini
pp. 192

745. Ennio Flaiano, *La solitudine del satiro*
Introduzione di Claudio Marabini
pp. 288

746. Isaac Asimov, *Il delitto è servito*
pp. 432

747. Ignazio Silone, *Fontamara*
Introduzione di Raffaele La Capria
pp. 256

748. Ignazio Silone, *Il segreto di Luca*
Introduzione di Geno Pampaloni
pp. 224

749. Riccardo Pazzaglia, *Partenopeo in esilio*
pp. 192

750. Elisabetta Leslie Leonelli, *Coccole e carezze*
pp. 208

751. Daphne du Maurier, *Il generale del re*
pp. 480

753. Patrizia Carrano, *Baciami stupido*
Introduzione di Beniamino Placido
pp. 222

754. Carlo Castellaneta, *Vita di Raffaele Gallo*
pp. 254

755. Emilio Tadini, *Le armi l'amore*
Introduzione di Giuliano Gramigna
pp. 484

756. J. Averbach - M. Bejlin, *Lezione di scacchi*
pp. 496

758. Manuela Pompas, *Reincarnazione*
pp. 240

759. Serena Foglia, *Streghe*
12 illustrazioni
pp. 222

760. Brunella Gasperini, *Le note blu*
pp. 222

761. Sandro Liberali, *La cucina russa*
con illustrazioni
pp. 156

762. Gelindo Bordin, *L'anello rosso*
pp. 228

763. Malcom Bosse, *Un uomo finito*
pp. 220

764. Georgette Heyer, *Un contratto conveniente*
pp. 424

765. Lalla Kezich, *La preparazione*
Introduzione di Michele Prisco
pp. 144

767. Nunzia Monanni (a cura di), *Pasta e riso all'italiana*
pp. 240